# A religião dos incas
## Carmen Bernand

**Dados Internacionais de Catalogação na Publicação (CIP)**
**(Câmara Brasileira do Livro, SP, Brasil)**

Bernand, Carmen
　A religião dos incas / Carmen Bernand ; tradução de Fábio Creder. –
Petrópolis, RJ : Vozes, 2025.

　Título original: La religion des Incas.
　ISBN 978-85-326-7099-1

　1. Incas – Religião  2. Incas – Política e governo  I. Título.

24-229417                                                                                                     CDD-299

Índices para catálogo sistemático:
1. Incas : Religião    299

Eliete Marques da Silva – Bibliotecária – CRB-8/9380

# A religião dos incas

**Carmen Bernand**

Tradução de Fábio Creder

Petrópolis

© Les Éditions du Cerf, 2021.

Tradução do original em francês intitulado *La religion des Incas*

Direitos de publicação em língua portuguesa – Brasil:
2025, Editora Vozes Ltda.
Rua Frei Luís, 100
25689-900  Petrópolis, RJ
www.vozes.com.br
Brasil

Todos os direitos reservados. Nenhuma parte desta obra poderá ser reproduzida ou transmitida por qualquer forma e/ou quaisquer meios (eletrônico ou mecânico, incluindo fotocópia e gravação) ou arquivada em qualquer sistema ou banco de dados sem permissão escrita da editora.

**CONSELHO EDITORIAL**

**Diretor**
Volney J. Berkenbrock

**Editores**
Aline dos Santos Carneiro
Edrian Josué Pasini
Marilac Loraine Oleniki
Welder Lancieri Marchini

**Conselheiros**
Elói Dionísio Piva
Francisco Morás
Gilberto Gonçalves Garcia
Ludovico Garmus
Teobaldo Heidemann

**Secretário executivo**
Leonardo A.R.T. dos Santos

**PRODUÇÃO EDITORIAL**

Aline L.R. de Barros
Jailson Scota
Marcelo Telles
Mirela de Oliveira
Natália França
Otaviano M. Cunha
Priscilla A.F. Alves
Rafael de Oliveira
Samuel Rezende
Vanessa Luz
Verônica M. Guedes

*Editoração*: Débora Spanamberg Wink
*Diagramação*: Editora Vozes
*Revisão gráfica*: Fernando Sergio Olivetti da Rocha
*Capa*: Anna Ferreira

ISBN 978-85-326-7099-1 (Brasil)
ISBN 978-2-204-13634-1 (França)

Este livro foi composto e impresso pela Editora Vozes Ltda.

*Obra editada originalmente
em francês por Guy Stavridès*

*Este livro é dedicado a Serge Gruzinski e aos fiéis das quartas-feiras do Museu do Quai Branly.*

*Durante os meses de confinamento, é devedor da emoção e da alegria de viver de Johann Sebastian Bach, Satchmo, Pixinguinha e Bessie Smith. Sem eles, a vida quotidiana teria sido mais difícil.*

# Sumário

*Introdução*, 11
   O significado das palavras, 11
   Descrever, escrever, 14
   Deuses ou potências?, 18
   O Império Inca em suas grandes linhas, 23

**1 – A animação do tempo e do espaço, 33**
   Os combates dos ancestrais, 35
   A ubiquidade do sagrado: os *huacas*, 39
   As guerras das origens do mundo, 43
   A louca perseguição, 46
   O eixo sagrado, 48
   Huari, Viracocha e o apóstolo perdido, 51
   Viracocha e os incas, 54
   Autóctones e estrangeiros, 61

**2 – A epopeia dos Filhos do Sol, 65**
   A origem solar dos incas, 67
   A guinada: Viracocha e Pachacutec, 72
   Inca Pachacutec e a ordem do mundo, 74
   Dualismos andinos, 77
   A iniciação do futuro Inca, 80
   A linguagem dos brasões, 82
   A parte feminina do poder, 86
   A inquietante beleza de Mama Huaco, 89
   O suicídio da suma sacerdotisa Azarpay, 93
   Do mito à história, 97

## 3 – Cusco, umbigo do mundo, 101
A cidade e sua ordem, 102
Coricancha, o Templo do Sol, 104
A casta sacerdotal, 108
Um centro radiante, 113
A praça, teatro das festividades, 117
A organização do tempo agrícola, 119
Os banquetes e a embriaguez, 122
As réplicas de Cusco, 125

## 4 – Os quatro quadrantes do mundo, 129
Um espaço-tempo ordenado, 131
A organização do mundo pela imagem, 134
O quincunce imperial, 137
A atração do oceano: Chinchaysuyu, 141
O espelho amazônico: o Antisuyu, 144
Otorongo e Amaru: "tigres" e "serpentes", 148
As plantas que fazem ver, 151
O lago sagrado do Collasuyu, 155
Os vulcões do Cuntisuyu, 159

## 5 – Sujeiras e almas, 161
As fronteiras permeáveis entre os seres, 162
As almas e seu invólucro corporal, 167
A morte: eternidade ou aniquilação, 171
Expulsar os males da cidade, 175
Pecados, confissões, sexualidades, 180
O pecado "indizível", 184
O bem e o mal, 189

**6 – As cores da memória, 193**
   As "pinturas" dos incas, 196
   Galeria de retratos com *tocapus*, 199
   A quintessência do *tocapu*, 206
   Tecidos sagrados e dispositivo político, 209
   Os quipus e escrita andina, 211
   Cromatismos sonoros e memória dos corpos, 217
   Vertigens: o *taqui ongo*, 222

*Conclusão*, 227
   Eternidade dos *huacas*, modernidade dos incas, 227
   O culto solar, 230
   Colapso e reconstrução, 234
   Eternidade dos *huacas*, 237
   A proliferação dos feiticeiros, 239
   Noé e o Leviatã, 240
   O "estilo" dos mitos andinos, 244
   Apu Jesucristo e as mães protetoras, 247
   Os incas, precursores da modernidade, 252

*Bibliografia*, 261

*Índice*, 273

# Introdução

## O significado das palavras

"Todas as nações desse reino têm uma multidão de deuses e santuários. Entretanto, nenhuma superou os incas nesse domínio." Estamos no início do século XVII, e o jesuíta Bernabé Cobo começa, com essas reflexões, a descrição dos inúmeros comportamentos quotidianos, cerimônias, orações, superstições, sacrifícios, leis, opiniões, zelo, relatos e memórias dos ritos... Essa ubiquidade do sagrado, virtude que ele admira a contragosto, é, no entanto, obra de um desvario do pensamento que é preciso retificar. A verdadeira religião deve corrigir a idolatria, noção que só faz sentido no contexto monoteísta (Cobo, 1964b, vol. II, livro 13-1, p. 148).

Essas opiniões, que Cobo partilha com evangelizadores de outras ordens religiosas, baseiam-se na onipresença da religião em *todos* os domínios da vida social, desde o simples ato de acender o fogo de uma cozinha até os sacrifícios humanos, esbatendo a distinção clássica entre o profano e o sagrado. Por conseguinte, a luta contra as idolatrias não pode limitar-se à destruição material dos ídolos. A estratégia da Igreja foi extrair dessa religiosidade sem limites nem hierarquias os aspectos mais chocantes, como os mistérios antigos, os sacrifícios, a exibição pública de ídolos e múmias, e os mortos insepultos que os cristãos não podiam tolerar.

Trata-se de uma campanha de "secularização" dos costumes, conduzida pela instituição religiosa mais poderosa da época. Em princípio despojadas do seu paganismo, as festas, as danças e os cantos podem ser tolerados porque, como em todas as nações do mundo, são necessários para interromper a monotonia do labor quotidiano e aliviar suas penas. A estética e a música barrocas lhes conferirão uma dimensão identitária, até mesmo "patrimonial", que sobreviverá ao liberalismo econômico. Essa "folclorização" das festividades e da música é o verdadeiro sucesso do catolicismo popular.

Paralelamente a essa operação de banalização das tradições, as diversas ordens religiosas – sobretudo a Companhia de Jesus a partir da segunda metade do século XVI – também consideram servir-se do racionalismo científico para melhor infamar as idolatrias. O que para os indígenas é provocado por conflitos entre as potências sagradas (como terremotos, tempestades, trovões, relâmpagos ou eclipses) consiste, na verdade, em fenômenos "naturais". Assim, Joseph de Arriaga (1621/1968), autor de um tratado sobre a extirpação das idolatrias de 1621, e consciente da impossibilidade de erradicar pela violência o paganismo dos peruanos, propôs aos missionários ensinar aos índios "as causas da formação dos rios e das nascentes, as razões dos relâmpagos e das nuvens". Trabalho desperdiçado. Apesar dos esforços, o desencanto do mundo será um processo muito lento, porquanto concerne a populações marginalizadas e analfabetas, em sua maioria até tempos recentes. Na década de 1970, enquanto eu realizava uma pesquisa etnográfica no norte dos Andes, no Equador, médicos e padres tentavam explicar aos indígenas o contágio microbiano das doenças infecciosas, que os camponeses atribuíam ao despeito das forças sagradas em face do esgotamento dos ritos e das oferendas. O sucesso desse empreendimento foi muito limitado, porque ninguém "viu" um "micróbio", um objeto não identificado pelos saberes tradicionais. Além disso, esses agentes invisíveis que se propagavam de mãe para filho eram ao mesmo tempo aterrorizantes e inconcebíveis.

Este livro não apresenta a "religião dos incas" como um saber fechado e dogmático, mas concentra-se em "seu espírito e suas linhas de força" – parafraseando Jean Bottéro, o grande especialista na religião mais antiga do mundo, a da Mesopotâmia. Como o título indica, tratar-se-á sobretudo dos incas, ainda que, desde logo, seja necessário precisar o significado desses termos: que "religião" e que "incas"? Abordaremos apenas rapidamente o catolicismo popular nascido após a Conquista, seja ao longo do texto, quando a comparação com o passado for relevante, seja num breve momento do capítulo de conclusão, no qual sublinharemos algumas permanências de crenças antigas, em especial no que concerne aos *huacas* e aos traços marcantes desse "animismo", assim como a cultos solares[1].

Ao contrário das populações mesoamericanas (zapotecas, maias, nahuas [náuatles], astecas e outras), os diversos povos agrícolas que viviam nessa vasta região atravessada pela Cordilheira dos Andes não conheciam nem a escrita glífica nem os códices pintados, embora certas ferramentas, como os cordões – os *quipus* –, servissem para memorizar quantidades, listas dinásticas e noções, tal qual sugerem eminentes especialistas como Gary Urton, Tom Cummins e

---

1. Sobre essas questões, a literatura é abundante. Citemos aqui, apenas para os Andes, três autores: Duviols (1971), Mac Cormack (1991) e Estenssoro Fuchs (1992).

Frank Salomon. Os sinais bordados – os *tocapus* – que adornam certos tecidos tiveram igualmente uma função mnêmica. O capítulo 6 é consagrado a esses cromatismos têxteis, assim como às "cores" da música. Porque o relato dos mitos e dos fatos militares era transmitido oralmente por hinos e danças, destinados a ancorar uma memória coletiva.

**Descrever, escrever**

O conhecimento da religião andina depende das crônicas espanholas e mestiças em língua castelhana e, às vezes, em quíchua, escritas a partir do século XVI. São textos de grande qualidade que se baseiam em observações em primeira mão, feitas na maioria das vezes por homens de uma outra época, habituados ao mundo rural e à diversidade étnica. Esses escritos são monumentos historiográficos dos séculos XVI e XVII: descrevem os costumes e, por conseguinte, são etnográficos, como Heródoto pode sê-lo para a Antiguidade, mas também se referem a eventos históricos e proporcionam reflexão sobre temas importantes como as dinastias reais, as guerras, o direito, as instituições, a moral… Um trunfo das crônicas espanholas é terem sido redigidas por homens que criam em Deus e nas potências do mal. Isso quer dizer que, malgrado a oposição do catolicismo ao politeísmo, nenhum dos dois campos em questão põe em causa o sagrado, a vida após a morte ou o mistério das almas. A visão secular só apareceu no século XVIII, a princípio de maneira tímida, antes de se generalizar com as ciências positivistas.

Todos os cronistas abordam o tema das origens dos incas, como o fez um deles, Cieza de León (1984a, p. 6-8), no início dos anos de 1540, quando perguntou ao Senhor Cayo

Tupac, por intermédio de vários intérpretes, quais eram a linhagem e a nação dos incas. Além da simples curiosidade, a pergunta de Cieza de León respondia a uma interrogação religiosa: Por que os povos do Novo Mundo não foram mencionados na Bíblia? Como explicar que os incas, cujo poder o impressionara, foram esquecidos por Deus? Não desenvolveremos aqui as hipóteses que foram evocadas pelos espanhóis para resolver esse enigma: os índios seriam uma tribo perdida de Israel, ou os descendentes da Atlântida de Platão, ou mais prosaicamente, como o sugere o jesuíta José de Acosta, pessoas vindas da Ásia pelo Extremo Norte. O que queremos chamar à atenção é que a questão das origens é sempre colocada por um estrangeiro, cristão, ansioso por compreender o silêncio das Escrituras. A pergunta sempre dá origem a respostas, que não são necessariamente idênticas, porquanto se baseiam em tradições orais e locais, ou em "versões oficiais" emanadas das linhagens incas. Neste livro, muitas vezes privilegiamos cronistas, como Juan de Betanzos ou Guamán Poma de Ayala, inseridos no mundo inca pelo conhecimento da língua, ou pelas suas origens indígenas, embora o seu testemunho não seja desprovido de vieses, como todos aqueles que os historiadores descobrem nas fontes.

Além dessas narrações, a burocracia colonial deixou numerosos documentos administrativos. Os evangelizadores, a despeito dos seus vieses, descreveram com minúcia os ritos e as "idolatrias" dos indígenas para melhor combatê-los, mas também para detectar aí os sinais de uma antiga "conversão", efetuada por algum apóstolo de Cristo no rescaldo da crucificação, preenchendo assim as lacunas bíblicas. Para o Peru, dispomos de um único *corpus* mítico redigido na língua quíchua com sua tradução para o espanhol: *Ritos y tradiciones de Huarochiri*, datado do início do século XVII[2]. Felizmente, versões parciais de relatos foram recolhidas e salvas do esquecimento pelos jesuítas e outros religiosos[3]. A etnografia colonial e moderna, com a prudência que toda analogia requer, permite-nos mensurar a continuidade de muitas dessas crenças, apesar da adoção do cristianismo.

Abaixo do ano-limite que foi 1532, data da chegada de Pizarro e suas tropas a Cajamarca, seguida da captura do Inca Atahualpa e de sua execução em 1533, além das informações memoriais recolhidas de pessoas que viveram sob o regime inca, dispomos de documentos arqueológicos como a iconografia esculpida, pintada ou tecida pelos antigos. Finalmente, os dados linguísticos fornecem-nos uma ajuda preciosa para compreender certas noções em torno do "sagrado". Malgrado as inevitáveis transformações sofridas ao longo dos séculos, o quíchua e o aimará, duas línguas andinas importantes, mas não as únicas, com seus dialetos regionais, são faladas ainda hoje. Os incas impuseram uma linguagem de comunicação dita "geral", que os evangelizadores depois usaram nas suas campanhas; essa língua, também dita "do Inca", foi igualmente empregada em textos literários, canções e peças de teatro das épocas colonial e moderna.

Os primeiros dicionários quíchuas redigidos no século XVI mostram que não existe um termo vernáculo que cor-

---

2. Seguimos basicamente o texto crítico de G. Taylor (1987). Certos aspectos foram complementados por uma edição anterior, de 1966, do mesmo Instituto de Estudios Peruanos, fundado por J. M. Arguedas, com um estudo bibliográfico de P. Duviols.

3. Cf. o importante *corpus* de idolatrias coloniais publicado por Duviols (1986).

responda às nossas definições de "religião" e "deus", embora vários conceitos se aproximem. O termo "religião" pertence ao vocabulário latino e exprime em primeiro lugar o "escrúpulo", o sentimento de respeito, de veneração e, depois, de crença. A essa relação pessoal que obriga uma conduta precisa, acrescenta-se a ideia de um mundo separado do profano, que está contido no sagrado e nos seus derivados: sacrilégio, sacrifício, sacerdócio. A citação de Cobo que inaugura esta introdução mostra a dificuldade de separar claramente essas duas esferas. Precisemos, para evitar qualquer mal-entendido, que essa extensão da sacralidade ao que para nós tem a ver com o profano não implica uma forma de irracionalidade: os incas fundaram um dos mais vastos impérios da humanidade aplicando-lhe sistematicamente uma racionalidade matemática e organizacional.

Para os espanhóis que foram os primeiros a descobrir o Império do Peru, o termo "religião" era inseparável do catolicismo romano. Tudo o que dela se desviava era "falso", isto é, contrário à verdade teológica, mas efetivamente real, decorrente da enganação diabólica ou de um raciocínio fundado em premissas falsas. Era, portanto, necessário que a Igreja destruísse os ídolos que materializavam essa "falsa" religião e representavam não os homens à imagem de Deus, mas as abominações do diabo. Em face dessa atitude, e sob a influência das correntes neoplatônicas, o cronista mestiço Inca Garcilaso de la Vega, ao afirmar que os incas atribuíam grande importância às "fábulas", considerava que os seus mitos tinham uma base moral e eram, de alguma maneira, a prefiguração do cristianismo pregado por apóstolos como São Bartolomeu ou São Tomé, que vieram para o Novo Mundo após a morte de Cristo.

**Deuses ou potências?**

Comecemos pela terminologia religiosa. Como foi assinalado, na língua quíchua o próprio termo "deus", no singular ou no plural, constitui um problema. Certos conceitos, como *camac* ou *huaca*, aproximam-se dele sem, no entanto, confundirem-se com a ideia que temos de "deus", e menos ainda com o Único, das religiões monoteístas. *Camac* designa a força vital que torna possível o crescimento dos grãos de milho e das batatas. Essa força também molda as montanhas, os vales, os homens, as lhamas e os animais selvagens. O vocábulo *camac* declina-se em numerosos derivados, tanto religiosos como políticos, uma separação que reflete o nosso ponto de vista, mas não as categorias autóctones que reúnem esses dois aspectos: na verdade *camachicoc* designa o "provedor", "aquele que comanda", e *camachicuni* corresponde a "comandar" e, na tradução católica, a "pregador". *Yachachic* é um outro termo para *criado*, ou "aquele que refaz alguma coisa" e também "aquele que sabe". Nessa última acepção, aplica-se, ainda hoje, a adivinhos e curandeiros, e corresponde a *entendido*, um termo espanhol corrente.

*Criar*, em castelhano do século XVI e até um pouco mais além, corresponde a "nutrir", e é nesse sentido que é empregado pelos primeiros cronistas, como Cieza de León e Juan de Betanzos. O Criador é um ser nutridor. Por outro lado, *crear*, com o qual frequentemente se confunde na época colonial, vem do latim *creare* ("tirar algo do nada"), um poder que procede unicamente de Deus. No mundo antigo dos Andes tudo já existia. Faltava apenas a "animação" desse potencial. Uma simples substituição de vogal transforma o politeísmo animista em monoteísmo.

A propósito de *camac*, Inca Garcilaso de la Vega (1609/2009, liv. III, c. II) explica que esse conceito não pode ser traduzido como *crear*, porque significa a transmissão da força vital que emana de uma fonte "animante", ou seja, *camac*, que pode ser a de um ancestral, de uma *huaca* (entidade tutelar de um povo) ou de um objeto "animado" (*camasca*) (Taylor, 1987, p. 24-25). Essa força assegura a subsistência do grupo: ela sustenta aquele que a invoca e sua linhagem, seus animais domésticos, seus bens e o sucesso de seus negócios. Seu beneficiário é *camasca*, aquele que recebe "seu ser e seu alimento". Garcilaso traduz *camac* por *anima*, no sentido antigo e pagão do termo, ou seja, "sopro", princípio da vida, *animale genu* segundo Lucrécio, expressão que engloba "a raça dos seres vivos" e ativos, que ultrapassa amplamente a categoria dos "humanos". Várias décadas após a conquista essa noção "animante" será associada a *rurani*: "fazer", "efetuar", num sentido mais geral e profano.

A importância dessa categoria abstrata "animante" convida-nos a fazer um desvio pela Grécia antiga, embora tão distante do mundo andino. Para Jean-Pierre Vernant, autor que continua a fertilizar os estudos da Antiguidade Clássica, na sua dimensão comparativa, os deuses gregos não são "pessoas", mas "potências", que podem, no entanto, também aparecer sob uma forma antropomórfica, unidos por laços de parentesco (Vernant, 1966; Bonnet *et al.*, 2017). Vernant integrou assim na Grécia um "panteão" conceitualizado por Lévi-Strauss. Ao mergulhar nos textos mais antigos, Vernant mostrou que o universo metafórico e metonímico que se desenrolava abundantemente por todo o continente americano, com seus caçadores de pássaros, seus ladrões de fogo e seus xamãs desdobrados, fora *também* o solo do pensamento ocidental; este haurira das histórias míticas das origens do mundo, os instrumentos de sua superação. Vernant abriu uma porta para a qual acorreram os historiadores dos anos de 1990, estimulados pelo desafio que a globalização do mundo e o relativismo cultural representavam.

Nas religiões politeístas da Antiguidade, os deuses "potência" se organizam num "panteão". Encontramos construções desse tipo no Império Inca, e Cobo, citado no início deste texto, vê justamente o Templo do Sol de Cusco como um panteão onde estavam reunidas todas as divindades do reino, como entre os romanos. Evidentemente, as diferenças são grandes entre essas duas civilizações, mas o fato de torná-las comparáveis indica a elevada estima que a Igreja, embora dedicada à eliminação das idolatrias, tinha pelo Império Inca.

Se a Antiguidade serviu de guia para os europeus compreenderem a realidade peruana, hoje ficamos mais impressionados com as correspondências entre o mundo inca e a China, como aparece no *Shanghai Jing*, pelo menos na seleção ilustrada publicada por Yao Ning e García-Noblejas (2000) sobre a cosmografia e a mitologia antiga. A ancestralidade, o xamanismo e as entidades montanhosas aparecem nessas duas civilizações, sem que possamos aprofundar essa comparação, que não é arbitrária, uma vez que os povos americanos são o resultado de sucessivas migrações asiáticas. Entretanto, permanece uma grande diferença entre esses dois impérios em proveito da China: a complexidade da escrita mandarim, a importância dos letrados e dos livros – como já o notava o jesuíta Acosta (2008, VI-5, 6)[4] – e o pen-

---

4. Ele assinala, entre as ciências dos chineses, as matemáticas, a astronomia e a medicina. Deplora, por outro lado, "que não tenham nenhum traço de pensamento divino", o que para nós é um indício de racionalidade.

samento científico, que os gregos não foram os únicos a cultivar. O propósito que nos anima aqui não é o do exotismo das crenças e das práticas religiosas "únicas", mas o da sua proximidade nas suas diferenças.

As potências do mundo andino podem adotar uma aparência antropomórfica e traços comuns a outras espécies vivas das quais tomam emprestadas certas virtudes. Essas metamorfoses, frequentes nas civilizações anteriores aos incas (revela-o a iconografia) assim como nas tradições não cusquenhas, tendem a exprimir-se num estilo geométrico e abstrato que pode sugerir uma dificuldade de representar concretamente essas divindades. Voltaremos à estética linear cara aos incas no capítulo 6. O mundo andino, como tantas outras civilizações da humanidade, viu uma manifestação do sagrado no brilho, na radiância, no bronzeado e no jogo de luz. Desde tempos muito antigos, que remontam às primeiras cidades, a madrepérola das conchas, o brilho de certas pedras (como a jadeíta, o ouro, a prata) e as penas materializaram essas forças invisíveis e veneráveis. A música, linguagem das emoções compartilhadas, em sua definição ampla – que inclui as melodias, as sonoridades, o movimento e o canto – sempre dialogou com as potências. Isso não deveria nos surpreender, já que estamos falando de cromatismos visuais e sonoros.

As entidades sagradas ou *huacas* podem ser vencidas por outras, mais poderosas, perdendo assim a sua "força". Nas montanhas do Equador, os habitantes, que até mesmo esqueceram o uso do quíchua, ainda falam, no fim do século XX, da "força" (*fuerza* em espanhol) do nascimento, da "força" do som, outrora produzida por uma concha de estrombo antes de ser substituída por uma trompa cuja sonoridade lembra a trombeta. Essa força inaugura o trabalho no campo, reúne a comunidade em torno de uma tarefa comum e vital, e dá coragem aos trabalhadores, como o fazem a cerveja de milho, a aguardente e a emoção de partilhar a tarefa. Ainda existe a força que emana das terras selvagens, incultas e perigosas para os humanos, que devem respeitar algumas regras para apaziguá-la. A "força" também é descrita como uma luz, um reflexo do sol nas lagoas ou uma espécie de eletricidade, segundo uma metáfora moderna. Certos vales escarpados, onde diversos ecos se misturam num arquejo difuso, estão repletos dessas "forças". Acrescentemos a essa lista a força ativa da voz e da fala.

O leitor terá compreendido a dificuldade de apresentar uma religião "heterodoxa", para a qual não existe nenhuma versão de referência, nenhum texto, nenhum dogma, exceto o da ancestralidade. Aceitemos, por conseguinte, inicialmente essa fragmentação e as inevitáveis repetições, antes de propor, ao fim da obra, uma síntese dos temas comuns a esse caleidoscópio de crenças. Já podemos adiantar que a religião dos incas percebe o significado profundo e metafísico da agricultura em grande escala: um ato coletivo de renovação da natureza, sem o qual a vida em sociedade entra em colapso. Os atos de semear o solo, de acompanhar o crescimento das plantas, de irrigar a terra, não podem ser realizados sem o consentimento das forças telúricas. Arar a terra é animá-la. É por isso que, apesar das infinitas precauções dos camponeses, é preciso sempre recorrer a mediadores poderosos, os únicos que têm o poder de "falar" com as duas forças da vida: o Sol, e a água do céu e das nascentes. Nesse contexto, o ritual é tão importante quanto as ferramentas e o suor dos homens.

## O Império Inca em suas grandes linhas

O Peru dos incas se estende muito além das atuais fronteiras nacionais do país que leva esse nome: inclui a Bolívia, o noroeste da Argentina, grande parte do Equador e o sul da Colômbia. Esse imenso território, atravessado pela Cordilheira dos Andes, é muito contrastante, uma vez que a Costa do Pacífico, que se estende ao sul de Tumbes, é desértica e, em princípio, imprópria para a agricultura, como os planaltos. Os desníveis são abruptos; no seu fundo encontram-se vales quentes e acolhedores. Na borda da cordilheira, as encostas quentes do Piemonte estendem-se até a grande Amazônia. O relevo da região andina, os diferentes ecossistemas, a altitude extrema e a umidade sufocante das terras baixas são desafios consideráveis que os camponeses e guerreiros tiveram de superar. Todas as grandes civilizações andinas, da Chavin aos incas, procuraram estabelecer ligações entre as três zonas: o litoral, os altos vales da cordilheira e a sua borda tropical. O capítulo 4 mostrará suas riquezas e os aspectos sagrados desses lugares: o Oceano Pacífico como a mãe de todos os lagos e de todas as fontes, a Amazônia e o sagrado Lago Titicaca.

Para fertilizar o litoral árido foi necessário realizar consideráveis obras hidráulicas. A bacia do Lago Titicaca estende-se a 4 mil metros de altitude e além: foi aí que nasceu a criação de rebanhos de camelídeos e a domesticação de tubérculos resistentes à geada. A batata – com mais de 220 variedades –, assim como outros tubérculos, e a quinoa fornecem o alimento básico das populações, o mais difundido e o menos "nobre". O milho, por outro lado, cresce em regiões de média altitude e é cultivado em terraços construídos nas encostas das montanhas, ao abrigo do frio intenso, e nos vales protegidos de temperaturas extremas, como o de Cusco (3.400 metros de altitude), alimentado pelas águas do Vilcanota. Esse cereal é o alimento festivo dos homens, das múmias e dos deuses. É indispensável em todos os rituais, pois é com os grãos, moídos e fermentados, que se produz a cerveja chamada chicha. A batata e os cereais também apresentam uma grande vantagem: podem ser armazenados por muito tempo em celeiros e as reservas ficam sob o controle do Inca.

Esse é o quadro geográfico geral da civilização dos incas. Os reis de Cusco, mais do que seus predecessores, conseguiram conquistar territórios distantes da sua capital e impor-lhes suas concepções religiosas (capítulos 2 e 3). Os incas não são um povo, mas uma linhagem, cuja superioridade reside na sua filiação solar. Em princípio, não procuraram destruir as forças tutelares das comunidades englobadas no Tawantinsuyu, mas as "submeteram" e as colocaram sob a sua égide, controlando assim os seus locais sagrados e os seus ancestrais. Mas, logo que uma província se rebelava contra o poder central, os incas "tiravam os deuses estrangeiros do Templo do Sol, os expunham publicamente, os chicoteavam, os humilhavam reduzindo o número dos seus servos e os mandavam para casa" (Cobo, 1984b, II-XIII-1, p. 145).

Se seguirmos à letra a definição clássica de "paganismo", aplicada na Europa às crenças aldeãs e camponesas de antanho, muito diferentes das do centro urbano, notamos certa analogia com o mundo dominado pelos incas, para os quais os povos distantes de Cusco praticavam sortilégios, contrapoderes perigosos para a estabilidade imperial – donde a necessidade, para os Filhos do Sol, de conter essa alteridade inquietante por toda sorte de meios que serão discutidos neste livro. Porque os incas também são "deuses", descendentes do Sol e senhores do espaço e do tempo.

O cristianismo fez da religião uma moral, estando o bem do lado de Deus e o mal do lado de Satanás, mas essa dicotomia não parece estar presente nas religiões nativas ameríndias. O desafio dos antigos americanos era atrair ou acalmar as "forças" com oferendas. Desde tempos imemoriais, os caçadores-coletores deviam solicitar autorização às entidades invisíveis que presidem às espécies animais e vegetais, os "mestres" da caça ou de determinada espécie vegetal, a fim de extraírem uma parte desse "capital" para o seu próprio consumo. Trata-se de uma crença fortemente ancorada a qual mostra que essa autorização ocorre numa relação de poder e submissão entre quem solicita e quem autoriza. As forças, portanto, não são boas nem más em si mesmas. Esse antigo caráter "xamânico" dos tempos arcaicos, trazido pelas sucessivas migrações asiáticas, nunca desapareceu das sociedades agrícolas. Ele se adaptou a elas.

As civilizações andinas reconhecem a existência de seres excepcionais quanto à sua força, visionários, mas também divindades brincalhonas, que gostam de enganar os humanos e lhes pregar peças. Esses heróis lembram os *tricksters* ou *décepteurs* [enganadores], antigo termo francês usado por Claude Lévi-Strauss para designar seres astutos que figuram nos mitos ameríndios. Con, Tunupa, Viracocha, mas também Quetzalcoatl no México, correspondem a esse tipo ambíguo, assim como certos animais que brincam com humanos, como as raposas e os gambás, ou mesmo incas, como Mayta Capac, um dos mais antigos, dotado desde o nascimento de uma força colossal e destrutiva, ou ainda o Inca Yupanqui Pachacutec, aquele que transformou um reino cusquenho em império.

Os incas se apresentam nos seus mitos como os portadores da civilização. Essa expressão pertence ao nosso vocabulário, mas reflete perfeitamente a superioridade que os soberanos incas atribuíam ao seu modo de vida e às suas conquistas culturais: a organização racional da agricultura, o traçado das estradas, a arquitetura de pedra, os vestuários e as leis que regiam o seu império. As dinastias cusquenhas impuseram-se ao fim de quatro "humanidades" imperfeitas durante as quais os humanos aprenderam a se vestir, a construir casas de pedra, a cultivar os campos, a praticar ritos coletivos e a respeitar os seus senhores. Antes do advento dos incas, os valentes guerreiros *aucaruna*, munidos de armas poderosas, mestres dos metais e capazes de metamorfosearem-se em jaguares, serpentes ou condores, lançaram as bases da verdadeira civilização – a de Cusco.

Guamán Poma de Ayala não é o único a oferecer uma versão "evolucionista" *avant la lettre* da origem dos incas. A arqueologia, porém, tem uma outra visão dessa história que resumiremos em linhas gerais. As cidades e seu esplendor apareceram muito cedo no Peru, primeiro no litoral. Entre 800 e 200 AEC, o santuário de Chavin, situado no Callejon de Huaylas, mas na borda do piemonte amazônico, torna-se um importante centro de peregrinação, e a imagem das suas divindades, reproduzidas em cerâmica e tecido, propaga-se pela costa. Esse antigo horizonte eclodiu por razões ainda pouco compreendidas. O Horizonte Médio, na Cordilheira Central, desenvolve-se entre 200 e 1100 EC, em torno do santuário de Tiwanaku, na bacia do Lago Titicaca, a partir de 400 (data aproximada) – e exporta a sua iconografia religiosa, que terá grande influência entre os incas. Na Cordilheira Central, a cidade de Huari (perto de Ayacucho), ligada a Tiwanaku, estendia sua influência até Cajamarca. É um império que tira a sua força do desenvolvimento de uma nova tecnologia para aumentar as terras de cultivo, construindo terraços nas encostas das montanhas.

Essas duas importantes civilizações adotam um calendário solar que engloba o lunar, mais próximo das expectativas dos lavradores. Por volta do ano 1000, esses dois grupos se deslocam, e dessa "desordem" surgirão os incas. Acrescentemos a essa evocação sintética que a história das grandes civilizações do Peru caracteriza-se por uma busca de integração das comunidades locais a partir de certos centros religiosos e políticos, um movimento que se esgota por diversas razões (guerras, secas, epidemias, cataclismos climáticos), para renascer séculos mais tarde. Os incas foram os últimos a conseguirem essa "integração", graças a uma burocracia eficiente proporcionada pela sua mensagem religiosa.

A construção do Império Inca foi gradual e tardia. Foi concluída cerca de 60 anos antes de 1532, com o controle de Cusco sobre as cidades costeiras, onde a civilização nascera vários séculos antes, com suas pirâmides, seus templos, suas múmias e suas hierarquias. Antes da chegada dos conquistadores, essa construção política desmesurada e perfeita na sua organização já mostrava sinais de fraqueza. O grande Inca Huayna Capac, que empurrara a fronteira norte do Tawantinsuyu até Putumayo, na atual Colômbia, e em direção ao sul até o vale do Aconcágua (Chile e Argentina), explorando também o território inquietante da Amazônia até as margens do Rio Madeira (hoje no Brasil), morreu em 1525, acometido por uma doença desconhecida. Seu desaparecimento abriu uma crise dinástica e uma guerra impiedosa entre dois de seus filhos: Huascar, o legítimo, e Atahualpa, o Inca do Norte.

A morte de Atahualpa em 1533, executada por Pizarro, prolongou a monarquia inca por cerca de 40 anos, dessa vez sob a égide dos espanhóis. Esses incas coloniais são cinco. Em 1535, Manco Inca, após uma breve colaboração com Pizarro, rebelou-se contra os espanhóis e atraiu muitos senhores para a sua causa. O ponto culminante dessa rebelião foi o cerco de Cusco. O torno se afrouxa para os espanhóis quando os fiéis de Manco Inca abandonam o cerco para dedicarem-se à colheita do milho. Incapaz de retomar a cidade, Inca refugia-se em Vilcabamba, no piemonte amazônico, de onde assedia os estabelecimentos espanhóis da fronteira. Três de seus filhos ou sobrinhos continuam a sustentar a família rebelde: Sayri Tupac (1534), que acabou por se submeter e se tornar cristão, mediante uma compensação derrisória; Titu Cusi Yupanqui (1536), igualmente batizado, assassinado em Vilcabamba; e, por fim, o jovem Tupac Amaru, traído pelos antis, grupos amazônicos entre os quais ele se havia refugiado, e capturado pelo General Martín de Loyola com a ajuda de numerosos mestiços cusquenhos. Foi decapitado em Cusco, por ordem do Vice-rei Toledo, em 1572.

Paralelamente a essa dinastia rebelde de Vilcabamba, o poder legítimo inca (sob a égide da Coroa espanhola) é encarnado por Don Cristóbal Paullu Inca, igualmente filho de Huayna Capac, auxiliado por seu irmão, o sacerdote do

Sol. Essas duas autoridades conjuntas foram instaladas no trono, em Cusco, pelo conquistador Diego de Almagro, que procura sua mediação através dos senhores regionais a fim de favorecer seus interesses pessoais. Paullu Inca morre em 1549. É enterrado como cristão, mas seus servos fazem secretamente uma estatueta (um *huauque*) na qual conservam, como num relicário, pedaços de unhas e cabelos do soberano. Esse "ídolo", depositado no Templo da Ilha do Sol do Lago Titicaca, foi venerado pelas populações.

Os incas não surgiram do nada, como eles gostam de se gabar nas narrativas sobre suas origens. O cronista Fernando de Montesinos, que se baseou num manuscrito encontrado em Quito, relata mais de uma centena de dinastias incas antes daquela inaugurada pelo Inca Manco Capac, ancestral de todas as outras. Se Montesinos estiver dizendo a verdade, os 12 soberanos canônicos são apenas a linhagem mais moderna de uma série de senhores contemporâneos do Império Wari do fim do ano 1000. O que constitui a grandeza dos incas é a extensão do seu império, desde o sul da Colômbia até o Maule, ao sul de Santiago do Chile, desde o Oceano Pacífico até o piemonte da Amazônia.

Será que as dinastias incas são "míticas"? Elas, no entanto, existiram, como o demonstram as narrativas, os testemunhos, os vestígios da sua grandeza e os dados arqueológicos; os corpos mumificados dos soberanos, escondidos na época da Conquista e descobertos por Polo de Ondegardo, atestam a sua existência real. Infelizmente não dispomos de tabletes de argila, nem de livros, nem de textos capazes de nos esclarecer. O que há de mítico na história de um dos mais vastos impérios já vistos nas sociedades humanas é o "maravilhoso", sem o qual nenhuma religião é possível. Os incas são soberanos divinizados, e, por conseguinte, suas ações resultam tanto das suas capacidades reais e alegadas como da assistência que lhes foi prestada por forças excepcionais. Além disso, na mesma época em que os incas contavam aos cronistas espanhóis como o grande Inca Yupanqui Pachacutec vencera uma batalha crucial com a ajuda de pedras combatentes, erguidas contra os seus inimigos, os espanhóis atribuíam a queda de Cusco à intervenção milagrosa do apóstolo São Tiago.

*Dinastias dos Incas e capac cuna que foram os senhores dessas províncias do Peru, segundo Juan de Betanzos*

1. Mango Capac
2. Sinchi Roca
3. Lloque Yupanqui
4. Capac Yupanqui
5. Mayta Capac
6. Inca Roca Inca
7. Viracocha Inca
8. Inca Yupanqui Pachacutec Inca
9. Yamque Yupanqui
10. Tupac Inca Yupanqui
11. Huayna Capac
12. Huascar
13. Atahualpa

Aqueles a quem Pizarro nomeou após a morte de Atahualpa:

14. Tupac Huallpa
15. Manco Inca
16. E aquele que foi nomeado pelos capitães de Manco Inca, Sayri Tupac "que se encontra agora na floresta".

(Resta acrescentar Paullu Inca e Titu Cusi Yupanqui, dois soberanos que Betanzos conhecia bem, assim como Tupac Amaru Inca Yupanqui.)

## Dinastias dos Incas e das Coyas, segundo Guamán Poma de Ayala

1. Manco Capac/Mama Ocllo Huaco
2. Sinchi Roca/Chimbo Urma
3. Lloque Yupanqui/Mama Cora Ocllo
4. Mayta Capac/Chimbo Mama Yachi
5. Capac Inca/Chimbo Mama Cahua
6. Inca Roca/Cusi Chimbo Mama
7. Yawar Huaccac/Ipa Huaco Mama
8. Viracocha Inca/Mama Yunto Cayan
9. Inca Yupanqui Pachacuti/Mama Anahuarque
10. Tupac Inca/Mama Ocllo
11. Huayna Capac/Raua Ocllo
12. Huascar/Chuqui Llanto

## Dinastias incas segundo Garcilaso de la Vega

1. Manco Capac/Mama Ocllo Huaco
2. Sinchi Roca/Mama Ocllo ou Mama Cora
3. Lloque Yupanqui/Mama Caua
4. Mayta Capac/Mama Coca
5. Capac Yupanqui/Mama Curi Illpay
6. Inca Roca/Mama Micay
7. Llahuar Huaccac/Mama Chicya
8. Viracocha Inca/Mama Runto
9. Pachacuti Inca Yupanqui/Mama Anahuarque Coya
10. Inca Yupanqui (Llamque Yupanqui?)/Chimpu Ocllo
11. Tupac Inca Yupanqui/Mama Ocllo
12. Huayna Capac/Mama Rahua (mãe de Huascar) e Mama Runtu (mãe de Manco Inca)
13. Topa Cusi Gualpa, conhecido como Huascar Inca

# 1
# A animação do tempo e do espaço

Toda religião produz narrativas míticas que a legitimam, e os incas não fogem à regra, mesmo que a maior parte da transmissão tenha adotado a forma oral. Tal como os astecas do México e, com mais razão ainda, os maias, que desenvolveram uma escrita silábica, os incas foram os artífices de uma sociedade complexa, altamente hierárquica e centralizada, cuja história se confunde com a dos seus senhores divinizados. As grandes civilizações americanas partilham essa característica com as do Velho Mundo: os assírios, os egípcios, os micênicos ou os chineses. Trata-se, em todos os casos, de povos conquistadores, que construíram grandes cidades e desenvolveram uma agricultura intensiva que permitiu alimentar uma população significativa. Na América, apenas o Peru criou lhamas e alpacas para consumo de carne e leite, montagem, transporte e lã.

Os mitos dos incas retomam elementos comuns ao mundo ameríndio e os modificam a fim de justificar a supremacia da sua dinastia. Entre os temas comuns aos povos das Américas podemos citar a separação do céu e da terra, ato anterior ao desenvolvimento da vida. Em tempos imemoriais, os homens, os animais, as pedras e os objetos inanimados foram dotados de fala. A origem do fogo e sua aquisição pelo homem, frequentemente pela astúcia, tiveram como consequência distinguir, nesse aspecto culinário, os humanos dos demais seres vivos, ainda que as fronteiras entre uns e outros pudessem ser ultrapassadas por seres de poder. Claude Lévi-Strauss analisou essa divisão entre os seres que comem coisas cruas e aqueles que cozinham os alimentos. Para os incas, que se situam muito além dessa separação original, os critérios que os separam das populações mais rústicas são, em essência, a demarcação dos terrenos cultivados, a confecção de vestuário de tecido, a construção de casas e edifícios em pedra e a metalurgia. Esses quatro pilares da civilização baseiam-se numa organização política e racional dos territórios que compõem o seu império. A religião é o que permite a manutenção desses elementos e a aceitação da ordem sem a qual tudo desmorona.

A institucionalização do sagrado – com seus sacerdotes, santuários, ritos, sacrifícios e a encenação dos mistérios das potências invisíveis – não conseguiu desenraizar a antiga experiência xamânica[5]. A indeterminação das fronteiras entre as espécies vivas, típica dos caçadores, é ainda um traço que subsiste em um Estado tão complexo como o dos incas. Os homens de poder, como os grandes guerreiros, os sacerdotes e os visionários, podem romper essas barreiras ao custo da sua existência.

A mitologia andina é heroica porque as transformações das sociedades são obra das dinastias reinantes, das suas

---

5. Sobre o xamanismo, seguiremos as obras de referência de Hamayon (1996) e a sua tipologia; entre os muitos americanistas que falaram do xamanismo empregando esse termo originário da Sibéria, citemos, nomeadamente, Reichel-Dolmatoff (1973), Chaumeil (1983) e Descola (1986).

façanhas bélicas e do seu impacto civilizador. As narrativas lendárias mostram o paralelismo entre a agricultura intensiva e a anexação de novos territórios; voltaremos a isso com frequência. Basta dizer aqui que "estabelecer marcos" traduz a aquisição de novos territórios que se tornarão terras cultiváveis as quais os incas atribuirão às famílias camponesas, a fim de que a ordem agrícola prevaleça sobre a selvageria. Os marcos aos quais os mitos se referem são amiúde monólitos, chamados *huancas*. Erguida à entrada de um grupo aldeão, a estátua é o duplo mineral do Senhor e o seu olhar fita o sol nascente. A *huanca* também pode ser erigida no meio de um campo cultivado que ela protege (Duviols, 2016). Agrimensura e conquista andam de mãos dadas.

Herdeira de concepções muito antigas nascidas na Costa do Pacífico e, desde a nossa época, nos planaltos da Bacia do Titicaca e na região central de Ayacucho, a religião dos incas está sobretudo ligada aos ancestrais e aos lugares originais. É, portanto, pelo culto a essas entidades telúricas chamadas *huacas* que começaremos a nossa investigação.

## Os combates dos ancestrais

Cada comunidade humana é oriunda de um ancestral longínquo que emergiu da terra num local específico, venerado pelos seus descendentes: a *pacarina*. Os locais sagrados originais podem ser picos, geleiras, nascentes, lagos ou outros elementos distintivos do relevo que se comunicam com o mundo subterrâneo e o mundo celeste. Eles são designados pelo nome genérico *huaca*. Além do seu significado ancestral primário, o termo inclui tudo o que é estranho, único e insólito devido a sua forma, seu nascimento ou seu brilho.

Antes de entrar no cerne da questão, é preciso esclarecer que a linguagem do parentesco serve para nomear essas entidades tutelares. *Yaya* designa o pai, o senhor dos servos, o fundador da linhagem, e os corpos ancestrais venerados – os *mallquis* – são preservados por mumificação natural ou artificial em nichos de pedra – os *machay*. Esses cadáveres não estão verdadeiramente mortos, porquanto "sabem" e "aconselham". Para ouvi-los, é necessária a ajuda de um mediador capaz de "falar" com eles e de interpretar sua linguagem. Esse mediador tem vários nomes, dependendo da região e da amplitude do seu saber. Apesar da diversidade de casos, todos esses intermediários são denominados genericamente *villac*, que significa "aquele que fala". Por outro lado, *mallqui* também designa a planta e a semente, pois o ancestral mumificado é o provedor de fertilidade.

*Mama* significa "mãe", "fonte"; o que é "primeiro" e que se multiplica (Urton, 1997, p. 75-81). Tomemos o exemplo dos dedos da mão: cada um corresponde a uma categoria de parentesco, gênero e geração. O polegar é *mama*, "um", "primeiro", "o mais velho", "o ancestral ou *machu*". Do lado oposto está o quinto dedo, o menor, o mais novo, o último. O dedo médio corresponde à idade média de um ser e, por extensão, ao "meio-termo". Finalmente, as duas mãos são ao mesmo tempo opostas e complementares, uma relação expressa pelo termo quíchua *yanantin*. As primícias das espigas de milho ou das batatas, reproduzidas em pedra ou metal, pertencem à categoria de *mama*. Nas minas, essas *mamas* são materializadas numa pedra de cor ou tamanho diferente das demais. Tal como no Velho Mundo, as concreções encontradas na barriga das lhamas, chamadas bezoares, também são adoradas para proteger as mulheres e prevenir os abortos e as pragas.

No Gênesis, o homem é produzido pelo Criador todo-poderoso, ao término do processo de criação do mundo completado por Adão e sua companheira, criatura subordinada e naturalmente imperfeita, já que Eva é um produto derivado do primeiro homem. Essa concepção monoteísta afetará também os incas a partir do século XVI, sem, no entanto, pôr em causa o poder das montanhas e dos ancestrais. No Peru antigo, berço dos incas, não existe um homem original porque estamos imediatamente num agregado de linhagens com origens distintas e ctônicas. A complementaridade dos sexos tem sido invocada por especialistas. Os documentos arqueológicos e históricos nos dão uma visão mais matizada que apresentaremos ao longo deste livro.

Na medida em que o ancestral original se funde com o *huaca* que o representa – ancorado na montanha, na pedra, no lago de altitude, na fenda de um rochedo ou outro local de emergência –, podemos qualificar os povos andinos como autóctones no sentido concreto da palavra, isto é, nascidos da terra, mesmo que essa crença deva resolver a contradição colocada pela constatação quotidiana de que os humanos, tal como os animais, nomeadamente os camelídeos, nasceram de uma matriz feminina.

A primeira geração de seres vivos foi imperfeita, constituída de gigantes, ou Homens da Noite; em todo caso, criaturas aterrorizantes. Essa humanidade inicial foi destruída por um dilúvio. O tema aparece em muitas narrativas e é muito antigo nas Américas e também no Velho Mundo; o Gênesis é apenas um exemplo dessa crença universal que comporta muitas variantes. O Dilúvio que separa o tempo é chamado em quíchua *uno pachacuti*, literalmente "água que perturbou a terra, que a virou de cabeça para baixo". No mundo andino não temos nem arca nem Ararate – embora chegue perto disso o famoso mito de origem dos cañaris, um grupo étnico do Equador, no qual dois irmãos se salvam de perecerem afogados refugiando-se num monte.

A fabricação de uma humanidade "perfeita" requer, portanto, alguns ensaios preliminares, porque é necessário despojar o espaço domesticado de suas origens selvagens. Os seres que formam os *ayllus* – grupos que têm um ancestral comum – e as *llactas*, aldeias onde essas famílias estão instaladas, são o resultado de um processo "luminoso" comparável ao que ocorre ao raiar o dia, quando a claridade caça a obscuridade e o sol ressurge, triunfante, do seu curso noturno. O tema da luz, que é também o da vida, está em ação no surgimento do ancestral do fundo de uma caverna, de uma fissura ou de um lago, e no nascimento da criança, emergindo do útero (porão, caverna) de sua mãe. Além disso, na língua espanhola "parir" também é dito *dar a luz* ("dar à luz").

A separação do visível e do invisível está no cerne do religioso. Os adivinhos e os curandeiros são os únicos que conseguem ultrapassar essa barreira, e é significativo que, na segunda metade do século XX, nas terras altas do Equador, apesar da perda da língua vernácula, eu tenha ouvido, da boca desses "especialistas", narrativas concernentes à aquisição dos seus dons, ao preço de roçarem a morte. Aqueles que suportavam esse estado liminar diziam, ao evocarem essa experiência: "Então meus olhos se abriram".

## A ubiquidade do sagrado: os *huacas*

O sistema religioso dos incas está enraizado num contexto muito antigo de crenças relativas à ancestralidade e à noção de *huaca*, o sagrado "animante", ativo, ancestral, de onde se destacam figuras heroicas concebidas como "deuses" pelos cronistas. Os *huacas* são entidades ou "potências" ancestrais vivas, encarnadas em certas montanhas que se destacam na linha do horizonte do maciço andino; materializam-se em pedras naturais, fendas, cavernas, árvores, redemoinhos de ar ou água, ou mesmo em monólitos esculpidos, como os *huancas* que atraem o olhar ou dominam um determinado espaço.

Os *huacas* não são necessariamente "coisas" com contornos definidos, como um templo ou um santuário, mas lugares naturais dotados de força e ação. O que para nós faz parte da paisagem (profundidade de um vale, aglomerado de árvores, brilho das geleiras, fluxo das torrentes, jogo de luz etc.) constitui a marca do sagrado e, por conseguinte, deve ser tido como tal, venerado, respeitado e subtraído à exploração agrícola. Os *huacas* podem se desdobrar e se metamorfosear em humano, animal, planta ou objeto. Com efeito, essas distinções nítidas resultam do nosso corte racional, ao passo que, no caso que nos concerne, somos confrontados com outras lógicas classificatórias, que desenvolveremos ao longo desta obra. Um exemplo será suficiente aqui para que se compreenda esse pensamento. O cronista indígena Guamán Poma de Ayala (1936, fol. 160) conta que o capitão Inca Urcon (Montanha-Inca), filho de Tupac Inca, fora encarregado de transportar rochas de Cusco a Huánuco, mas um desses blocos, esgotado pela longa caminhada, recusou-se a mover-se e derramou lágrimas de sangue.

Não são somente as pedras brutas que podem chorar. Aquelas que são trabalhadas pela mão do homem, como os monólitos ou as estátuas, também pertencem ao vivo, porque o trabalho que o homem exerce sobre a matéria bruta é em si um ato criativo abrangido pela noção de *camac*. Não existem, portanto, barreiras entre os seres "animados" e os humanos porque, num passado distante, quando as linhagens deixaram a terra, elas permaneceram ligadas aos seus *huacas* tutelares, sem os quais não haveria culturas, nem ancoragem das famílias no território da *llacta*.

Quando os habitantes de uma aldeia de Huarochiri atravessavam lugares sacralizados por um ancestral, eles adquiriam parte da sua força (Taylor, 1987, p. 209). Cada nação, no sentido de grupo com uma mesma origem, tinha o seu *huaca* principal (recordemos que os *huacas* são aparentados, mas organizados segundo a sua posição) e não deixava de venerá-lo. Na cordilheira que margeia o Chile, muitos desses *huacas* são incarnados em geleiras ou vulcões, onde residem com seus servos. Cumes, lagos, estátuas e cadáveres mumificados não são as únicas potências sagradas ligadas à ancestralidade. A noção de *huaca* se estende ao que chamamos de "coisas" e anomalias físicas. Entre as mais frequentes e perseguidas pelos padres católicos encontram-se pedras chamadas *chancas* ou *conopas*, notáveis quanto à forma e à cor, espécies de relíquias ou amuletos da sorte transmitidos de pai para filho, o mais velho herdando esses objetos e vestuário. Trata-se de um culto privado que os jesuítas compararam ao dos deuses *lares* dos romanos.

As *illas* são *huacas* que se definem pela sua luminosidade porque o seu nome é o do relâmpago, *illapa*, que pode, por extensão, caracterizar a múmia ancestral de um *ayllu*, com seus adornos, vestes e vasos de oferendas. *Illa* é também a casa atingida por um raio e fechada com todo o seu conteúdo, para que ninguém se instale ali. O homem atingido por um raio que sobrevive a esse choque torna-se curandeiro e visionário. Os gêmeos eram sacrificados aos raios, de onde provinham. As *illas* também são produto do trabalho humano, quando talhadas em forma de lhama e utilizadas nos ritos de fertilidade dos camelídeos, um costume que ainda é praticado. No século XX, no Equador, para designar os objetos antigos escondidos da vista humana, como cacos de cerâmica ou machados de cobre, usava-se o termo espanhol *guardado*, que significa ao mesmo tempo "fechado" e "guardado".

O sagrado ainda se aninha nos amontoados artificiais de pedras, as *apachetas*, levantadas pelas sucessivas contribuições dos transeuntes no local onde se podem ver as duas encostas de uma montanha, para pedir às entidades autorização para pisar na sua terra, atravessar sem entraves essa passagem perigosa porque ambígua, e prosseguir na estrada sem fadiga. Em outras regiões, amarram-se as palhas que crescem nessas zonas de transição; pode-se ainda, no norte do Chile, oferecer penas de grous às potências telúricas. Essas oferendas são sempre acompanhadas de folhas de coca. Nenhum extirpador de idolatrias da época colonial destruiu essas pequenas pirâmides de pedras, às quais sacerdotes itinerantes juntaram sua contribuição pessoal. Por fim, o sagrado exprime-se nos gestos e nos sons, pois o ritmo, a cadência, o timbre da voz humana que canta, assim como a emoção coletiva que brota dessa música, evocam o mundo indizível das potências ancestrais.

Antes de prosseguir na apresentação da religião dos Andes e, em particular, daquela que os incas impuseram aos povos conquistados, convém insistir num ponto importante. Os *huacas* são ao mesmo tempo universais e particulares; cada *llacta* tem os seus, mas certos picos poderosos têm influência regional. Sua hierarquia resulta da sua história particular. Quando designam ancestrais, geralmente do sexo masculino (ou andróginos), costuma-se utilizar o gênero masculino. Manteremos o masculino para nos referirmos à entidade ancestral, a menos que o seu sexo seja especificado. As narrativas posteriores à Conquista colocam *huaca* no feminino, influenciadas por uma desinência em -*a* que denota, com algumas exceções, o gênero feminino na língua espanhola. Os camponeses atuais (pelo menos até a última década do século XX) referem-se a ela no feminino, mas a montanha sacralizada é *Urco* em quíchua, uma palavra que também se aplica ao lhama macho; masculina também é a palavra espanhola corrente *cerro*, uma substituta para *montaña*, que no Peru designa um local arbustivo, típico do piemonte. Com efeito, os *huaca* podem ser de sexo feminino, mas de gênero masculino, à imagem de certo número de personagens femininas com comportamento viril. Afirma-se ainda que os cimos se entregam a torneios sexuais, sobretudo quando o tempo está tempestuoso: pode-se então ouvir os seus gemidos.

O mundo dos *huacas* está longe de ser inerte. Os incas promoveram e veneraram novos santuários e lugares sagrados, privando de "comida" os seus inimigos, eliminando os hinos que narravam as suas proezas a fim de apagar a sua memória. A Igreja Católica demoliu os templos e outros lares diabólicos, perseguiu a circulação de objetos sagrados, martelou estelas, sem conseguir dominar essas potências telúricas e abstratas, para sempre inscritas na natureza, indestrutíveis.

## As guerras das origens do mundo

Para melhor compreender essa noção abundante de *huaca*, consideraremos alguns exemplos escolhidos de um notável *corpus* de narrativas recolhidas na região de Huarochiri, no fim do século XVI, por um clérigo, o Padre Ávila (Taylor, 1987)[6]. Personagem estranho, provavelmente de origem judaica, incentivou a escrita em quíchua e espanhol dos ritos e mitos dessa região; ele mesmo redigiu também uma versão mais sintética. O texto apresenta vários ciclos míticos dominados por suas divindades atuantes. O redator se exprime na "língua geral" do Inca, imposta em todo o território do império como *língua franca*, embora a região tivesse a sua própria língua, da qual subsistiram apenas algumas palavras (Millones; Mayer, 2012).

Huarochiri é hoje uma das nove províncias da região de Lima, a montante do Rio Rímac. As aldeias em questão situam-se antes ao longo do Rio Lurín, que deságua no Pacífico na altura de Pachacámac. É uma região delimitada pelos picos nevados da cordilheira a Leste, e por *punas*, charnecas de altitude, a Norte e a Sul. Huarochiri pertencia à Província de Yauyos e, em particular, à etnia dos checas, encarregada de criar lhamas dedicados ao culto de Pachacamac na Costa do Pacífico. No fim do século XV, essa região foi incorporada ao império por Tupac Inca Yupanqui. O espaço sagrado de Huarochiri, onde residem suas divindades ancestrais, corre ao longo da bacia do Rio Lurín. Obviamente, os Huarochiri e os Yauyos, como os incas dos primeiros tempos, pertencem à cultura milenar dos povos andinos.

---

6. Existe uma versão anterior deste texto, de José María Arguedas, seguida de um estudo de Pierre Duviols.

Os *huacas* ancestrais e seus combates arcaicos estão no centro das narrativas. Elas lembram que os *huacas* foram os primeiros homens de carne e osso. Inscritos na paisagem, ainda habitam e animam as montanhas e os lugares selvagens, não trabalhados pelo homem. O risco dessas lutas é duplo: estabelecer uma reputação e construir uma ordem social regida pela agricultura. É assim que os homens deixarão de viver como "bestas" e serão submetidos às restrições sociais do parentesco. Agrupados em linhagens e sedentarizados, sob a proteção dos *huacas* maiores, ancestrais – os *apus* –, as famílias têm o dever de honrá-los. As lutas dos *huacas* de Huarochiri (e de outras regiões) são o modelo ancestral das guerras incessantes que os incas travarão contra os seus inimigos a fim de impor a sua ordem política e o Sol, seu ancestral, acima dos *huacas* dos povos conquistados.

As sociedades andinas estão voltadas para o passado e para suas raízes. Essa memória "histórica" deve ser reativada regularmente para que a força dos *huacas* não seque. Nada é dado como certo e é por isso que os *ayllus* devem contribuir por seus esforços para alimentar esses ancestrais que os protegem. Porque perigos pairam sobre a terra: secas, inundações, ventos e frio excessivos, concupiscências dos inimigos, epizootias e outros infortúnios. O campesinato está sempre por um fio, e os incas compreenderam isso melhor do que outras nações, construindo celeiros e depósitos para evitar as penúrias e estabelecendo as corveias da irrigação, da construção de terraços e do planejamento de tarefas.

Em tempos imemoriais, Negro e Noite, dois *huacas* associados às trevas, foram vencidos por "uma geleira" situada na região de Jauja: Huallallo Carhuincho. Nessa época do reinado absoluto desse *huaca* já existia uma humanidade à qual Huallallo proibia ter mais de dois filhos, e ele devorava sistematicamente aquela criança que chegava em excesso. Naqueles tempos antigos, "todas as aves eram de uma grande beleza, e a plumagem, amarela e vermelhão, resplandecia". A derrota das Forças da Noite liberou o brilho em estado puro, uma qualidade cromática cuja importância na percepção do sagrado temos assinalado.

Pariacaca é o nome de uma outra geleira, de 5.700 metros de altura, situada na Cordilheira Central entre os atuais departamentos de Lima e Junín. Possui dois cumes, característica que a distingue dos demais picos e que a torna um *huaca* particularmente potente. Esse *huaca* nasceu de uma ninhada de cinco ovos, dos quais eclodiram cinco falcões que se transformaram em humanos (Taylor, 1987, p. 73). Trata-se de uma tradição encontrada na costa norte na época do Reino de Chimú. Pariacaca triunfou sobre o *huaca* canibal Huallallo Carhuincho. Então, os pássaros de plumagem brilhante foram expulsos para os antis, no piemonte amazônico, e para os vales quentes onde cresce a planta sagrada da coca. Esse foi o início de um ordenamento do espaço informe dos primeiros tempos: nas terras quentes, araras e papagaios, cujas penas, muito procuradas pela sua beleza e pelo seu cromatismo, serão mais tarde, na época das cidades, bens preciosos procurados pelos senhores, da mesma forma que o ouro.

Os que participaram da expulsão dos antigos *huacas* comandados por Huallallo Carhuincho foram chamados de "os filhos de Pariacaca". Muito mais tarde, quando os espanhóis perguntaram aos indígenas por que lhes faziam oferendas, estes responderam que iam à montanha "para ver os seus mortos" – na verdade, as crianças que lhes tinham sido sacrificadas. Assim o afirma Poma de Ayala (1936, fol. 266), acompanhando sua descrição de um desenho.

Após a derrota de Huallallo a população começou a crescer, e as terras já não eram suficientes para alimentar todas essas famílias. Empreendeu-se então a construção de terraços nas encostas das montanhas. Foi, dizem os mitos, o início da agricultura intensiva e do planejamento, e até mesmo da civilização, uma vez que os incas desprezavam as pessoas que não haviam construído edifícios de pedra, levavam uma vida semissedentária e ignoravam a pecuária. Não se trata aqui de entrar nos detalhes dos combates entre os *huacas*, aos quais existem muitas referências etnográficas para muitas outras regiões. Retenhamos apenas, por ocupar um lugar importante no sistema religioso dos incas, o nome de um dos filhos de Pariacaca: Cuniraya Viracocha, talvez associado a um antigo deus da costa do Peru chamado Con, vindo de outro lugar.

## A louca perseguição

Os mitos de Huarochiri descrevem Cuniraya sob o aspecto de um mendigo coberto de piolhos e maltratado pelos outros *huacas* – injustamente, porque o texto especifica que "o homem" animava todas as comunidades e, apenas com a sua palavra, "preparava a terra para o cultivo". Um dia, transformado em pássaro, Cuniraya pousou numa árvore frutífera e deixou cair uma semente que fecundou a jovem virgem Cahuillaca, que ele cobiçava. Ela também pertencia à família dos *huacas*. A jovem deu à luz um menino, e um dia, quando todos os *huacas* estavam reunidos, a criança reconheceu entre eles o pai, o mendigo fedorento. Cahuillaca o empurrou com desgosto e fugiu em direção ao mar. Então o Viracocha vestiu o seu traje de ouro, ergueu-se, "iluminando a terra", e lançou-se à sua perseguição, durante a qual fez encontros insólitos com animais prestativos ou astutos.

Seus esforços foram em vão, pois ela escapou dele, e ao chegar à costa mergulhou no Oceano Pacífico e transformou-se numa ilhota. Essa louca corrida para o Oeste, aonde o sol parte na sua corrida noturna para renascer no Leste, completa o eixo solar ao longo do qual Cuniraya Viracocha irradia como um Sol. Cuniraya Viracocha consegue juntar-se a Pachacamac, aquele "que anima o tempo e o espaço", cujo santuário se ergue perante o mar. Ele aí encontra a sua mulher, "aquela que dá à luz as pombas", alimentando seus peixes numa lagoa – naqueles tempos antigos, o Oceano Pacífico era desprovido deles. As "pombas" são as suas duas filhas, zelosamente guardadas por uma serpente. Cuniraya estupra a mais velha e, irritado, provavelmente porque Cahuillaca escapou dele, agarra os peixes e os lança no oceano, onde se multiplicam. Por sua vez, a mulher de Pachacamac o perseguiu, tentando seduzi-lo com palavras adocicadas: "Venha, meu Cuni" (Taylor, 1987, cap. 2, p. 48). Finalmente ela também se tornará uma pedra em forma de ilhota, Urpay Guachac, rica em *guano*, frequentada pelos pescadores de Chincha até hoje[7].

Os *huacas* representam a singularidade num mundo governado pelo ideal da ordem. A autoctonia é um princípio congelado, inerte; para que haja história e movimento são

---

7. O guano, feito a partir de excrementos de pássaros, é um fertilizante natural utilizado até hoje, que permite o cultivo agrícola no litoral muito seco do Peru.

necessárias migrações, como a dos homens originários dos planaltos da região do Lago Titicaca ou do piemonte andino, que buscaram terras mais férteis na região de Huarochiri (Itier, 2013, p. 22-23). Esses migrantes ergueram monólitos onde se estabeleceram, para autoctonizar seus ancestrais e enraizá-los na nova terra. A sua existência não é unicamente mítica, porquanto sabemos que estrangeiros, originários do Alto Huallaga e de Chinchaycocha (Lago Junín), estabeleceram-se em outros lugares por volta de 1350.

## O eixo sagrado

A história precedente introduziu uma outra "divindade" importante chamada Pachacamac, "aquele que gerou e alimentou o espaço e o tempo", duas noções representadas por um único termo: *pacha*. Garcilaso de la Vega, cujos ancestrais maternos eram incas, considerava Pachacamac o verdadeiro deus criador e, de certa forma, a prefiguração de Deus. A coletânea de Huarochiri lhe consagra dois capítulos e inúmeras referências, o que prova a sua importância (Taylor, 1987, caps. 22-23). Voltaremos frequentemente a essa divindade maior. O encontro entre o Ser que alimenta e o Inca Tupac Yupanqui é estranho. Decepcionado com o fracasso na conquista das terras de Yauyos e de Huancas, apesar das ricas oferendas que havia depositado no grande santuário de Pachacamac, o Inca convocou todos os *huacas* dos povos que haviam entravado o progresso dos seus esquadrões. Aceitaram o convite e foram até o soberano em liteira, como convinha aos senhores – os *huacas*, como o dissemos, podem assumir figura humana. Pachacamac, "aquele que faz o mundo se mover" ou "aquele que carrega o mundo com seu ser", segundo outras traduções do seu nome[8], era o principal e mandou que o levassem até Cusco, mas permaneceu em silêncio, sem responder às críticas dirigidas a ele pelo Inca. No final, exasperado com sua insistência, Pachacamac respondeu com estas palavras:

> Inca, você é "quase" Sol, eu sou aquele que é conhecido; eu não lhe respondi [...] Posso abalar o mundo inteiro; tenho o poder de o destruir e você com ele. É por essa razão que fiquei em silêncio (Taylor, 1987, p. 105).

Pachacamac é uma antiga entidade da Costa do Pacífico associada aos terremotos, frequentes nessa região, e seu templo já existia bem antes da constituição do império. Seus oráculos eram célebres, e essa divindade recebia numerosos sacrifícios humanos. Cusco queria conciliar o seu poder, e o sítio de Pachacamac foi dotado de novos *huacas*: foi construído um templo consagrado ao Sol, uma bacia e uma casa de reclusão para as *acllas*, virgens destinadas ao culto solar; esses edifícios foram construídos à imagem dos da capital inca. As praças foram alargadas para acolher um maior número de peregrinos. A captura de Pachacamac legitimava o poder sagrado de Cusco, como também foi o caso com a consagração de um Templo do Sol na ilha do Lago Titicaca que leva o seu nome (Makowski, 2015).

Ao contrário de Pachacamac, retratado como um ser silencioso e altivo, Cuniraya Viracocha é um *huaca* pregador de peças, astuto, hábil em enganar o mundo e também capaz de desvendar os segredos mais bem guardados. Reconhecemos nesse retrato o "enganador" ameríndio ou o *trickster*

---

8. Trata-se daquela de Frank Salomon, autor de uma introdução a essa coleção datada de 1991 e coescrita com J. Urioste.

das lendas anglo-saxônicas. Ora deslumbrante de beleza, ora repulsivo, ele se diverte estuprando mulheres. Viracocha aparece na mitologia ameríndia sob diferentes traços. Dele se diz que "todas as coisas, todos os terrenos cultivados, todos os humanos lhe pertencem", assim como os melhores tecelões de tecidos finíssimos e com motivos maravilhosos, os *tocapos*, que o invocavam antes de empreender a obra.

Cuniraya Viracocha também é, segundo os textos, o pai ou o filho de Pariacaca, o que ilustra ainda mais a importância do parentesco para os *huacas*. O personagem do mendigo fedorento assumido por esse ser jocoso aparece em outros registros que opõem os povos autóctones, considerados "originais", aos pastores vindos dos planaltos da Bacia do Titicaca em busca de pastagens melhores. Esses "estrangeiros" também são designados sob o termo *llacuash*, uma noção derivada de um verbo que significa "comer mal, lamber", à maneira de um mendigo desprezível e faminto. Por extensão, o termo também se aplica às vicunhas selvagens. Na compilação mítica de Huarochiri, o homem muito pobre pode levar o nome de Huatiacuri, "aquele que só come batata". Ele, no entanto, é um dos filhos de Pariacaca e possui dons de curandeiro.

Quando se encontravam nas Terras Altas, os cusquenhos veneravam o santuário do Sol construído numa ilha do Lago Titicaca, mas, quando desciam para a costa, dedicavam-se a Pachacamac. Esses dois templos eram muito ricos, devido à quantidade de oferendas ali depositadas, e dispunham de várias centenas de servos, os *yanaconas*, assim como numerosos rebanhos de lhamas (Taylor, 1987, cap. 22). Esses eram os dois *huacas* principais do império, e esse eixo sagrado de alguma forma marcava uma das fronteiras da civilização.

## Huari, Viracocha e o apóstolo perdido

Viracocha não é o único herói do mundo andino. Para os povos originários das planícies costeiras que se estendem de Piura a Arica (hoje no Chile), o herói civilizador se chamava Vichama, filho do Sol. Pachacamac, com ciúmes, despedaçou a criança, mas o Sol lhe restituiu a vida. Então Pachacamac matou sua mãe e entregou o corpo às aves de rapina. Uma das versões dessa história dá a Pachacamac uma mulher, Pachamama, a mãe de todas as plantas (Rostworowski de Diez Canseco, 1992, p. 49-50). Vichama talvez seja derivado de Ichma, o antigo nome de Pachacamac.

Na região central dos Andes, o culto dedicado a Huari, senhor das sementes e da água de irrigação, ainda estava vivo em meados do século XVII (Duviols, 1986). Seu nome está presente na toponímia de Ayacucho, Huánuco e também no Collao e nos arredores de Arequipa, um território que corresponde ao do Império Wari-Tiwanaku, que precedeu o dos incas. Segundo César Itier (2013, p. 29-40), Huari significa "aquele que anuncia o dia", pois o seu nome é *waray* (aurora), um conceito equivalente a *paqari*, ou *pacarina*, o lugar de onde saíram os ancestrais dos *ayllus*. Huari é o mestre dos canais de irrigação e da água que emana de uma fonte subterrânea antes de espalhar-se pelas encostas. Em 1656, mais de um século após o colapso do Império Inca, os camponeses de Otucos explicaram aos jesuítas que, "antes dos incas e dos apus", Huari havia aparecido sob a forma de um "velho barbudo" que parecia um espanhol. Foi ele que repartira as terras de cultivo e os canais de irrigação, que lhes dera a água e a comida e que demarcara os terrenos.

Huari é o deus das forças, e é invocado justamente quando as pessoas precisam limpar os terrenos ou construir suas casas, para que ele os empreste a elas. Herói civilizador, é também um "estrangeiro", não enraizado na terra, ao contrário dos *huacas* ancestrais. As nações que povoaram Jauja eram descendentes de Huarivilca, uma célebre fonte. Trata-se de um traço notável, próprio dos seres cuja ação se desenrola num itinerário ou percurso, aspecto que reencontramos nas narrativas míticas ameríndias quando desenvolvem o tema do herói civilizador, particularmente no México e entre os maias (Quetzalcoatl e suas variantes yucatecas e guatemaltecas). Esses seres, portadores de conhecimentos agrícolas e de verdades religiosas, não são autóctones, mas itinerantes, personagens ambíguos, muitas vezes velhos, que fazem a história ao ativar o tempo (Duviols, 1986, p. 15).

Segundo testemunhos coloniais, os homens, a fim de usufruírem dos benefícios de Huari, deviam recompensá-lo com ritos e oferendas, como retirar os defuntos dos seus esconderijos de pedra. Instalados numa praça, vestidos com suas roupas coloridas, os corpos recebiam o sangue das lhamas e dos porquinhos-da-índia, sua bebida, e dançavam (fazia-se com que dançassem) ao som de uma pandeireta.

Quando o nome Huari é declinado no plural, designa gigantes muito fortes, que só conheciam a noite: "Só com o olhar faziam surgir as terras de cultivo e as demarcavam, e abriam os canais de irrigação". Esse traço que sublinha a "força" do olhar – ou, em outros casos, da palavra – caracteriza essas divindades. Essa primeira humanidade gigantesca habitava a Península de Santa Elena, hoje no Equador. Foi também nesse local que Viracocha, decepcionado com a ingratidão dos *ayllus*, deixou o mundo terrestre e desapareceu no oceano. Foi também aí que os conquistadores foram vistos pela primeira vez.

Recapitulemos esses elementos religiosos. O termo *huaca* ultrapassa a significação de entidades sagradas e se estende também aos atributos, aos eventos e às coisas materiais (Mannheim; Salas Carreño, 2015, p. 47). Os templos são apenas uma parte do seu domínio. Os *huacas* são, portanto, pedras, lagos, cumes, múmias ancestrais e tudo o que surpreende, que *sai* do comum, que chama a atenção, como os homens com lábio leporino. Tudo o que é duplo ao nascer faz parte disso, como os gêmeos humanos (*curis*), animais e vegetais – duas espigas de milho ou duas batatas em um só corpo. Os nomes dos grupos de parentesco estão frequentemente ligados ao do seu *huaca*. Essas entidades enraízam-se num determinado sítio "autóctone", o que explica a relutância dos indígenas em serem "reduzidos", ou seja, deslocados para aldeias de estilo espanhol, longe das forças ancestrais. Os *huacas* formam linhagens aparentadas e combatem outras entidades para estabelecer sua supremacia. Os corpos secos dos defuntos, os *mallquis*, são considerados filhos do *huaca* tutelar. Muitas vezes guardados em nichos e vestidos com camisas "muito elaboradas", os cadáveres são conservados com seus objetos familiares: armas, utensílios agrícolas e, no caso das mulheres, fusos, porquanto o ser humano nunca está dissociado dos seus objetos.

**Viracocha e os incas**

Os incas têm a sua própria interpretação da alternância da noite e do dia. Segundo Cieza de León, antes que os incas se tornassem os senhores desses lugares, os indígenas contavam que eles viviam na escuridão, sem ver o sol, o que lhes tornava a vida insuportável. Eles imploravam aos "deuses" que lhes trouxessem o fogo e a luz, dois significados contidos no termo espanhol *lumbre*. Então, o sol resplandecente se levantava sobre a ilha do Lago Titicaca, no local onde se encontra a Ilha do Sol, e todos se regozijavam. Após esses acontecimentos, chegou do Sul um homem branco de alta estatura, que emanava autoridade e respeito. Esse homem tinha um grande poder; ele transformou as montanhas em planícies e as planícies em montanhas, fez jorrar fontes entre as rochas, e seus poderes lhe valeram ser chamado "aquele que faz todos os seres", ou que é o seu princípio. Essa história, precisa o cronista, eles a ouviram da boca dos seus pais, os quais, por sua vez, aprenderam-na nas canções antigas. Esse homem venerável atravessou a cordilheira em direção ao Norte. Por onde passava, realizava maravilhas. Em muitos lugares deu leis aos homens e lhes falava com amor. Chama-se Ticiviracocha (Cieza de León, 1984a, cap. 84, p. 109-111), mas pode ter outros nomes: Tauapaca ou Tarapacá ("águia") no Collao, e, em outros lugares, Arnauan. Templos e monólitos foram construídos para representá-lo, e muitas oferendas foram sacrificadas a ele. As estátuas de Tiwanaku foram erguidas para comemorar sua chegada.

Depois de algum tempo chegou um outro homem que se parecia com o primeiro e cujo nome não é conhecido; ele curava, apenas com palavras, os doentes e os cegos. Era muito amado e tomou o caminho de Canas. Tendo chegado à aldeia da Cacha, foi recebido sob uma chuva de pedras pela população. De joelhos, o homem invocou o céu, que enviou um fogo muito grande que aterrorizou os habitantes. O homem deixou o local e chegou, após uma longa caminhada, à beira do mar; lá ele estendeu seu manto e partiu sobre as ondas. Nunca mais foi visto e deram-lhe o nome de Viracocha.

Cacha encontra-se na estrada que leva a Cusco. Do outro lado do rio sagrado, o Vilcanota, um ídolo de pedra foi colocado "num nicho bastante estreito". Esse ídolo, Cieza de León foi vê-lo e, em sua crônica, relata que o suposto apóstolo tinha as mãos apoiadas nas coxas e os braços "enrolados" – qualificação que lembra o deus dos Bastões de Tiwanaku (e de outros lugares) com os cetros serpentiformes das civilizações mais antigas.

Após ter destruído o mundo por um dilúvio, o declínio foi longo. Viracocha foi então a Tiwanaku e deu uma forma mineral a todos os ancestrais das linhagens, representando-os com seus trajes étnicos. Em seguida ele os enviou, através de cursos d'água subterrâneos e cavidades, aos locais onde cada um reapareceria. É por isso que as cavidades, os rios e os lagos, lugares de origem de cada grupo étnico, são venerados. No início do século XV, Tiwanaku estava em ruínas e ninguém podia contestar essa versão, mas a filiação de Viracocha a essa grande civilização desaparecida era uma garantia de autenticidade para os últimos chegados – os incas (Cummins, 2004, p. 99).

Segundo algumas versões, Viracocha Inca e seu filho Inca Yupanqui Pachacutec estabeleceram o culto a essa divindade, uma vez libertados de seu inimigo, os chancas. Bernabé Cobo (1964, II, XIII-4, p. 155-156) apresenta a versão apostólica cristianizada de Viracocha e o chama de "Criador", e não *Creador*. Também era invocado como Ticciviracocha, sendo *ticci* ou *tiqsi* um termo que significa "fundamento divino". Com efeito, essa palavra contém a ideia de origem, princípio, cimento ou fundamento. Nos textos quíchuas da literatura colonial, a tradução mais frequente é "o interior da terra ou do mar"; em Huarochiri, essa noção aparece no sentido de lugar. Na verdade, no quíchua colonial, *tiqsi* é o solo, a base sobre a qual se coloca algo *pacha*, que se refere ao solo enquanto interioridade capaz de encerrar algo como grãos, ou um *huaca*. Na língua quíchua não existem conceitos para se referir à "origem" ou ao "começo", os quais são, segundo ele, empréstimos do cristianismo (Itier, 2013, p. 49-61)[9]. *Tiqsi cucha* é o mar sobre o qual se coloca a terra, e *Wira cucha* designa o mar das Pessoas da Aurora. De acordo com outro exemplo, os ancestrais que "animam as águas subterrâneas que regam os campos são *tiqsi camac*. Viracocha é, portanto, a base do mundo, o Oceano" (Poma de Ayala, 1936, fols. 923-924).

Cristóbal de Molina não precisava de intérpretes porque dominava muito bem a língua quíchua. Esse padre fornece uma trilogia criadora. Titi Viracocha é um deus "incompreensível", cuja sede principal é Tiwanaku, que veio pelo caminho *de la sierra*, visitando todas as nações ali estabelecidas e observando seu crescimento. Aqueles que não seguiram os seus preceitos (o texto supõe uma presença anterior e cria-

---

9. Fomos nós que simplificamos a grafia do autor, mais correta do ponto de vista linguístico, em prol da unificação. Assim, *qucha* se torna *cocha*, e *kamaq*, *camac*.

dora) foram transformados em pedras, "em figuras humanas", cada uma com a sua vestimenta. Essa conversão lítica ocorreu em vários lugares: Tiwanaku, Pucara, Jauja (onde transformou o *huaca* Huarivilca em pedra), Pachacamac e Cajamarca, onde há grandes pedras, não há mulher e seus filhos são na verdade desdobramentos de sua pessoa. Esses dois viracochas chamam-se respectivamente Imaymana ("aquele que tem na mão todas as coisas") e Tocapo (vestuário tecido com figuras coloridas), conforme Molina (1988, p. 53-55). Em Pucara ocorre o episódio do fogo destruidor, provocando a dispersão dos sobreviventes. É desse local que ele envia o seu filho mais velho, Imaymana, na rota dos antis (aquela que adentra o piemonte amazônico) com a missão de "nomear" árvores, plantas, frutos e flores, indicando aos humanos quais são comestíveis, quais não se deve consumir e quais têm a virtude de curar as doenças. Já Tocapo parte na direção contrária pela estrada que desce para a costa, recebendo as mesmas ordens que o irmão. Cada um deve, portanto, ir até o "mais baixo da terra" – a grande floresta, para um; o litoral, para o outro. Uma vez executados os seus mandados, eles ascenderam ao céu.

Segundo a mesma narrativa, foi em Tiwanaku que Viracocha "criou" as pessoas, os pássaros, machos e fêmeas, cada um com seus traços distintivos e seu canto. Depois ele os repartiu em seus respectivos habitats, as florestas para uns e os picos das montanhas para outros, como as aves de rapina. Ele fez o mesmo com as serpentes.

É sob o nome Con Titi Viracocha que esse herói é descrito por Juan de Betanzos. "Titi" é uma corruptela de *Ticsi*, enquanto Con aparece em outros contextos como o nome de um "deus" da costa, desprovido de ossos, que flutua no espaço e frequentemente é representado nos tecidos de Paracas e Nazca. Viracocha, segundo Betanzos, saiu do Lago Titicaca para ir primeiro a Tiwanaku. Ele começa separando o céu da terra, um tema importante da mitologia ameríndia. No entanto, o mundo permanece mergulhado na escuridão, e ele faz os luminares, que são o Sol, a Lua e as estrelas. Em Tiwanaku ele fabrica homens de pedra, dando-lhes um nome a cada um e indicando o lugar de onde deveriam emergir. Ele não está sozinho no desempenho de sua tarefa porque é auxiliado por vários "viracochas", seus assistentes. Cada um deles é enviado aos quatro cantos do mundo para gritar "Saia e povoe esta terra vazia!", por ordem de Con Titi Viracocha.

Dois desse exército de servos permanecem com ele. Um deles ele despacha para Cuntisuyu e o outro para Antisuyu, que se encontra "à direita" de Tiwanaku, quando se está de costas "para onde o sol se levanta", fixando assim os pontos cardeais e a oposição direita/esquerda em relação ao sol nascente. Ele mesmo parte em direção a Cusco, para o Norte. Con Titi Viracocha Pachayachic estava vestido à maneira dos padres, com uma túnica branca e os cabelos curtos. Após uma parada em Urcos, que ele "animou" com a sua voz, chegou a Cusco e criou o Senhor Alcauiça, que devia por sua vez trazer à luz os "Orelhudos". Con Titi Viracocha chegou até Santa Elena e partiu para o oceano (Betanzos, caps. 1-2).

Esse Viracocha tem, incontestavelmente, traços apostólicos, mas não é, no entanto, uma invenção dos cronistas. Tal como o Cuniraya de Huarochiri – podemos notar de passagem essa semelhança entre *cuni* e *con* –, o Viracocha de Tiwanaku *também* é um enganador, como o indica aliás

Cieza de León, instruído por Cayo Inca. Com efeito, o príncipe inca diz que Viracocha é conhecido sob outros nomes: Tunupa e Tarapacá. O dicionário de Bertonio traduz a palavra aimará *taparaco* como "pregador de peças", "velhaco", "mentiroso"[10]. Enquanto Cuniraya Viracocha está ligado ao Oceano Pacífico, que ele "fertiliza" jogando nele os peixes de Pachacamac, Tarapacá, originário desse mar interior que é o Titicaca, de onde é expulso e cuja embarcação abre a terra e forma o Desaguadero, deu o seu nome a um dos desertos mais áridos do mundo, hoje ao sul de Arica, no Chile. Se faltam setores inteiros das suas respectivas sacralidades, os fragmentos recolhidos no século XVI revelam as diferentes facetas desse herói com múltiplas personalidades.

Retomemos os principais elementos dessa crença. Viracocha, que conhecemos sob o nome Cuniraya Viracocha, um "enganador", também é identificado como Tunupa ou Tarapacá. Ele é estranho ao mundo dos incas, pois saiu do venerável lago de Collasuyu para animar o mundo com suas viagens. Embora tenha aspectos solares, não se confunde com a estrela. O Lago Titicaca e as majestosas ruínas de Tiwanaku tornam-se o centro do mundo – mais tarde substituído por Cusco ao preço de uma remodelação dos mitos. O trajeto de Viracocha une essa região meridional com a Península de Santa Elena, no noroeste do Oceano Pacífico, hoje no Equador. Qual é a razão dessa "cartografia"?

Em primeiro lugar, existe essa ideia de unir o alto e o baixo, tão presente nas narrativas de Huarochiri. Embaixo

---

10. Cf. a introdução a esse texto escrita por Henrique Urbano (1988, p. 28-34).

se encontra o Pacífico, a Mama Cocha, que alimenta fontes, poços, rios, lagos... Mas por que os mitos mencionam Santa Elena ou Puerto Viejo, lugares periféricos e distantes? Só podemos sugerir algumas hipóteses aqui. Essa região está localizada dois graus ao sul da linha equinocial, o que não poderia escapar aos sacerdotes incas durante as sucessivas conquistas dessa região equatorial. Segundo a tradição oral, gigantes desembarcaram em Santa Elena, na saída do Golfo de Guayaquil em direção ao Norte; vieram pelo mar em jangadas. Eram seres monstruosos, de cabeleiras longas e que não tinham roupas, simplesmente usavam peles de animais que mal cobriam sua nudez. Desembarcando naquela região tão árida, cavaram na pedra poços profundos. Eram grandes pescadores que percorriam a costa em jangadas. Como eram gigantescos, matavam as mulheres com as quais copulavam. Então se entregaram à sodomia entre si. Foram mortos pelo fogo do céu. Deles só restaram ossos e crânios (Cieza de León, 1984a, cap. 52). Para os incas, a sodomia era uma prática na costa norte, tolerada unicamente nos templos. Voltaremos a isso.

Para os cusquenhos, Huari e Viracocha são entidades antigas e, enquanto tais, respeitáveis, ainda que sua divindade suprema seja o Sol. Huari e Viracocha têm características solares que aparecem nas diferentes narrativas; sua ação remonta à origem do tempo. A primeira etapa cultural da humanidade é, justamente, a da *huariviracocha runa*, de onde saíram os homens "legítimos", os senhores e as pessoas de origem inferior. Ao se multiplicarem, tornaram-se *huariruna*, "Homens da Aurora", ainda vestidos de peles, embora tivessem aprendido a cultivar a terra e a construir os primeiros terraços. Os *huariruna* tornaram-se com o tempo tão numerosos quanto os grãos de areia do mar, e são chamados de *purumruna*, "pessoas do deserto", uma alusão ao litoral. Esse povo começou a produzir tecidos maravilhosos e a construir belos artefatos de pedra. Eram numerosos, comiam em público e tornaram-se sociáveis e civilizados (Poma de Ayala, 1936, fol. 58). Esses *purumruna* transformados em pedras desempenharam um papel decisivo na derrota dos chancas pelo Inca Yupanqui Pachacutec (Poma de Ayala, 1936, fols. 65, 102-103, 153-154; Polo de Ondegardo, 1559/1990, fol. 10).

A quarta "humanidade" antes do advento dos incas foi a dos valorosos guerreiros ou *aucaruna*, dotados de armas poderosas e de metais. Esses grandes capitães eram capazes de metamorfosear-se em puma, jaguar, serpente, falcão ou condor. Dessa raça de guerreiros saíram os incas, formando a quinta humanidade, a do Império dos Quatro Quadrantes e sua capital Cusco, criados pelos Filhos do Sol.

**Autóctones e estrangeiros**

Ao longo desta apresentação surgiram dois grandes temas religiosos: o mais antigo é o dos ancestrais petrificados, os *huacas*, com todas as variedades que foram ilustradas. Alguns desses *huacas*, num momento de uma história cujas etapas desconhecemos, impuseram-se. É o caso de Pariacaca, figura amplamente descrita nos mitos de Huarochiri. Cuniraya Viracocha é um de seus muitos filhos, ao mesmo tempo enganador e solar.

Esse culto aos ancestrais e às montanhas está provavelmente enraizado num passado muito antigo, pois sabemos, pela arqueologia, da importância das montanhas artificiais (hoje chamadas *huacas*) desde tempos antigos. Além disso, os monólitos ou *huancas* aparecem na região do Titicaca – e sem dúvida em outros lugares – sob uma forma bruta que lembra a dos menires, já em 2000 antes da nossa era. Heróis estrangeiros, itinerantes, líderes das sociedades e das diferentes linhagens que as compõem, vieram enxertar-se nesse solo ancestral e autóctone. As circunstâncias precisas são difíceis de reconstruir. Em uma época próxima do mundo inca, a cultura pucara, que precedeu Tiwanaku, demonstra gradualmente mudanças significativas no estilo da figuração e em seus símbolos de poder. Outros indícios, como a existência de redes de exploração de jazidas de obsidiana da região de Arequipa, mostram o surgimento de um novo tipo de sociedade do qual Tiwanaku, com sua arquitetura monumental, suas pirâmides, suas estelas e a figura maior de Tunupa-Viracocha, será o modelo dos incas.

As narrativas dos *huacas* opõem um espaço selvagem (as geleiras, os lagos de altitude, os vales escarpados, o oceano), cheio de força, e um espaço agrícola, nutritivo e frágil, que é preciso constantemente preservar dos caprichos do clima e das forças adversas.

Nas narrativas dos heróis culturais, os dois mais conhecidos são Viracocha e Huari, com perfis muito semelhantes; dois seres vindos de outros lugares. A sua história, que é também a dos povos que eles visitam, desenrola-se ao longo de um itinerário, terrestre ou celeste, pois que às vezes parece se confundir com o curso diurno do Sol, de Leste a Oeste, e aquele, invertido, que a estrela segue durante a noite para ressurgir ao amanhecer, no Leste. Os heróis têm um percurso "integrador" que corrige a fixidez da autoctonia ancestral.

Os incas mantiveram os *huacas* ancestrais, pelo menos aqueles que pertenciam aos povos integrados no Tawantinsuyu. Também conservaram Viracocha, demasiado emblemático, porque Tiwanaku foi para eles o primeiro lugar de origem, e essa referência sagrada era importante. Mas a sua iconografia abandonou essa figura tão antiga do Senhor dos Cetros ou dos Bastões, substituindo-a por representações abstratas, lineares e geométricas. Esse longo percurso pelo universo pululante dos *huacas* foi necessário para delimitar a originalidade inca.

# 2
# A epopeia dos Filhos do Sol

De onde vieram os incas? Todos os cronistas do século XVI, desejosos de ligar esse povo singular às origens universais da humanidade criada por Deus, recolheram a narrativa do seu "surgimento". Apesar das variações, o desenvolvimento das sequências é comum. Certos cronistas são mais prolixos, outros se limitam ao essencial. Seguiremos aqui as linhas gerais de uma história que é, sobretudo, de fonte oral e, por conseguinte, sujeita a interpretações e comentários. É evidente que Guamán Poma de Ayala, homem nascido na região de Huánuco, não diz exatamente a mesma coisa que Cayo Topa Inca, esse príncipe inca que desenrola a sua narrativa perante Cieza de León, no imponente cenário de Tiwanaku, e que Domingo de Santo Tomás traduz escrupulosamente. Guamán Poma escreve meio século depois, mas fala o quíchua e não precisa de intérpretes como o jovem Cieza. Diferentemente de Cayo Topa Inca, ele se tornou cristão – à sua maneira, é claro.

Há também Juan de Betanzos, contemporâneo de Cieza e intérprete oficial do Governador Vaca de Castro, que fala muito bem a "língua geral" dos incas, que ele aprendeu em uma boa escola, já que a sua esposa legítima era a Coya que estava destinada ao Inca Atahualpa. Ela doravante se chama Doña Angelina Cusirimay. Betanzos, seu novo marido, é também o autor de um catecismo em quíchua e de um dicionário, duas fontes infelizmente perdidas. O que nos resta é a sua *Suma e narração da história dos incas*, que é, segundo as suas próprias palavras, uma compilação de declarações recolhidas de diversos interlocutores. Em seu preâmbulo dirigido ao Vice-rei Don Antonio de Mendoza em 1551, explica que sua "história" não é adornada com floreios estilísticos porque, "para ser um tradutor verdadeiro e fiel, devo conservar a maneira e a ordem das palavras desses naturais". É por isso que essa crônica é de particular interesse para nós. A primeira parte começa com a origem do mundo criado por Viracocha, seguida da origem dos incas, sua dinastia, suas guerras e sua civilização, até o fim do reinado de Huayna Capac, cuja morte coincide com a vinda dos conquistadores. A segunda parte – do nosso ponto de vista mais "histórica" – começa com seu filho, Huascar Inca, e a guerra que o opõe ao seu meio-irmão Atahualpa. A crônica de Betanzos termina com uma rápida menção aos dois incas rebeldes: Manco Inca e Sayri Tupac.

Desse enigma que nos apresentam as diferentes versões sobre os incas, emergem três momentos-chave: a sua origem sagrada, a ruína do mundo causada pelo Inca Pachacutec e a morte de Huayna Capac, que abre o período final das guerras fratricidas e da conquista espanhola. Enfim, na medida do possível, a história, sob a forma de testemunhos arqueológicos, também fornecerá a sua versão dos fatos.

## A origem solar dos incas

Foi em Tiwanaku que Con Titi Viracocha fez uma humanidade de pedra que devia ser "animada" em diferentes lugares do vasto mundo. Ele fabricou também um senhor denominado Alcauiça que devia governar o Vale de Cusco, que, nessa época remota, era pantanoso e miserável. A poucas léguas de distância, em Pacarictambo (a "casa da emergência"), saíram de um buraco quatro homens e quatro mulheres, vestidos com túnicas muito finas e trabalhadas, munidos de lanças de ouro e portando pequenos sacos que continham estilingues. As mulheres, enfeitadas com joias de ouro e prata, tinham cintos bordados e também um "aparelho de jantar" (pratos de cerâmica, vasos e jarras). A ordem de saída e os nomes dos casais foram os seguintes, segundo Betanzos: os primeiros, Ayar Cache e Mama Huaco, precedem o casal Ayar Uchu e Mama Cura; depois acontece a saída de Ayar Auca e Rahua Ocllo; finalmente, surgem à luz os dois últimos, Ayar Manco e Mama Ocllo. Deixemos de lado as mulheres, que serão discutidas mais adiante.

Os três primeiros irmãos possuem nomes significativos: *uchu* é a pimenta; *cache* ou *cachi* designa sal; e *auca*, o guerreiro. *Ayar*, nome de sua linhagem, significa, segundo González Holguín, "quinoa selvagem", um tubérculo das terras altas. É difícil tirar conclusões desses termos, que certamente têm uma significação simbólica. Notemos que a pimenta e o sal são dois ingredientes fundamentais para tornar as comidas agradáveis e é por isso que são sistematicamente suprimidos nos jejuns rituais. Em todo caso, esses nomes masculinos correspondem a duas funções essenciais: a agricultura e a guerra.

A segunda etapa descreve o trajeto percorrido por esses irmãos de Pacarictambo a Huanacaure, perto de Cusco. No sopé desse monte, casais semeiam batatas. Eles sobem até o topo, e Ayar Cache lança uma pedra com o seu estilingue; faz isso com tanta força, que a montanha se abre e forma um vale. Esse prodígio inquieta seus irmãos e irmãs, que decidem se livrar dele, considerando que ele poderia submetê-los. Dissimulando suas intenções, com palavras adocicadas, enviam-no à caverna de Pacarictambo a fim de recuperar vasos que foram esquecidos na precipitação da saída. Ayar Cache rasteja de quatro para dentro desse buraco, e então os outros o emparedam. Restam apenas três homens e quatro mulheres.

Ayar Manco decide visitar Alcauiça, o Senhor de Cusco. Ayar Uchu é designado pelo grupo para ficar em Huanacaure a fim de erguer sobre o cume uma pedra em homenagem ao Sol. Falando a Ayar Manco, Ayar Uchu lhe diz: "De agora em diante você se chamará Manco Capac, como o quer o Sol". Depois ele lhe confia a sua mulher e se transforma em pedra.

Manco Capac, seu irmão Ayar Auca e as quatro mulheres partem para Cusco. Encontram pessoas hostis no caminho, e Mama Huaco mata uma delas com seu *ayllo*, uma arma formidável feita de três bolas de pedra ligadas a cordas. Ela lhe abre o peito, arranca os pulmões e infla-os com seu sopro. Aterrorizados, os *huallas*, produtores de coca, fogem.

Alcauiça recebe com generosidade os recém-chegados. Dois anos se escoam e Ayar Auca morre, deixando Manco Capac com as suas quatro mulheres. Ele gera apenas um filho com a sua mulher legítima, a Inca Sinchi Roca. É o início da dinastia.

Betanzos fala, portanto, de um vale habitado por "Orelhudos", senhores com lóbulos perfurados por tambores de metal ou pedras preciosas, que deformam as orelhas e constituem uma marca de distinção. Manco e suas mulheres fazem parte desses "Orelhudos". Foi somente no decorrer de suas conquistas que os incas romperam com essas linhagens para tornarem-se os Filhos do Sol.

A versão mais tardia, mas bem documentada, de Sarmiento de Gamboa é mais precisa (Sarmiento de Gamboa, 2001, caps. XI-XIII, p. 51-61). Os primeiros incas não são os únicos a emergir de Pacarictambo, porque compartilharam essa emergência mítica com dois outros povos, os maras e os tambos. Na verdade, existem três "janelas" em Pacarictambo, e não três cavidades rústicas, o que indica um traço de civilização. Os irmãos dos incas saem pela janela do centro. Os nomes dos primeiros incas são os mesmos. Quanto às mulheres, a mais "anciã" é Mama Ocllo, acompanhada de Mama Huaco, Mama Cura ou Ipacura, e Mama Rahua. Segundo essa variante do mito de origem, é Mama Huaco, mulher "feroz e cruel", quem teria incitado os irmãos a usarem da violência para ocupar o Vale de Cusco. Outras narrativas, como a que o Inca Cayo fez para Cieza de León, precisam que Manco, cuja irmã-esposa é Mama Huaco, leva consigo um pássaro chamado Inti (sol), que ele considera seu duplo e seu irmão – seu *hauque*. Ele está numa gaiola e, quando morrer, será transmitido ao seu sucessor. Essa réplica material é importante e as pinturas coloniais a reproduzirão quando evocarem os antigos soberanos do Peru. Manco Capac ergue um modesto templo do Sol, onde tranca o seu "irmão" pássaro, e entrega suas insígnias a Sinchi Roca sem consultar a população do vale.

Os dez *ayllus* saídos das janelas de Tambotoco ou Pacarictambo acompanham Manco Capac e os seus. Posteriormente, eles se tornarão "incas privilegiados" e residirão em Cusco.

As diferentes narrativas sobre a origem dos incas colocam Manco Inca à frente de uma série na qual os homens desaparecem, restando apenas o principal. Eis-nos na presença de um processo típico da mitologia andina. Todas as variantes assinalam também a importância religiosa de Huanacaure, a montanha onde ocorreu a litificação de um dos irmãos Ayar. A sua força excepcional, evocada pelas diferentes versões, é da mesma ordem das potências criativas, notadamente de Viracocha ou de Huari. Quando Ayar Cachi aponta para o céu, seus projéteis atingem as nuvens. O mito de origem dos incas também introduz elementos importantes: o conflito entre os irmãos, a desconfiança e até mesmo a inveja. Essas forças negativas que opõem as linhagens umas contra as outras criam tensões a cada mudança de reino. A discórdia mais bem documentada (mas não a única) é aquela que opõe dois filhos de Huayna Capac, Huascar e Atahualpa, no momento da Conquista.

Por fim, notemos que o abandono, pelos irmãos, de um deles, emparedado vivo, é seguido de um tremor de terra tão intenso, que os montes dos arredores deságuam nos vales. Esse tema do poder sísmico encontrará um desfecho original na época colonial, da qual trataremos mais adiante neste livro. Ayar Cachi (ou Ayar Uchu, segundo as narrativas), em vez de se vingar dos seus irmãos, retorna a eles sob a forma de um pássaro e pousa em Huanacaure, onde se transforma em pedra. Esse *huaca* ainda existia na época da Conquista. Não se tratava de um "ídolo", mas de uma pedra pontiaguda. Huanacaure será o monte sagrado dos incas onde serão celebrados os ritos de iniciação dos futuros soberanos e dos guerreiros. Do cume pode-se ver o Vale de Cusco.

Sinchi Roca desposa Mama Coca, oriunda dos *ayllus* do vale e filha de um valoroso guerreiro. A endogamia sororal do inca é uma regra que será imposta posteriormente. Por enquanto, é importante construir vínculos com as populações locais. Pode-se notar que a sua mulher porta o nome de "coca"; por conseguinte, essa planta sagrada é a primeira aquisição dos incas. Antes de morrer, Manco ordena que os dez *ayllus* ou linhagens que vieram com ele constituam "uma guarnição" para protegê-lo e eleger seu sucessor. Somente a sua guarda próxima lhe inspira confiança. Ele permite que o seu "irmão" pássaro seja trancado no templo do Sol e entrega as suas insígnias ao seu filho Sinchi Roca, sem perguntar a opinião da população.

Em um primeiro tempo, os incas são "Orelhudos" da mesma forma que aqueles que povoam o vale. Dois nomes de senhores cusquenhos emergem das fontes: o do acolhedor Alcauiça e o de Tocay Capac, o "primeiro" Inca segundo Guamán Poma. O primeiro será morto pelo Inca Mayta Capac, "um jovem atrevido, enganador e valoroso", ou por seu pai, o Inca Yawar Huaccac, terceiro soberano da dinastia (Cobo XII-7). Tocay Capac será morto por Sinchi Roca.

As primeiras dinastias dos incas são desprovidas de brilho. Os soberanos são pouco inclinados a saírem do vale e lembram-nos esses "reis preguiçosos" da história da França contada na escola primária. O único soberano a surgir desse grupo é Mayta Capac, o trapaceiro, o enganador – aliás, o seu nome deriva de um verbo que significa "enganar" ou "enrolar". Somente no reinado de Viracocha Inca, sétimo ou oitavo segundo as cronologias, inicia-se a grande guinada cultural e política que marca o início da "época histórica" desse povo.

## A guinada: Viracocha e Pachacutec

Viracocha Inca é o filho de Yawar Huaccac, "aquele que chora lágrimas de sangue" (Betanzos, cap. VI). Seu nome, o da grande divindade andina, ele o adotou após uma visão que teria tido de Pacha Yachachic. Perturbado com essa aparição, ele impõe a sacralidade de Viracocha em detrimento dos *huacas* da região. Esse Inca teria iniciado uma revolução religiosa que alguns cronistas interpretaram como um esboço de monoteísmo. Betanzos descreve esse soberano sob traços positivos, como um homem afável, coabitando em paz com os outros senhores do vale, todos "Capac Inca". Um desses régulos chama-se Uscovilca, que governa o grupo étnico dos chancas. Ele tem ambição e não tem medo de quebrar o consenso que parece reinar sobre o vale, a fim de tornar-se o seu principal senhor. Estamos em narrativas míticas no momento. A fim de atingir seus objetivos, Uscovilca formou alianças com etnias vizinhas do Cuntisuyu (ao Sul) e do Antisuyu (ao Leste). Viracocha Inca fica impressionado com o desdobramento das forças de Uscovilca e diz ao seu embaixador que está disposto a obedecê-lo. Ele planeja entronizar o seu filho preferido, Inca Urco, que o sucederá, embora lhe faltem "as capacidades necessárias para essa função". O seu caçula, Inca Yupanqui, por outro lado, é audacioso e inteligente, e Viracocha, muito apegado ao seu primogênito, sente-se ofendido.

Inca Yupanqui fica revoltado com a submissão do seu pai, que se retirou para um promontório, abandonando Cusco às tropas de Uscovilca. O jovem príncipe decide então reagir, com o apoio de três amigos fiéis. Após uma série de combates, ele inflige uma derrota humilhante aos chancas, durante a qual Uscovilca foi morto. Essa nação trancava o Vale de Apurímac, bloqueando as possibilidades de expansão dos cusquenhos em direção à costa. Como filho respeitoso, o Inca Yupanqui esperará a morte do seu pai para receber a *mascaypacha*, o equivalente a coroa. Ele se tornará, assim, o Inca Pachacutec Yupanqui, nono soberano da dinastia, inaugurando uma nova era. O nome Pachacutec deriva de *pachacuti*, uma expressão já encontrada a propósito dos mitos sobre o Dilúvio. O conceito é de origem aimará e significa "reversão", "alternância", "inversão" (Bouysse-Cassagne, 1987, p. 200-202). Com efeito, esse Inca inaugura uma nova era marcada pela expansão do império e pela divinização da função real, já que se trata do governo dos Filhos do Sol. Essa consagração provavelmente implicou uma reformulação da história de Manco Capac, para ancorar a genealogia solar nas próprias origens da dinastia. O *huauque* do ancestral é na verdade o pássaro "sol" (Inti). O de Pachacutec será *chuqui ylla*, a "radiância solar do relâmpago". Os mitos ouvidos pelos nossos cronistas são a versão solar e ortodoxa das origens da dinastia.

Na origem dessa reversão doutrinal, há ainda uma visão. Enquanto os chancas estão às portas da cidade, instalados no bairro alto de Carmenca, que ainda existe em Cusco, o jovem príncipe decide visitar seu pai e pega a estrada até Xaquixaguana. Cansado, ele faz uma parada na fonte de Susurpuquio. Seu olhar é então atraído para uma placa cristalina que brilha na água. Ele se aproxima dela e distingue uma figura humana que irradia uma luz como um sol. Serpentes estão enroladas em seus ombros e braços. A aparição porta um *llauto*, o diadema de lã, e uma túnica bordada; entre as pernas, o jovem príncipe percebe a cabeça de um puma, cujas patas com garras estão postas sobre cada um dos ombros. Aterrorizado, o jovem começa a fugir, mas a figura vista na água o interpela: "Eu sou o Sol", diz. A estrela se tornará a divindade tutelar do Inca Pachacutec e seu verdadeiro pai (Molina, 1988, p. 60-61).

A visão de Susurpuquio não reproduz o disco solar, mas sim o seu esplendor. As serpentes e os felinos, assim como os raios que saem da sua cabeça, evocam a antiquíssima divindade gravada acima da Porta do Sol de Tiwanaku. Se o Inca não consegue fazer surgir *ayllus* das entranhas da terra, à maneira de Viracocha, ele certamente pode alimentar seus súditos e protegê-los, como o testemunham os depósitos construídos em toda parte pelos incas, contendo reservas alimentares, tecidos, sandálias e armas. Trata-se de uma característica notável da organização política inca. Graças a um planejamento perfeito ligado ao tributo e às obrigações e organizado na escala do imenso território do Tawantinsuyu, o Inca divinizado pode atenuar os efeitos do clima, da seca ou das chuvas excessivas. Como o faraó do Egito, outra dinastia solar, "ele é atuado pelo deus", segundo a expressão de Vernus e Yoyotte (1988, p. 111).

### Inca Pachacutec e a ordem do mundo

Liberto dos seus inimigos, Pachacutec realizou uma série de transformações que fariam de Cusco a capital do império mais poderoso da América do Sul, e um dos mais ricos do mundo. Ele primeiro refez o Templo do Sol, onde mandou que fossem colocadas as múmias de seus ancestrais. "Ele, pessoalmente", disseram os senhores incas a Betanzos, "calculou as dimensões de Coricancha e das pedras com que construiriam as paredes, trabalhando em conjunto com os pedreiros". Pachacutec também determinou o número das *acllas*, mulheres virgens especialmente escolhidas que deviam ali residir permanentemente, e o de guardiões e servos, os *yanaconas*. Ainda, regulamentou o calendário das oferendas e dos sacrifícios de crianças e lhamas. Com o sangue dos animais imolados, traçou riscos no rosto desses sujeitos, que eram a marca do Sol. Mandou virem os melhores ourives para fabricarem uma estátua resplandecente do tamanho de uma criança de 10 anos, vestida com uma túnica entrelaçada com fios de ouro, à imagem da sua visão de Susurpuquio. Ela foi colocada em um banco de madeira coberto de penas multicoloridas. Todos os dias lhe seriam sacrificados pequenos pássaros e grãos de milho em um braseiro, que seria o seu alimento. Essa estátua, colocada no Santo dos Santos, era reservada exclusivamente aos senhores principais. Os chefes de escalão inferior se reuniam em um pátio interno. Quanto às pessoas comuns, deveriam reunir-se fora do templo, em torno de uma pedra pontiaguda adornada com uma camada de ouro, plantada na praça principal. É, portanto, Pachacutec quem inaugura o culto solar e o impõe primeiro aos povos vizinhos, estabelecendo um compromisso com o antigo e venerável Viracocha do seu pai.

Pachacutec está na origem da superioridade cultural dos incas. Polo de Ondegardo, homem versado nas leis, grande conhecedor das engrenagens políticas e econômicas dos incas, declara que sua civilização não tem comparação com a dos demais povos do Peru, sobretudo no que concerne à ordem estabelecida para governar a "vida humana", que é a melhor de todas. Tudo o que há de bom nos seus costumes, os povos o aprenderam com os incas (Polo de Ondegardo, 1559/1990, cap. 1)[11].

Os trabalhos e os dias de Pachacutec não param aí. O Inca é ao mesmo tempo engenheiro, planejador, artista e juiz supremo. Empreende importantes obras para represar os rios que transbordam sempre que há aguaceiros e inaugura uma festa em memória das suas próprias proezas, durante a qual as mulheres recordam nas canções a sua vitória sobre Uscovilca. Instaura o calendário festivo, os ritos de iniciação dos guerreiros – incutindo-lhes o significado e a força das provações – e as roupas que deveriam usar. A cada província, atribui *huacas* consagrados ao Sol e ao Relâmpago e manda destruir os que existiam anteriormente (Polo de Ondegardo, 1559/1990, p. 77). Na realidade, para além da mensagem ideológica, pode-se perguntar qual foi a dimensão dessa destruição. A permanência dos cultos prestados aos *huacas* até os nossos dias prova que Pachacutec, assim como mais tarde os extirpadores das idolatrias, limitou-se a retirar os sinais exteriores, sem procurar apagar as antigas concepções.

Esse soberano é um herói ambíguo, e ainda encontramos, sob uma outra forma, os traços do "enganador". Apesar das qualidades, não está isento de ciúmes em relação aos Va-

---

11. Notemos a sua admiração pela ordem social inca "no que concerne à vida humana", uma notação que surpreende no contexto da colonização do século XVI.

lorosos, inclusive o seu próprio filho e sucessor, Tupac Inca Yupanqui, aquele que construirá em grande parte o vasto território do Tawantinsuyu (Murúa, 1986, caps. 20-21). Pachacutec também é, segundo todos os cronistas, aquele que se posiciona contra o seu pai, o Inca Viracocha, e contra o seu próprio irmão, que era, no entanto, o legítimo herdeiro do trono. A inversão que ele encarna, e que concerne aos dois sentidos de *pacha*, também se aplica às regras de sucessão. Toda lenda tem sua contraparte, e o personagem Pachacutec, muito importante na história dos incas, é contestado por fontes que veem nele uma espécie de enganador insubmisso, ao contrário do Inca Viracocha. Essas divergências refletem as relações conflituosas entre as linhagens e mostram, uma vez mais, que a verdade histórica tem dificuldade em triunfar sobre opiniões partidárias.

**Dualismos andinos**

A divisão de um espaço em duas metades complementares é um traço característico do mundo ameríndio, presente tanto nas tribos do Brasil, como os Bororo, quanto nas civilizações dos Andes. Os incas adotaram essa divisão dualística que distingue dois conjuntos por linhagem ou espaço: Hanan, que designa o Alto, e Hurin, que designa o Baixo. Esses grupos são complementares, mas hierárquicos. A função dessas metades aparece sobretudo na execução dos ritos e na ocupação do espaço. Em Cusco, o bairro de Hanan ocupa uma área sobranceira à praça e ao Templo do Sol. Hanan é considerada a metade "masculina", enquanto Hurin, que reúne os descendentes bastardos do Inca, é "feminina". É no "Baixo" que se ergue o Templo do Sol.

Em certas versões relativas às genealogias dos incas, os soberanos mais antigos são considerados pertencentes à metade Hurin. Inca Roca é o primeiro soberano da metade Hanan, assim como seus sucessores. No entanto, outros relatos contradizem a ordem temporal que coloca os incas Hurin antes dos da metade Hanan. Os soberanos Hurin teriam reinado *em conjunto e ao mesmo tempo* que os da metade Hanan, formando assim um governo dual (Duviols, 1979a, p. 67-83). Segundo esse modelo, o Inca principal tem o título de Sapay, que significa Único, e é secundado no governo imperial por um outro membro da dinastia inca, eleito pelo sumo sacerdote do Sol. Amaru Tupa Inca, por exemplo, é o segundo de Tupac Inca Yupanqui, e é ele quem organiza a entronização do soberano e determina quais *huacas* deverão ser homenageados e quais outros serão destruídos. Os dois incas são complementares, embora o Sapa Inca represente a autoridade suprema, e enquanto estiverem vivos nenhum outro "par" poderá substituí-los. Nesse exemplo de "dualidade", Tupac Inca pertence a Hanan Cusco, uma metade associada ao Chinchaysuyu, um dos quatro quadrantes do império; por outro lado, seu segundo, Amaru Tupac Inca, é de Hurin Cusco, uma metade associada ao Antisuyu. Esses senhores compartilham as funções realengas, respeitando a sua respectiva posição, e os espaços que encarnam – o Chinchaysuyu (o Poente) e o Antisuyu (o Levante) – são igualmente complementares, mas hierarquizados. Voltaremos a isso no capítulo 4.

O funcionamento dessa dualidade permanece pouco compreendido. Sabemos apenas que os últimos incas, sobre os quais dispomos de mais informação, deixaram os assuntos correntes para essa segunda "pessoa". Um dos motivos seria talvez o isolamento do Sapa Inca em razão da sua essência divina e dos muito numerosos tabus que concernem à sua pessoa. Essa "separação" torna necessária a duplicação da realeza para lidar facilmente com os assuntos correntes. Huayna Capac, segundo Bernabé Cobo, foi adorado como um deus vivo, o que era novidade até então.

Os incas de Cusco tinham uma concepção tão elevada da dignidade "real", explica Cieza de León, que ninguém, inclusive os altos dignitários e os senhores mais poderosos, podia olhá-los de frente, nem falar com eles, nem estar na sua presença, sem ter tirado as sandálias e apresentar-se com um fardo nas costas em sinal de humildade. As roupas do Inca devem ser guardadas em caixas porque sua "força" excessiva transmite doenças, e até mesmo a morte, a quem as toca. Suas unhas, seus cabelos, suas roupas e sua louça são conservados em local seguro para evitar qualquer contato perigoso. O cronista Pedro Pizarro (1571/1965, p. 186-187), sobrinho do conquistador, ficou surpreso ao ver, em Cajamarca, uma série de caixas de vime contendo pertences que haviam sido "tocados" pelo Inca: roupas e restos de comida de vários tipos que deviam ser queimados no fim de um ano; as cinzas eram dispersadas no ar. A força contida nessas relíquias não desaparecia, mas era transportada para mais longe.

A legitimidade do Inca provém da sua filiação solar e, portanto, divina. Durante a primeira entrevista que os espanhóis tiveram com Atahualpa em seu acampamento, eles notaram que o soberano estava escondido atrás de uma cortina de tule. Hernando de Soto fez com que essa "proteção" fosse levantada. O encontro de Cajamarca, que aconteceu no dia seguinte, deu a vitória aos espanhóis, embora bem menos numerosos, porque Pizarro aprendeu a lição com as observações feitas na véspera pelos seus batedores: apostando tudo, apoderou-se da plataforma onde estava Atahualpa e o jogou no chão. Esse gesto impensável e blasfematório desferiu um golpe mortal nesse imenso império peruano.

**A iniciação do futuro Inca**

É na montanha sagrada de Huanacaure que o novo Inca é entronizado; é lá ainda que os jovens príncipes, ao fim de um longo ritual que testa sua habilidade no combate, se tornarão guerreiros confirmados. Essas cerimônias se estendem por mais de um mês. O iniciado deve primeiro passar um mês trancado num quarto sem ver a luz do dia, seguindo um jejum rigoroso que consiste numa abstinência sexual total e uma alimentação de produtos crus, sem sal nem pimenta. As irmãs e a mãe do iniciado também devem aderir a essa dieta, fiar e tecer quatro vestes de cores diferentes que serão usadas pelo jovem príncipe. Outras mulheres passam dias inteiros mastigando grãos de milho e cuspindo essa pasta numa jarra a fim de acelerar a fermentação. Elas usam seus mais belos adornos, porque a cerveja é a bebida mais nobre.

No fim do jejum, o príncipe sai de sua reclusão brandindo uma lança de prata e ouro, e vai até um parente idoso. Cortam seu cabelo e o vestem para enfrentar suas diversas provações. É preciso primeiro correr até o cume do Monte Anahuarque e descer com um punhado de lã preso à lança, alegoria "têxtil" da cabeça decepada dos inimigos. Depois, vestindo uma outra túnica e segurando um feixe de palha de Huanacaure, ele deve ir ao Monte Yahuira, com o estandarte, uma fita de ouro enrolada na lança e uma lua, também em ouro, à guisa de peitoral. O sacerdote sacrifica uma lhama e distribui o sangue e a carne entre o público. Esse sacrifício implica uma advertência tácita: se o novo Inca não se mostrar valoroso, seus inimigos irão comê-lo como ele o faz com a lhama.

A transmissão da insígnia em lã presa no *llauto* acontece em Coricancha, o Templo do Sol de Cusco. O *llauto* é uma faixa de tecido que o Inca enrola na cabeça. Dessa coroa modesta, aos olhos dos espanhóis, pende uma borla, a *mascaypacha*, que cai sobre a testa. Outros ornamentos, notadamente penas de uma ave de rapina, assim como tambores inseridos nos lóbulos das orelhas, peitorais em ouro e prata e outras marcas distintivas, completam o adorno real. Cores, brilho, gradações sedosas do tecido da túnica, lança de ouro, escudo e penas caracterizam a pessoa solar do Inca. Na aquisição da sua nova natureza divina, a montanha-*huaca* desempenha um papel de importância primordial. Também é possível que as diferentes provas de "corrida", aqui simplificadas, sejam a reprodução ritual daquela que o Sol efetua, de Leste a Oeste, onde desaparece para retomar seu trajeto, dessa vez noturno e no sentido contrário para ressurgir ao amanhecer.

Huanacaure é fundamentalmente o lugar onde jovens membros das elites incas aprendem o ofício da guerra, indissociável da expansão imperial. Os guerreiros valorosos chegam à abóboda celeste por ocasião de sua morte e desfrutam de um grande prestígio, assim como de bens consideráveis obtidos pelas recompensas em terras e pelo butim. O Inca nem sempre está presente no campo de batalha. Quando acompanha suas tropas, é carregado em sua cadeira para inspirar medo e respeito. Os capitães são escolhidos entre as linhagens das elites reais. Durante grandes campanhas, nos últimos decênios do império, os incas mobilizaram esquadrões de infantaria das regiões conquistadas, mas colocadas sob o controle de um cusquenho. As tropas partem em campanha com os seus *huacas*, ou melhor, o seu "duplo" material, penas, estatuetas ou outros "ídolos".

A guerra pode ser evitada se os povos aceitarem de bom grado tornarem-se vassalos de Cusco. Essa adesão "voluntária" lhes concede certo número de privilégios. No entanto, toda resistência de sua parte tem por consequência uma repressão impiedosa, porque não basta subjugar os rebeldes: é preciso aniquilar todo traço de sua existência, apagar da memória dos homens o seu nome, a sua linhagem e os seus *huacas*.

## A linguagem dos brasões

Antes de ilustrar e comentar as duas séries reais da sua crônica, concluída no início do século XVII – primeiro a dos Incas, depois a das Coyas, as esposas legítimas –, Guamán Poma de Ayala (1936, fols. 79, 83) apresenta os dois brasões dos soberanos. Por que fazer dois? Porque, segundo ele, há duas "partidas" dessa ilustre genealogia: a dos verdadeiros e a dos recém-chegados, como Manco Capac e seus irmãos – na verdade usurpadores. Falando do primeiro Inca, o cronista explica que ele era "muito pobre, não tendo nem terra nem parcela, nem cidadela, nem linhagem, nem pais, e é por isso que afirmava ser o Filho do Sol" (Poma de Ayala, 1936, fol. 80). Tais afirmações não foram inventadas por ele. Várias décadas antes, os *quipucamayoc* convocados pelo Governador Vaca de Castro em 1543 haviam dito que Manco Capac era o filho de um senhor de Pacarictambo, cujo nome foi esquecido. Tendo a mãe morrido ao nascer, ele foi criado pelo pai, que lhe dizia, em tom de brincadeira, que ele era o Filho do Sol, o que o jovem interpretou ao pé da letra e o impôs, à força de ameaças. Para impressionar a gente do vale, fez a sua entrada deslumbrante vestido de uma túnica prateada, um peitoral e um diadema de ouro (Urteaga, 1920, p. 10). A outra razão de Guamán Poma que explica a duplicação dos brasões decorre da sua conversão e da necessidade de enraizar os incas na Bíblia. Os incas devem necessariamente ser descendentes de Noé.

As primeiras armas desenhadas por Guamán Poma, inscritas num escudo de perfil espanhol, são acompanhadas de uma pomposa legenda: "Armas reais do Reino das Índias dos reis incas". Além da tripla reiteração da função real, o autor deixa pairar uma ambiguidade, uma vez que as Índias abrangem toda a América Hispânica, e portanto o Império Inca é, para ele, o equivalente à Coroa Espanhola, agora encarnada por Filipe III. O brasão está dividido em quatro campos, o que está em conformidade com as "quatro partes do mundo". A leitura de cada uma das armas é feita da esquerda para a direita e de cima para baixo, na perspectiva do observador. Se nos colocarmos na ótica da coisa representada, como é a norma na arte pré-hispânica, o Sol está à direita, pois corresponde à sua precedência. É preciso, portanto, "ler" esses símbolos tendo em conta esse duplo ponto de vista. Guamán Poma escreve em princípio uma crônica para os espanhóis, em um castelhano bastante ruim, salpicado de expressões quíchuas. Seu documento e suas ilustrações também requerem uma leitura andina.

O primeiro emblema do brasão é, portanto, o Sol, figurado à maneira ocidental segundo uma antiga convenção pictórica que remonta ao final da Antiguidade. Ele não é qualificado como "deus" – Filipe III não o teria tolerado –, e a glosa que o acompanha indica somente Intiraymi, a "festa" (a principal, lembremo-nos) que lhe é consagrada. De frente para o Sol, masculina e envelhecida, a Lua crescente faz figura mais modesta. Intiraymi tem por homólogo feminino a Coya Raymi, que nada mais é do que o prolongamento da *citua*.

Os dois campos inferiores estão unidos por uma mesma legenda: "Ídolos incas e armas de Cusco". Embaixo do Sol encontra-se desenhada a Estrela da Manhã, Vênus, *Choqui ylla villca*, muitas vezes reproduzida em tecidos sob a forma de uma estrela de oito pontas, que lembra a concha sagrada eriçada de espinhos, o espôndilo. Abaixo do quarto da Lua encontra-se a montanha sagrada de Huanacaure encimada por seu ídolo (o irmão Inca transformado em pedra) e, no seu flanco, as três janelas de Pacarictambo-Tampotoco. A Estrela da Manhã é também o aspecto astral que assume esse irmão-*huaca* de Manco Capac, Ayar Cachi. Os dois campos inferiores ilustram os "ídolos" dos incas e as armas de Cusco, como o diz a legenda.

Essas primeiras armas são, portanto, as dos primeiros incas, descendentes de Noé; Capac Inga Tocay Capac Pinaucapac, o primeiro de uma dinastia natimorta, que havia recebido as luzes de Viracocha. As idolatrias, até então desconhecidas, segundo Guamán Poma, são instauradas por Mama Huaco, a esposa de Manco Capac.

O segundo brasão, inspirado na heráldica europeia, apresenta a mesma divisão quadripartida e a mesma legenda do primeiro. No lugar do Sol, encontramos o pássaro *coraquen* condensado pela glosa que o acompanha a não ser mais do que uma simples "pena". À sobriedade de Guamán Poma se opõe a longa descrição de Garcilaso, que o descreve como uma ave de rapina não identificada proveniente das alturas da Cordilheira Vilcanota. Duas de suas penas adornavam o topo da cabeça do Inca. Garcilaso teve a oportunidade de ainda ver esse adorno no Inca Sayri Tupac: as duas penas, costuradas quase juntas no *llauto*, afastavam-se dele, como o mostra uma das pinturas do Museu do Quai Branly correspondente a Manco Capac.

À sua esquerda, segundo a perspectiva do desenho, no lugar da Lua se ergue a árvore chonta, típica do Antisuyo. Atrás do tronco, sorri com benevolência o *otorongo*, o jaguar, uma imagem que Guamán reproduz alhures no seu *corpus*. A legenda diz "*otorongo achachi ynga*", que é o sobrenome dos incas ou um de seus títulos, após sua conquista do Antisuyu, sob o comando do Inca Roca. No campo inferior, sob o pássaro, um objeto é descrito como sendo uma *mascaypacha*. Com efeito, o que é designado com esse nome é o escudo, *huallcanaca*, que os senhores incas sempre seguram na mão esquerda, como podemos vê-lo nos 12 retratos dos reis de Guamán Poma. O autor confundiu conscientemente esses dois emblemas, minimizando mais uma vez a dinastia de Manco. A palavra *tuson* ("velo") que glosa esse objeto tem dois significados no século XVI: na América espanhola designa as barbas da espiga de milho e, por extensão, os fios que pendem de uma vestimenta (*colgajo*). O mais venerável emblema da sacralidade inca, a famosa borla, não só não é reproduzida de maneira idêntica, mas também se confunde com um tecido que se desfia.

Esse escudo também é decorado com um quadriculado que representa a *collca*, os depósitos do Inca. Por fim, no quarto campo, duas serpentes verticais, com a boca aberta; em cada uma, uma borla real e uma inscrição, o nome do Inca Amaro Inca, um outro nome dado ao Otorongo Inca.

Se, em vez de seguirmos a divisão quadripartida da direita para a esquerda, compararmos as duas metades que se opõem no eixo vertical, constataremos que a direita é consagrada a símbolos ligados à pluma e à agricultura. As plumas são adornos e oferendas; seu nome genérico é "flor" (*ttica*), que também designa os buquês e as coroas de diversas cores, um cromatismo indicado pela palavra *paucar*. As plumas de cor são amiúde inseridas nas obras têxteis destinadas aos soberanos.

O lado esquerdo da perspectiva da imagem é dedicado ao Antisuyo, a esse "duplo" selvagem dos incas. Podemos nos surpreender com o lugar importante da floresta nas armas dos incas – pelo menos naquelas que Guamán lhes atribui. Ora, assim como Mama Huaco é quem "inventa" as idolatrias, as serpentes e o jaguar são a face selvagem e pagã dos incas.

### A parte feminina do poder

O Inca desposa a própria irmã, que se torna a mulher principal, a Coya. Trata-se de uma união preferencial, muitas vezes comparada à endogamia dos faraós egípcios. No entanto, as práticas são mais diversas. O casamento com a irmã parece ser uma instituição estabelecida pelos últimos soberanos, a fim de impedir os aportes estrangeiros e preservar a elite solar. No entanto, é difícil interpretar essa prescrição literalmente, porque o termo "irmã" estende-se em quíchua a outras categorias de mulheres, "primas" ou membros da mesma linhagem para um locutor masculino, nesse caso o Inca.

A instituição da Coya anda de mãos dadas com a poligamia, que assume proporções significativas a partir do Inca Pachacutec, e provavelmente antes. O Inca devia assegurar sua descendência legítima e também consolidar os laços de aliança com os senhores de todo o império, que lhe concediam as suas mais belas filhas. Esse costume permitia ao soberano manter relações estreitas com seus aliados e ter um número muito grande de descendentes. À lógica das alianças acrescenta-se a ação fecundante atribuída ao Filho do Sol, porque os filhos são as primícias dos humanos, assim como as primeiras espigas anunciam a abundante colheita do milho. Evidentemente, também houve a satisfação pessoal que as concubinas trouxeram ao Inca. As esposas residem em um vasto palácio cercado de muros e vigiado por guardas. O costume determina que certo número entre elas siga o Inca na morte.

Os incas constituem uma linhagem cujos membros possuem um ancestral comum: Manco Capac e o Sol no exemplo dos incas, divididos em diversas linhagens. Nas genealogias, os 12 ou 13 incas canônicos se sucedem de pai para filho. Mas cada Coya está à frente de uma outra linhagem *panaca* ou *ayllu*, com seus irmãos e seus outros filhos que não ascenderão ao trono. Cada *panaca* se distingue das demais pelo nome. Uma das obrigações desses grupos é zelar pela múmia do Inca reinante, pelas terras que lhe foram atribuídas e pela conservação de sua memória por meio de danças e hinos. As *panacas* também participam, por sua vez, do ciclo festivo agrícola. Quando um Sapa Inca morre, as *panacas* intrigam para colocar um de seus membros no trono. Cada *panaca* tem como objetivo zelar pela múmia do Inca reinante, nutrir sua memória com festas e hinos e garantir que as terras que lhe foram atribuídas continuem prósperas. As linhagens mais influentes são aquelas formadas pelas respectivas Coyas dos últimos soberanos, a partir de Pachacutec. Quando um Sapa Inca morre, as *panacas* intrigam para colocar um dos seus no trono.

Embora os mitos ofereçam como uma evidência a legitimidade das dinastias oriundas de Manco Capac, os conflitos de sucessão aparecem nas narrativas. A Coroa espanhola baseou-se nessas zonas de sombra para justificar sua dominação. O exemplo que ilustra de maneira esclarecedora a ilegitimidade dos incas, do ponto de vista espanhol, é o das guerras civis entre Atahualpa e Huascar, ambos filhos de Huayna Capac, mas de mães diferentes. Huascar é o herdeiro legítimo, porque sua mãe é a irmã de Huayna Capac, segundo a "lei" inca, e ele foi entronizado em Cusco. Por outro lado, apesar de ser o mais velho, Atahualpa é ilegítimo e será entronizado por seus capitães, em razão da sua bravura, em Tumibamba, uma pequena cidade longínqua da "província" de Quito e na qual nasceu seu pai (Cieza de León, 1984b, CR, 74).

O filho mais velho geralmente o sucedia no cargo, mas em certos casos a elite real podia designar o parente mais próximo e o mais hábil para exercer essa função – foi o caso do Inca Yupanqui Pachacutec.

Desde a Conquista, os espanhóis se interessaram pelas genealogias das elites, que mantinham privilégios porque a Coroa respeitava até certo ponto a posição da nobreza local. Se a ordem de sucessão dos reis nem sempre é a mesma segundo as diferentes fontes, concordamos em reconhecer 12 soberanos a partir de Manco Capac, o fundador, até Huascar. Podemos acrescentar a essa lista os cinco incas suplementares que reinaram no século XVI com ou sem o apoio dos espanhóis.

## A inquietante beleza de Mama Huaco

Se os retratos dos Sapas Incas estão documentados e concernem principalmente às suas ações bélicas conduzidas durante seu reinado, as Coyas ou esposas legítimas são apenas uma referência rápida em Cieza e Betanzos. Para ter mais detalhes, é preciso esperar até o fim do século XVI e o *corpus* ilustrado de Guamán Poma de Ayala, que não só dá os nomes de todas as damas da dinastia Inca, mas também traça seu retrato, indica seu temperamento e confere uma grande importância ao seu vestuário. O mercedário Martín de Murúa também introduziu ilustrações em cores, mais bonitas do que as de Guamán Poma, porém mais conformes à estética europeia.

A figura de Mama Huaco, primeira rainha da dinastia, merece que nos detenhamos sobre ela por alguns momentos. Mama Huaco ocupa um lugar especial em todas as fontes enquanto iniciadora do culto aos *huacas*, e sua figura parece mais arcaica, à imagem das divindades femininas arcaicas e assustadoras, como a de Karwa. Nesse local costeiro influenciado pela religião e pela iconografia chavin, uma divindade feminina com caninos formidáveis e pés que terminam em garras de ave de rapina, brande dois cetros em forma de serpente. Ela tem uma vagina dentada, um tema que encontramos na mitologia ameríndia. A ogra de Karwa é o homólogo feminino de uma figura masculina, o Senhor dos Cetros ou dos Bastões.

Se, na narrativa mítica recolhida por Cieza de León, Mama Huaco faz parte da fraternidade saída de Tambotoco, outras fontes mencionam que ela é filha do Sol e da Lua e que teria pedido ao seu pai autorização para desposar o seu próprio filho. Mama Huaco inaugura a lista dinástica por um incesto considerado ilícito. Com o filho-marido Manco Capac, teve Sinchi Roca e vários capitães famosos, como o assinala Guamán Poma. Aliás, é ela, mais do que o marido, quem "governa", é "muito respeitada" em Cusco, "faz milagres" e coisas nunca vistas, e conversa com as pedras para lhes pedir conselho, como se fossem "pessoas". Mama Huaco faz a ligação entre a descendência solar dos incas e o culto milenar dos *huacas*.

Seu papel na instalação da fraternidade no Vale de Cusco é essencial. Provida de dois bastões de ouro – atributos masculinos –, ela os lança em direção ao Norte. No local onde afundam, encontra-se a terra fértil que os irmãos deverão ocupar. Ela desempenha, portanto, um papel "agrário" fundamental, e é ela quem traz da gruta de Tambotoco a primeira espiga de milho.

Mama Huaco é desenhada por Guamán Poma de Ayala sentada numa cadeira, segurando um espelho redondo na mão e cercada de três servas: uma segura seu guarda-chuva de penas, a outra penteia seus longos cabelos, e a terceira lhe traz um objeto no qual a rainha pousa a mão direita. É uma imagem aparentemente banal que, no entanto, inspira um comentário. Parece que, no mundo inca, o efeito espelho era obtido cobrindo-se uma pedra polida com uma leve camada de água. O desenho o representa sob a forma de uma placa metálica. Será que se trata de um simples objeto decorativo? Pode ser que, ao conhecer seu rosto, Mama Huaco se veja como ela é e também o que está escondido dos outros.

Essa rainha fascina Guamán Poma, que ainda se refere a ela longamente no parágrafo dedicado a Manco Capac, mas na verdade dedicado sobretudo à sua mãe-esposa. Ele a qualifica como uma mulher de grande saber, o que é indicado por suas faculdades de interpretação de oráculos. Além disso, foi ela quem "inventou os *huacas*". Sua sexualidade é insaciável: pega todos os homens que quer, característica aliás que compartilha com a filha de Pariacaca, Chaupiñamca, heroína de Huarochiri, aquela que procurava em vão um homem provido de um grande pênis que a pudesse satisfazer (Murúa em *Codex Galvin*, 2008; Murúa, 1986, caps. 3-4).

*Huaco* é um termo de origem aimará que designa uma mulher masculina, que não teme nem o frio nem o trabalho (Rostworowski de Diez Canseco, 1999, p. 14-15). Como outras heroínas que mencionamos no primeiro capítulo, seu *status* é ambíguo e contrasta com a outra esposa de Manco Inca, Mama Ocllo, descrita como muito feminina. Cieza de León, evocando as lutas entre os incas e os pastores aimarás da Bacia do Titicaca pelo controle da região de Canas, menciona mulheres tão valorosas quanto os homens. Elas não coabitam com seus maridos, e o cronista as compara às amazonas.

Quando Mama Huaco descobre que está grávida, o "demônio" lhe ordena que não diga nada e entregue o recém-nascido a uma mulher, Pillcosisa, que deverá introduzir a criança numa cavidade de Tambotoco, de onde sairá, ao fim de dois anos, com vestuário e bens. Mesmo sendo a filha do Sol e da Lua, Mama Huaco deve submeter-se à regra fundamental da autoctonia e fazer nascer da terra Manco Capac, duplamente investido pela estrela e pela matriz terrestre. Acrescenta também que essa Coya não tinha terra, nem *llacta*, nem linhagem.

Transportemo-nos para a segunda metade do século XX, no norte dos Andes, no Equador, território conquistado tardiamente pelos incas, que colocaram colonos *mitimaes* para monitorar e "aculturar" as populações locais. Em toda a região de Cañar, a figura de Mama Huaco, que conheci em Pindilig nos anos de 1970, apresenta algumas características que não são alheias a essa mulher mítica das origens. Ela é descrita como uma velha que vive nas alturas e devora as crianças, como pode ser visto em um desenho de Guamán Poma de Ayala (1936, fol. 266). Os camponeses de Pindilig também lhe atribuem uma identidade masculina. Ela/ele é então fã de criancinhas ainda não batizadas, apadrinha-as, pega-as nos braços e cria-as como "selvagens" da floresta. Mama Huaco também se confunde, no século XX, com a *urcumama*, versão feminina ou dupla da *urcutayta*, o "mestre da montanha", guardião do espaço selvagem, dos peixes dos lagos, dos cervídeos, dos pumas e das raposas aos quais se juntaram, desde a época colonial, os touros. Quando a *huaca* se apresenta como mulher, está nua, parcialmente coberta por uma longa cabeleira emaranhada que ela penteia ao sol, enquanto oferece o seio a recém-nascidos.

Se não podemos colocar no mesmo plano narrativas do século XVI e "histórias" recolhidas de um campesinato indígena e católico, nesses dois casos podemos, no entanto, reter alguns pontos comuns concernentes à "mulher ogra". É ela a guardiã de um universo desaparecido, antes da civilização dos incas, antes do cristianismo, onde os sexos e os vivos eram confundidos, um mundo que, no entanto, é necessário reviver, mesmo que apenas pela palavra. Entre esses seres vivos dos tempos arcaicos, não existem somente os animais e as plantas, mas também os objetos e as pedras, igualmente animados. Encontramos, nessas narrativas que enfatizam a "civilização", elementos saídos da velha camada xamânica onde certos humanos podem se comunicar com esse mundo que, para a maioria dos humanos que não sabem "ver", é inerte.

## O suicídio da suma sacerdotisa Azarpay

Também podemos colher pistas de cultos femininos nas histórias da Conquista. Quando os conquistadores chegam ao Vale do Apurímac, encontram uma casa pintada e decorada; no interior se ergue um poste de madeira maior do que um corpo humano. Banhado no sangue dos sacrifícios, ele está cingido "com uma faixa de ouro como uma renda". Sob essa faixa reluzem dois seios de mulher. O mastro também está revestido de ornamentos femininos e de tecidos muito delicados, presos por alfinetes de ouro. É perante "esse ídolo" que o oráculo fala com a sacerdotisa. Ao lado dessa madeira talhada foram plantadas outras menores, igualmente manchadas de sangue e vestidas com roupas femininas.

Qual é a origem desse santuário? No século XVI, e logo após a Conquista, a guardiã do templo se chama Azarpay. É a irmã de Manco Inca, o rebelde, que sitiou Cusco durante meses, mas não conseguiu retomar a cidade. Vendo os conquistadores saquearem o santuário, Azarpay cobriu o rosto com um xale e jogou-se do alto da ponte sobre o Rio Apurímac (Pizarro, 1571/1965, p. 190-191).

Essas sacerdotisas, como a infeliz Azarpay imortalizada pelo seu suicídio, não podem ser confundidas com as *mamaconas*, virgens que os espanhóis comparam às freiras. Elas fazem parte do tributo humano pago pelos grupos conquistados ou subordinados. Suas principais obrigações consistem em fiar lã e preparar a chicha com o milho colhido e fermentado. Todos os anos o governador (nomeado pelo Inca para administrar unidades de dez mil tributários) reúne essas mulheres na praça principal; aquelas em idade de casar são dadas aos seus maridos. As mais belas são destinadas aos grandes senhores e se tornam esposas secundárias.

Guamán Poma de Ayala é um dos raros cronistas a atribuir um lugar importante às rainhas – as Coyas – assim como às esposas dos capitães. O Inca e sua Coya formam um casal indissociável porque o poder é instável sem essa complementaridade sexual. Cada uma das mulheres é descrita em particular, com seu temperamento, sua aparência física e seus hábitos. Tomemos alguns exemplos a fim de compreender os critérios andinos relativos às mulheres das elites, as damas ou *señoras*, as únicas que merecem ser individualizadas. Deixemos de lado a figura excepcional de Mama Huaco, que Martín de Murúa, em seu *corpus* ilustrado, coloca antes de Manco Capac, atribuindo-lhe um papel inaugural.

A beleza é um traço sempre mencionado no superlativo, com algumas exceções. Um dos critérios estéticos é a qualidade da pele, de preferência mais clara e desprovida de "manchas" (sinais). É por isso que um dos atributos das damas é a sombrinha de plumas que as protege da ação implacável do sol de altitude e as diferencia fisicamente das camponesas. A magreza ou a adiposidade do corpo são sempre mencionadas, assim como o caráter. Há esposas que têm o "coração triste" e aquelas que são alegres e gostam de cantar; as que estão afundadas na cadeira, as avaras ou as generosas, as que bebem muita chicha ou que estão sempre mascando coca, as sociáveis ou as solitárias, e até as loucas, acometidas de "enjoo", isto é, convulsões, como a infeliz Chimbo Mama Cahua. O ciúme em relação às concubinas é um traço frequentemente citado.

Na lista das Coyas, além das qualidades de aparência e temperamento (alegria ou tristeza, mesquinharia ou ciúme...), há a questão da riqueza pessoal, que é considerável. Existem também retratos que sugerem uma relação particular entre a rainha e certas entidades. É o caso de Ipa Huaco Mama Machi, esposa do Inca de Yawar Huaccac, descrita como uma mulher feia, de rosto e nariz alongados, magra, que gosta de criar araras, papagaios e macacos, é protetora dos pobres e busca a companhia dos homens e detesta a das mulheres. O desenho de Guamán Poma dessa Coya traz na parte inferior um macaco humanizado e um papagaio, e associa a rainha ao espaço formidável da floresta.

As mulheres fortes são exceções? Na costa norte, as chefias de Lambayeque eram governadas por mulheres chamadas *capullanas*, que os espanhóis ainda viram em seu poder e sua beleza. Em Sicán, numa época um pouco anterior, foram revelados os túmulos dessas damas poderosas. No entanto, nas narrativas míticas a mulher é frequentemente estuprada por um enganador, como é o caso de Huarochiri. Embora a mulher seja complementar ao homem, ela ocupa uma posição inferior, com a notável exceção de Mama Huaco.

Foi na época colonial, especialmente no século XVI, que as mulheres da elite incaica, libertadas das restrições rituais tradicionais, desempenharam um papel político significativo.

Doña Angelina Cusirimay Ocllo, a Coya prometida a Atahualpa aos 10 anos de idade, torna-se, após a execução do Inca, a concubina de Francisco Pizarro, a quem dá dois filhos: Francisco e Juan. Após a morte do conquistador, assassinado pela facção de Diego de Almagro, ela se casa com Betanzos, que a incluiu em sua crônica sob o nome de Doña Angelina Yupanqui. Ela terá uma filha com o cronista, María Yupanqui. Beatriz Coya também é uma mulher forte e rica, filha de Sayri Tupac, cujas terras ela herda. Após a execução de Tupac Amaro em 1572, casa-se com o vencedor do último Inca, que também é sobrinho de Inácio de Loyola. Suas núpcias selam uma aliança entre a Companhia de Jesus e os incas, e são representadas por uma série de pinturas excepcionais quanto ao acabamento e à documentação, executadas no século XVIII. Doña Beatriz é representada duas vezes na tela: com os incas e na companhia do irmão, é ela quem segura na mão o pássaro *huauque* de Manco Capac. Na parte inferior, vestida com uma túnica bordada, mas cortada ao estilo espanhol, ela está ao lado de Dom Martín de Loyola, inaugurando com ele, na "complementaridade" de papéis típicos do mundo inca, a fusão das dinastias inca e jesuíta, já que sua filha, Ana María, desenhada na parte direita do quadro, se casará com o neto de São Francisco de Borja.

## Do mito à história

"Pachacuti" é um termo de origem aimará que exprime a alternância dos contrários, o tempo das guerras ou dos solstícios, sob a forma de *vilca cuti*, tão importante no calendário agrícola (Bouysse-Chassagne, 1987). Outras referências ligam os incas à região do Lago Titicaca, onde Viracocha talhou na pedra a futura humanidade. Guamán Poma de Ayala (1936, fols. 84-87) afirma que os incas "vieram do lago e entraram em Tambotoco". Ele também precisa que os Puquina-Collas faziam parte dos "Orelhudos", mas eram preguiçosos e não chegaram até Tambotoco.

Durante anos aceitou-se que Cusco não poderia ser anterior a 1132. Para estabelecer essa cronologia, John Rowe, o grande especialista dos incas, baseou-se nas genealogias dos soberanos. Hoje, graças à arqueologia, sabemos que as primeiras aldeias do Vale de Cusco aparecem no primeiro milênio antes da nossa era. Por volta de 400 da nossa era, constatamos mudanças significativas: as pessoas deslocaram-se para mais perto dos rios, em regiões mais quentes. Entre 1000 e 1400, os locais mais ricos são os de Ayarmaca, Pinagua e Mohina, habitados, sobretudo, pelos maras (Urteaga, 1920, p. 1-22).

Um centro administrativo wari situado ao sul de Cusco, Pikallacta, existia por volta de 900 da nossa era. Mas o colapso de Wari e, antes dele, de Tiwanaku, atacado por guerreiros aimarás, deram origem a movimentos migratórios. Os aimarás, provavelmente vindos de Copiapo, no Chile, ocuparam a bacia do Lago Titicaca em detrimento das populações locais, os puquinas e os uros, e é provavelmente nessa época que os pastores *llacuash*, mencionados no primeiro capítulo, originários das terras altas do Collao, partiram em busca de novas terras onde pudessem se instalar (Bouysse-Cassagne, 1992).

Ao contrário de outras regiões, o Vale de Cusco não parece ter sofrido demais com a deslocação do Império Wari-Tiwanaku. Os cacos, muito úteis em arqueologia para datar e reconstruir rotas, indicam uma primeira expansão "inca" no exterior da Bacia de Cusco por volta de 1300, num raio de cerca de 50 quilômetros. O impulso imperial para territórios mais distantes começou em 1400, primeiro em direção ao Titicaca, depois em direção à Costa do Pacífico e ao piemonte amazônico. Os vestígios materiais também revelam as dificuldades experimentadas para controlar grandes espaços. As fortificações chamadas *pucaras* estão concentradas desde o sudeste do Lago Titicaca até a cordilheira que hoje pertence ao Chile e à Argentina, sendo o cume do Aconcágua um marco importante. No norte dos Andes, as *pucaras* estão concentradas na região de Quito, no Equador (Covey, 2008, p. 809-830).

Havia muitas línguas principais faladas no Tawantinsuyu, mas as mais comuns eram quatro: o quíchua, o aimará, o puquina e o mochica, da costa norte. Além disso, o costume de deslocar colônias de *mitimaes* para defender as áreas fronteiriças, ensinar as regras estabelecidas pelos incas ou monitorar populações inseguras favorecera sabires que entravam a comunicação com Cusco. É por essa razão que Huayna Capac decidiu impor em todo o reino uma variedade do quíchua conhecida como "a língua geral" do Inca. Diz a tradição que o Inca optou pela variante quíchua do Chinchaysuyu, em homenagem à sua mãe, Mama Ocllo, originária dessa região (Cerrón Palomino, 1994)[12]. Os incas, os últimos a chegar, têm a sua própria língua, se acreditarmos em Garcilaso de la Vega – é possível que seja o puquina, mais antigo que o aimará e provavelmente vernáculo de Tiwanaku (Bouysse-Cassagne, 1987, p. 116-121).

Em 1543, dez anos após a execução do Inca Atahualpa, o governador espanhol Vaca de Castro reuniu os *quipucamayoc* de Cusco. Cada um traz seu *quipu*, um sofisticado dispositivo de memorização feito de cordas de diversas cores onde são alinhados nós de tamanho e forma particulares. O governador, um pouco perdido nas versões dos mitos, quer conhecer a história dos incas. O que está em jogo não é somente a curiosidade histórica. O governador quer saber se os incas são ou não usurpadores. Os respeitáveis *quipucamayoc*, por intermédio de Juan Betanzos, declaram que o Vale de Cusco fora inicialmente habitado pelos ayarmacas, divididos em quatro seções: colibri, tecelões, tabaco e "mestiços". Esse inventário surrealista certamente tem um significado simbólico. É provável que o colibri – uma ave cruel apesar do pequeno tamanho – seja, como no México, o emblema dos guerreiros, ao passo que o tabaco é uma planta associada à adivinhação. A importância econômica, religiosa e social do tecido explica a preeminência dos tecelões. Enfim, como aconteceu mais tarde com os incas, a dinâmica mestiça impõe-se à estrutura rígida. O território dos ayarmacas estendia-se para além de Vilcanota, que marca a fronteira com o Collasuyu. Juntamente com seus aliados, os pinahuas, eles

---

12. Bouysse-Cassagne (1997, p. 125-126) assinala que os puquinas, anteriores aos aimarás, são pastores da região de Larecaja, que é também a dos callawayas, herbanários e curandeiros itinerantes.

travaram uma guerra tenaz contra os recém-chegados (os incas), mas não conseguiram expulsá-los.

Será que esses incas são tão diferentes quanto afirmam? Os quatro irmãos que saíram da janela de Tambotoco levam o nome Ayar, que designa a quinoa selvagem. Esse patronímico sugere uma proximidade étnica com os ayarmacas do vale, *maca* designando um tubérculo comestível com propriedades alucinógenas. Na colina de Quisco (provavelmente o antigo nome de Cusco), havia um *huaca* denominado Capi, ou seja, "quinoa". Esses detalhes onomásticos indicam a importância atribuída às plantas na origem das civilizações e sugerem a existência de um código vegetal que ordena as aldeias e os *huacas*. Os incas preservaram a memória de dois topônimos ayarmacas, que eles vincularam ao espaço sagrado cujo centro era o Templo do Sol (Rostworowski de Diez Canseco, 1999, p. 6-11)[13].

Os *quipucamayocs* convocados pelo governador não escamotearam a precedência dos ayarmacas. Um deles, que memorizara um comentário do seu pai, acrescentou que Manco Capac era filho de um senhor de Pacarictambo, e não do Sol, como afirmava.

---

13. Segundo essa autora, na época colonial encontramos, após as "reduções" nas aldeias, ayarmacas, instalados em Pucyura, Chinchero e San Sebastián.

# 3
# Cusco, umbigo do mundo

O império foi construído pela força dissuasiva das armas, pois os incas são, acima de tudo, guerreiros. Além da coragem física dos combatentes, existe a arte da estratégia e o planejamento da logística. Os incas instalaram guarnições nas províncias distantes, deslocaram populações hostis para áreas controladas por eles e enviaram, em seu lugar, colonos *mitimaes* leais a Cusco, para lhes ensinar sua língua e seu modo de viver e, de passagem, monitorar qualquer foco de dissidência; construíram depósitos ao longo das estradas, contendo milho, coca, armas, roupas, sandálias e tudo o que é necessário para alimentar as tropas e repor os materiais em falta. Os esquadrões do Inca, armados com fundas e clavas, aniquilaram as nações recalcitrantes, assim como seus *huacas*. Em contrapartida, os senhores que aceitaram a "amizade" do soberano de Cusco e os seus dons gozam de privilégios e conservam seus santuários ancestrais, doravante subordinados à religião universal dos incas.

Além disso, os incas procuraram homogeneizar culturalmente diversas províncias. Esse processo concerne principalmente à esfera religiosa: suas regras e seus ritos, seus santuários e seus sacrifícios. É conduzido com eficácia graças ao que podemos definir como uma propaganda, divulgada através de imagens e narrativas, nos quatro cantos do Tawantinsuyu. Mais uma vez, os incas não inventaram os mecanismos de homogeneização ou integração, como dizem os arqueólogos. Encontramos um processo comparável, sobretudo a partir do surgimento de Wari-Tiwanaku. No entanto, os soberanos de Cusco parecem ter simplificado as mensagens para províncias distantes, graças ao estilo geometrizante das figuras, uma abstração na qual podem ser integradas diferentes interpretações adaptadas a contextos específicos. Os suportes dessa propaganda são a arquitetura, a cerâmica, os tecidos, as estatuetas e, claro, a língua. Neste capítulo partiremos de Cusco para desenvolver um procedimento importante: a construção de um espaço sagrado em escala imperial.

**A cidade e sua ordem**

Cusco é o umbigo do vasto mundo. Banhada por uma atmosfera transparente, a cidade ergue-se no centro das montanhas circundantes, todas visíveis a olho nu, todas presentes com suas respectivas forças. Essa exibição de picos majestosos não é somente estética, embora a beleza e a perfeição sejam valores importantes para os incas. Os *huacas* cercam e protegem a cidade de pedra. A delimitação do espaço e a distinção entre o visível e o não visível são também critérios políticos e simbólicos, pois a demarcação do espaço por *huancas*, *apachetas*, praças e santuários marca o empreendimento civilizatório sobre a natureza. Mesmo em regiões tão remotas como o cume do *cerro* Mercedário (6.200 metros), na Argentina, encontram-se pedras cônicas erguidas intencionalmente e três pequenas plataformas de pedra de fabricação inca, que indicam que esses confins também fazem parte do império (Meddens, 2017, p. 258).

A Cusco que os europeus ainda viam no início da Conquista, apesar das pilhagens levadas a cabo pelos capitães de Atahualpa e pelos conquistadores, tem cerca de quatro mil casas, segundo o testemunho de um dos primeiros aventureiros, Juan Ruiz de Arce. A tradição pretende que a sua beleza tenha sido obra do Inca Pachacutec, que não só reconstruiu e enriqueceu o Templo do Sol, mas também mandou esculpir terraços nas encostas das montanhas circundantes, a fim de aumentar dez vezes a área cultivável – obra titânica de modificação da natureza selvagem que é também uma proeza estética de integração, nas curvas naturais do relevo, de plataformas artificiais cultiváveis, que ondulam como as ondas do mar. Todos aqueles que foram a Písac, perto de Cusco, ficaram impressionados com essa harmonia, assim como pelas formas abstratas da Intihuatana de Machu Picchu, uma verdadeira "escultura" de arte contemporânea, com seus jogos de sombras e suas linhas quebradas.

A arquitetura da capital imperial, da qual ainda existem testemunhos, admiradas por milhares de turistas, conseguiu transportar por tração humana enormes blocos de pedra extraídos de pedreiras distantes e talhá-los e poli-los sem o auxílio de nenhuma ferramenta de aço. Essas pedras, ajustadas à perfeição, atestam a qualidade da técnica. Essa arte não deve nos surpreender num povo que ideologicamente era próximo do mineral e o venerava. A sobriedade prevalece sobre a abundância de formas das civilizações costeiras.

Claro, esses palácios são habitados apenas pela elite. A austeridade da pedra é compensada pela cor e pelos engastes de ouro ou prata. Os bairros reservados às linhagens incas estão dispostos em círculo desde Collcampata, suposta residência de Manco Capac, no Noroeste, até Huacapunco, no Sul. Essas residências senhoriais formam grandes complexos separados das ruas por um muro. Eles são encontrados tanto no bairro de Hanan quanto no de Hurin. Nos bairros exteriores a esse primeiro núcleo vivem os chamados "Incas de privilégio", senhores regionais submissos e fiéis. Os camponeses encontram-se ao redor. Ruiz de Arce nota muitas moradias bem conservadas, porque o Inca ordenou aos senhores que construíssem os seus próprios edifícios, onde deviam residir por pelo menos quatro meses do ano, mesmo que a sua terra natal fosse muito longe.

No alvorecer da Conquista, a cidade imperial abrigou um grande número de estrangeiros: grupos originários dos confins do império, como Chile, Quito, Chachapoyas ou nações com um passado rico, como os Huancas ou os Collas (Cieza de León, 1984a, I-93). As elites dessas nações e seus servos têm a sua própria localização, conservam seus costumes, assim como suas roupas e seus penteados distintivos. Os incas toleram suas práticas funerárias, que permanecem subordinadas ao culto das múmias reais reunidas no Templo do Sol.

### Coricancha, o Templo do Sol

Se hoje existe um monumento inca famoso, é Coricancha, o Templo do Sol, construído na metade Hurin de Cusco. Suas placas e esculturas de ouro ganharam até mesmo a cultura popular moderna, fazendo de *Tintim e o Templo do Sol*, o famoso quadrinho de Hergé, o embaixador dos incas no mundo inteiro. Desse esplêndido santuário resta apenas uma estrutura, que constitui o alicerce da igreja dedicada a São Domingos. Felizmente, dispomos de descrições de cronistas para reconstituir a sua antiga magnificência. O lugar mais famoso de Coricancha era o jardim, decorado com plantas e animais esculpidos em ouro. Essas peças únicas foram fundidas para serem embarcadas e levadas para a Espanha. Na época, apenas algumas vozes espanholas insurgiram-se contra a destruição desse tesouro único.

Deve-se a construção de Coricancha a Pachacutec, que "refundou" o primeiro templo de Manco Capac e o embelezou, para torná-lo digno de sua linhagem solar. O soberano também instaurou o culto às múmias dos seus ancestrais, que envolvia a manutenção delas, a exposição pública nas festividades importantes e a alocação de terras destinadas a "alimentá-las", com seus camponeses e servos. Virgens escolhidas e reclusas à vida nessa casa, sem ter nem liberdade de circulação nem vida sexual, teciam e fabricavam cerveja de milho, dois produtos indispensáveis nos rituais. O ouro e a prata guardados no interior do edifício não podiam sair, sob pena de morte.

Em Coricancha estava exposto o "panteão" dos deuses e das forças sagradas. O venerável Viracocha ocupava uma posição central, seguido pelo Sol, a divindade principal do império. A estrela se chamava Apu Inti, "o ancestral"; a Lua era sua esposa, e as estrelas, suas filhas. Punchao, "o Dia", era uma estátua de ouro da melhor qualidade, colocada voltada para o Oriente, de tal sorte que, desde o nascer do Sol, a sua luz reverberava com tamanho brilho que parecia emanar dessa figura. No interior do templo também se encontrava uma escultura antropomórfica feita de ouro, à exceção do ventre, que era oco e cheio de uma pasta de ouro moído misturada com cinzas ou restos de ossos dos reis incas; estava sentada numa cadeira de ouro maciço. Foi subtraída pelo rebelde Manco Inca, para evitar que fosse saqueada pelos conquistadores, e levada para Vilcabamba, onde, em 1572, os espanhóis a desenterraram durante a última campanha contra o Inca Tupac Amaru.

Outras maravilhas da ourivesaria foram escondidas em uma caverna nos arredores da cidade de Cusco. Os espanhóis desenterraram esse esconderijo e lá encontraram "lagostas do mar" em ouro, muitos vasos nesse metal precioso, assim como as figuras em ourivesarias de todos os pássaros, cobras, aranhas, lagartos, e todos os insetos, inclusive as pragas – peças delicadas que os incas, perseguidos, haviam depositado às pressas, sem poder enterrá-las (Pizarro, 1571/1965, p. 196). Será que faziam parte do "jardim de ouro" de Coricancha? É provável. Em todo caso, essa diversidade zoológica revela a vontade de reproduzir e dominar simbolicamente o mundo dos vivos.

Havia ainda em Coricancha três outras réplicas do Sol fabricadas de tecido bem espesso: *chuqui illa*, *catu illa* e *inti illapa*. Cada uma era penteada com um *llauto* e ornada de pingentes de orelha, à maneira daqueles dos incas. Essas três estátuas, segundo os testemunhos recolhidos, haviam sido fabricadas para homenagear os Três Sóis que outrora apareceram no firmamento. Segundo outras opiniões, incarnavam a trilogia constituída pelo Sol, pelo Dia e pelo Poder fertilizante do relâmpago e do raio; ou, ainda, materializavam o

Sol-pai, Apu Inti, flanqueado por seus dois servos, Churi Inti (o Sol-filho) e Inca Huauque, a réplica material do Inca; cada uma dessas entidades dispunha de servos e recebia oferendas.

A trilogia sagrada é uma representação própria da região de Charcas-Chuquisaca, hoje na Bolívia, onde se supunha que evocasse Tanga-Tanga, uma divindade invocada para conjurar as tempestades provocadas pelas três manifestações de uma entidade tripla: trovão, relâmpago e raio. No fim do século XVI, os extirpadores de idolatrias descobriram em Cajatambo, no centro do Peru, que a cruz plantada pelos jesuítas havia sido retirada e, em seu lugar, havia-se colocado três *huacas*, sendo o principal deles Huari, flanqueado por seus dois irmãos. Três pedras de bezoar honravam esses ancestrais, que recebiam muitas oferendas (Arriaga, 1621/1968, p. 220). Parece, portanto, que a trilogia cristã substituiu uma trilogia autóctone. Ao falar dos *ceques*, mencionamos a importância dessa divisão tripartite.

Uma outra trilogia sagrada aparece na relação de Santacruz Pachacuti com o jaguar, a estrela *chuquichinchay* e o trovão, *chuqui illa*, "brilho solar". O cronista desenhou essas constelações e as colocou numa mesa que esquematiza tanto o Templo do Sol, o Céu e a Terra do mundo inca, como também, segundo a nossa interpretação, a Montanha sagrada (Santacruz Pachacuti Yamqui, p. 173-269; Bernand, 2019, p. 395-399).

Em Cusco, durante as grandes festividades, os sacerdotes retiravam as estátuas e as instalavam na praça principal, sob a imagem de Viracocha. O sacerdote responsável por carregar o Sol vestia uma longa túnica; os outros ministros brandiam cada qual um bastão "mais longo do que uma alabarda", incrustado com lâminas de ouro e decorado com fitas douradas. A estátua do Sol estava sentada sobre uma plataforma decorada com tecidos bordados com penas, e as outras duas figuras seguravam seus bastões de cada lado. Essa descrição lembra a antiga iconografia do Senhor dos Cetros e seu contorno, esculpido na Porta do Sol de Tiwanaku.

As estrelas ocupam um lugar de destaque na religião dos incas, pois são marcadores do tempo e permitem a organização do trabalho agrícola. O Sol tem por esposa a Lua. Quando ela é ensombrecida por um eclipse, acredita-se que foi mordida por uma serpente ou um jaguar. Para afastar o perigo de um cataclismo anunciado, é necessário organizar um pandemônio onde os gritos se misturam aos latidos dos cães. Os guerreiros então apontam suas flechas em direção à Lua. A multidão de estrelas avistadas pelos sacerdotes são também as réplicas celestes dos animais terrestres e dos pássaros, e velam pela conservação e pela reprodução das espécies.

As Plêiades são a origem de todas as linhagens humanas. Aquela chamada *urcuchillay* tem a forma de uma lhama de várias cores. Quando o trovão e os relâmpagos fazem tremer o céu, distingue-se, nesses jogos de luz afogados no barulho, a forma da serpente *machacuay*, fonte celeste de todas as víboras e cobras do mundo.

### A casta sacerdotal

As fontes concordam sobre a importância numérica dos sacerdotes em Tawantinsuyu; eles eram classificados segundo sua ordem hierárquica. Todos tinham em comum o dom de "falar" com as entidades sagradas, os *huacas*, provenientes do antigo patrimônio xamânico. Essa palavra sagrada era pronunciada pelo seu intérprete, um homem subtraído ao olhar da população; produzia um efeito "surpreendente e assustador". Mais tarde, quando as imagens cristãs e mudas substituírem as antigas divindades, essa voz desaparecerá, e os descendentes dos povos do Tawantinsuyu colocarão em dúvida a eficácia dos santos católicos, os quais são mudos e "incompreensíveis", segundo uma palavra ouvida na *sierra* do Equador.

O sumo sacerdote Inca, ou Vilaoma, uma corruptela de *Villac uma*, "aquele que sabe falar com as forças sagradas", exerce o sacerdócio vitalício. Ele tem poder sobre todos os templos e seus guardiões, e pertence a uma linhagem inca muito elevada. Muitas vezes é o próprio irmão do soberano. Reside em Coricancha e, com outros ministros, assegura a realização dos sacrifícios ordinários. Durante as grandes festividades agrárias, o Inca fica ao seu lado para a execução dos ritos. A decifração dos oráculos é sua tarefa essencial, porque nenhuma decisão pode ser tomada sem consultar os poderes sagrados (Cieza de León, 1984b, II-94, *Señorío*). Os métodos utilizados são diversos. A "leitura" das entranhas retiradas de lhamas ou porquinhos-da-índia sacrificados é a prática divinatória mais comum.

Os templos são centros de peregrinação que atraem grupos provenientes de todo o império. Existiam desde tempos antigos, e o mais famoso foi sem dúvida o de Chavin. Esse lugar memorável que marcou as culturas andinas era cercado por um recinto de pedra decorado com cabeças incrustadas com pivôs, que representavam as sucessivas transformações de um sacerdote em jaguar. Os labirintos interiores, onde habitavam os deuses e seus representantes na terra, eram separados do local onde o povo ficava. Através de um engenhoso sistema de pequenas aberturas, a voz do sacerdote, escondida no interior, e a música tocada por um ministro, chegavam ao mundo exterior, provocando um medo misturado com respeito. A sofisticação do oráculo graças a invenções arquitetônicas é um traço religioso que permaneceu entre os incas.

O primeiro templo é Coricancha, um dos mais ricos do mundo segundo Cieza de León, erguido no centro do universo, no bairro de Hurin Cusco. O tributo arrecadado nas quatro províncias do Tawantinsuyu é destinado em grande parte à manutenção dele. A importância dos seus oráculos é tal, que nenhum empreendimento pode ser iniciado sem consultá-los. Outros santuários demarcam o espaço sagrado. O segundo em importância é Huanacaure, onde acontece todos os anos a cerimônia iniciática dos jovens guerreiros. Ali o oráculo é consultado e, em certas datas, são sacrificados homens e mulheres, principalmente crianças, para honrar o *huaca*, que também é um dos irmãos Ayar. As vítimas, vestidas com tecidos finíssimos, escutam as palavras lenitivas dos sacerdotes, que as inebriam com grandes quantidades de cerveja de milho. Após os cantos e em um ambiente exaltado pela bebida e pela música, elas são estranguladas. O ídolo de Huanacaure é colocado no local do oráculo; ele tem suas terras, seus servos *yanaconas* e suas *mamaconas*, seus rebanhos e seus sacerdotes "que lucram com ele", como o observa Cieza de León.

O terceiro oráculo é Vilcanota, o rio sagrado que liga, pelos seus afluentes, o interior de Cusco ao Amazonas. Ele tem sua origem na geleira Ausangate (6.384 metros), venerada como um grande Apu até hoje. Na altura de Písac, o Vilcanota assume o nome de Urubamba, drena Ollantaytambo e circunda Machu Picchu. É nessa área pré-amazônica que o rio deságua no Ucayali, uma das nascentes do Amazonas com o Marañón. Pássaros, camelídeos e meninas lhe são sacrificados.

O vale sagrado de Vilcanota será remodelado pelos incas. O nome desse rio contém a raiz *vilca*, que designa uma planta sagrada e alucinógena, mas também a linhagem nobre. Písac e seus famosos terraços tornam-se o domínio particular do Inca Sayri Tupac; Ollantaytambo, a menos de 100 quilômetros da capital, pertence ao Inca Pachacutec e à sua linhagem; em Vilcabamba e no Vale de Cochabamba, Huayna Capac dispõe de terras pessoais. Antes da Conquista, a grande propriedade privada de linhagem coexiste com a propriedade coletiva dos *ayllus*. Início de uma nova ordem econômica? O rápido colapso do Tawantinsuyu permite apenas hipóteses.

Seria fastidioso enumerar todos esses "majestosos" *huacas* que marcavam a paisagem sagrada do império que se prolongava até os atuais Chile e Argentina. Bernabé Cobo nos oferece uma outra distribuição dos santuários. Além de Coricancha, que ainda mantém a sua centralidade, ele menciona quatro grandes templos: Pachacamac, "santuário universal" constituído de seis pirâmides; Copacabana, às margens do Lago Titicaca, e suas duas ilhas – a do Sol, a maior, também chamada de Titicaca, e a da Lua, Coatá; as imponentes ruínas de Tiwanaku; e, finalmente, o templo de Apurímac, o que havia sido confiado à sacerdotisa Azarpay na época da chegada dos conquistadores. Cobo insiste com razão na função política do oráculo entre os incas: "Para serem obedecidos e respeitados, e para terem suas leis aceitas, faziam as pessoas acreditarem que eram as ordens do seu Pai, o Sol" (Cobo, 1964b, livro XII, cap. IV).

No Chinchaysuyu, em Huamachuco, ficava o célebre santuário de Catequil, que o Inca Atahualpa, furioso por ter sido contrariado pela "voz", mandou destruir, assim como ao seu sacerdote. Ele apenas seguia uma tradição inaugurada por Tupac Inca, de reduzir a cinzas os oráculos que se recusassem a falar com o soberano. Huayna Capac, cujo reinado foi agitado por numerosas rebeliões, ordenou a aniquilação de todos os *huacas* menores, tolerando apenas os maiores. Perto de Huancayo, Huarivilca era o centro religioso mais importante dos huancas, integrados ao império. Foi aí que o rebelde Manco Inca se retirou, para escapar de Pizarro.

Como os oráculos dependiam dos sacerdotes, esses deviam, em princípio, estar sujeitos ao poder central. O exemplo de Catequil, longe de ser único, indica a existência de focos de dissidência dentro do sistema religioso inca. Era ainda mais difícil controlar os modestos ministros dos *huacas* ancestrais que povoavam os cumes da cordilheira e dos lagos. Todos esses lugares de peregrinação e veneração eram muito ricos. Terras lhes foram alocadas, assim como rebanhos, e receberam oferendas preciosas em ouro, pedras preciosas e madrepérola, embora "o santo dos santos" fosse um lugar obscuro, como era o caso de Pachacamac e, muito antes, aquele onde se erguia, como um falo ou uma enxada, o venerável "Lanzón" de Chavin. Ainda que o Templo do Sol de Cusco fosse provavelmente o primeiro pelo seu esplendor, sabemos que em Tomebamba, no "reino" de Quito, seus muros, construídos por Huayna Capac, eram revestidos com folhas de ouro e incrustações de esmeraldas.

## Um centro radiante

A capital do império é seu centro, de onde partem as quatro rotas principais em direção às quatro províncias. Segundo vários cronistas, a planta da cidade tem a forma de um puma cuja cabeça se encontra em Sacsahuaman, a grande fortaleza que a sobrepaira. Quando os senhores percorrem essas estradas com seus guardas, os outros cortejos seguem por outro caminho. Com a morte do soberano, seu herdeiro deve empreender novas conquistas para permanecer na memória dos homens. Então, se lhe abre uma nova estrada, mais longa e mais larga do que a do seu predecessor.

As estradas não foram inventadas pelos incas; elas existiam desde os tempos antigos de Wari-Tiwanaku. Mas os incas aperfeiçoaram as redes, pavimentaram-nas e construíram ao longo desses eixos estalagens chamadas *tambo*. Essas pousadas permitiam aos viajantes repousar e se aprovisionar, porque nos Andes não há estradas curtas nem fáceis. Os incas também abriram novas vias, associando-as às conquistas e às glórias dos soberanos, assim como caminhos adjacentes. Os percursos eram feitos a pé. Pontes suspensas, feitas de cordas trançadas, permitiam atravessar os vales mais vertiginosos, como o de Apurímac. Era mais fácil e rápido aceder aos planaltos por intermináveis escadas de pedra. Nas alturas avançava-se mais facilmente do que contornando os vales. Essas estradas facilitaram o encaminhamento do tributo, assim como as inspeções regulares destinadas a verificar, com os senhores vassalos do Inca, o bom funcionamento do sistema de contribuições e a execução de diversas corveias. O pavimento da rede viária acabou por se deteriorar após a

Conquista, deixando de ser mantida e usada pelas ferraduras dos cavalos. Mas ainda é possível aos grandes caminhantes seguirem o "caminho sagrado" do Equador até o norte do Chile.

O Inca era a autoridade suprema e a sua pessoa era sagrada. Quando visitava o reino em tempos de paz, deslocava-se com grande pompa sentado numa cadeira ornada de ouro e prata, colocada sobre uma base decorada com dois arcos em ouro e pedras preciosas, aos quais eram presos tecidos bordados para esconder sua pessoa divina; essas cortinas tinham algumas aberturas para deixar passar o ar. O estrado também podia suportar as esculturas em ouro do Sol e da Lua, além de duas grandes serpentes onduladas esculpidas, o brasão dos Incas. Ao redor, a guarda real fechava o acesso direto a quem não fosse do cortejo real. Todo o caminho era limpo por servidores designados para essa tarefa, porque nada devia perturbar o avanço do Inca.

Outros eixos partem do Templo do Sol. São os *ceques*, "direções", "linhas" abstratas, e não estradas, sobre as quais os *huacas* estão alinhados. Os *ceques* estão repartidos em quatro conjuntos que correspondem aos quatro quadrantes do império. Essas linhas formam uma estrutura radial que lembra aquela de um *quipu* unido em seus dois extremos e formando um círculo (Cobo, *Obras*, II-13). Cada uma dessas direções está a cargo de um *ayllu* da cidade de Cusco. O número de *ceques* por quadrante é 9, com exceção de Cuntisuyu, que tem 14; o número de *huacas* que se escalonam pelos *ceques* de cada quadrante oscila entre 85 e 78, mas não sabemos realmente se havia um número preciso no início. O curso solar era medido pela sombra projetada sobre os

14 pilares de Sucanca, permitindo, assim, fazer observações astronômicas que assinalavam a sucessão dos meses do ano.

Modelo urbano por excelência, Cusco é constituída de uma série de divisões: as das duas metades, a Alta e a Baixa (Hanan e Hurin); as quadripartites em relação às quatro orientações; e as ternárias, baseadas na distância parental e social, denominadas Collana, Payan e Cayao. A cada um desses modelos está sempre ligada uma hierarquia concebida, em termos ideológicos, como uma complementaridade. A metade Hanan, "masculina", é superior à de Hurin, "feminina", embora essa diferença seja apresentada ideologicamente como uma complementaridade. Na estrutura dos *ceques*, as categorias Collana, Payan e Cayao compartilham o culto dos lugares sagrados. Collana reúne as elites endogâmicas dos incas; Payan agrupa pessoas oriundas de uniões secundárias de um Inca com um não Inca; Cayao, enfim, inclui famílias não incas, mas que vivem no território do império.

É, portanto, sobre esses princípios de distinção que os principais santuários do mundo exterior ao Templo do Sol são conectados a partir do centro, segundo um dispositivo hierárquico que aceita a diversidade de cultos, com a condição de submetê-los à religião dominante. Bem antes, as famosas linhas de Nazca talvez tenham obedecido a esse padrão.

O significado de *ceques* é complexo e reflete as divisões sociais (a casta Inca endogâmica, os "misturados": incas com senhores locais, e as pessoas não incas), os sistemas de parentesco e as obrigações religiosas atribuídas a cada grupo estatutário. Eles também têm uma função memorial que liga as histórias míticas do Vale de Cusco ao seu espaço. Cobo aliás o sublinha: "todos esses santuários tinham suas 'fábulas' e a história de suas origens, assim como o número de sacrifícios que lhes eram feitos, os ritos e as cerimônias, em função do calendário e dos efeitos desejados". Falta-nos informação para "ler", como num livro ancorado na terra, a história mítica condensada nos *ceques*. Nas do Chinchaysuyu, os *huacas* estão sobretudo relacionados com a vida e as obras de Tupac Yupanqui Pachacutec; também há referências à Coya Mama Ocllo e ao palácio de Huayna Capac. Perto da Fortaleza de Sacsahuaman, três pedras representam as três forças sagradas: Pachayachic, Intillapa e Punchao. Em outro *ceque*, está situada uma janela de pedra da época dos *pururaucas* e, em direção a Yucay, uma pedra adorada pelos ayarmacas. Essa nação, assim como os bárbaros *pururaucas* de tempos antigos, também figura em outros *ceques* (Cobo, *Obras*, II, liv. XIII-13)[14].

As linhas às vezes se prolongam um pouco além do Vale de Cusco. No sexto *ceque* do Antisuyu, o último da linha era um leão morto (puma) sobre o qual contavam-se "fábulas". Os *ceques* do Antisuyu também incluem um *huaca* dedicado a Ayarmaca, uma réplica de Huanacaure e a casa de uma Serpente do Antisuyu. Referências aos *purumruna* encontram-se ainda em outros *ceques*, no início do primeiro do Collasuyu e, sobretudo, no Cuntisuyu.

Será que o modelo dos *ceques* era a linha reta, como o afirma Zuidema? Toda construção teórica deve negociar com o terreno, e, em certos casos, essas linhas partem em zigue-zague, como um raio, representado na iconografia andina sob essa forma. Reconhecemos nesse sistema a "razão

---

14. A referência ao sistema de ceques ainda permanece (Zuidema, 1964). Oferecemos aqui apenas uma versão muito geral desse sistema extremamente complexo.

geométrica" típica da cultura inca, que aparece na sobriedade dos desenhos das cerâmicas, nos *quipus* ou na decoração dos tecidos. Os *quipus* – pela disposição dos cordões, dos nós e das cores – permitem ler as quantidades relativas ao tributo (e talvez mais); da mesma forma, os *ceques*, nos quais são envolvidos os grupos de parentesco de Cusco, constituem os marcos da história dos incas, de seus vizinhos e das peripécias de certos heróis sagrados. O fato de serem grupos de parentesco que se ocupam dos *huacas* dos quais são encarregados mostra uma outra faceta dessa organização meticulosa, uma vez que os próprios *huacas* estão ligados por laços de filiação e descendência. O mundo sagrado, à semelhança do mundo humano, qualquer que seja a posição, é um vasto tecido de seres aparentados.

**A praça, teatro das festividades**

Se Coricancha estrutura o império e seus santuários, a praça central, Haucaypata, é o lugar onde o poder se oferece como espetáculo aos seus vassalos. Ela se estende pela margem esquerda do Riacho Huatanay, que a atravessa e que desce de Sacsahuaman; é contígua à Praça de Cusipata, na margem direita, reservada aos senhores convidados para essas festas, mas que não são "de sangue real". O Huatanay, hoje colmatado, era um afluente do Vilcanota.

É nessa praça que se ergue a "pedra da guerra", uma rocha em forma de pão de açúcar com pedaços de ouro incrustados, que foi mencionada no capítulo 2, seção "Inca Pachacutec e a ordem do mundo". Em torno dessa pedra, o Inca e seus conselheiros convocavam todos os senhores regionais quando era necessário organizar as esquadras, segundo a terminologia castelhana da época aqui aplicada aos soldados de infantaria (Cieza de León, 1984b, II-23). No meio da linha que separa as metades de Hanan e de Hurin encontra-se o *ushnu*. Originalmente, essa construção era um sistema de drenagem, um buraco ou canal, por onde escoavam as libações como a água e a chicha, conectando a superfície da terra ao mundo inferior. Em Cusco, os dois locais dedicados a essas práticas são Coricancha e Haucaypata, onde pode se reunir um público numeroso. Na época colonial será chamada Plaza de Armas, nome que manteve desde então.

Junto ao poço do *ushnu* de Cusco existe uma pedra redonda, o Intihuatana, coberta de ouro, que conecta a terra ao céu e às estrelas, inclusive Illapa, o relâmpago. Para Guamán Poma, o *ushnu* é o "trono do Inca". Essa construção sofreu transformações no tempo e, sobretudo, no espaço, assumindo a forma de uma ou mais plataformas escalonadas, como em Cajamarca, o que conferia a esse sistema de drenagem uma majestade e uma visibilidade maior (Pinos Matos, 2004). Através da sua abertura para escoar o líquido, o *ushnu* abre para o mundo subterrâneo; pela sua elevação, torna-se um observatório do nascer e do pôr das estrelas. É, portanto, um eixo do mundo.

Os *ushnus* também são altares onde eram realizados sacrifícios de crianças e animais, assim como de tecidos preciosos, aniquilados pelo fogo. A praça é um espaço de representação do poder solar e inca, onde são celebradas as grandes etapas que marcam o calendário agrícola, inaugurado em junho, após o aparecimento das Plêiades. Porque, tal como nas sociedades antigas, o ritual é um esforço coletivo para ativar e reforçar a ação das forças vitais.

## A organização do tempo agrícola

Os incas impuseram seu calendário às nações reunidas no Tawantinsuyu. As estações são determinadas em função dos ciclos lunar e solar. Os costumes antigos não são afetados em princípio, mas são colocados sob a égide de Cusco. Aqui, novamente, o reinado de Pachacutec marca um ponto de inflexão. É ele, segundo testemunhos, quem organiza os ciclos agrícolas para unificar a diversidade das práticas existentes, regulando as datas das semeaduras, das colheitas e do repouso da terra, assim como os ritos necessários para que o trabalho dos campos possa ser realizado sem obstáculos. O ano é constituído de 12 meses lunares aos quais são acrescentados os dias "fora da lua", para compensar o ciclo solar. As crônicas descrevem, com variações e de forma detalhada, as festas e os rituais agrícolas.

Betanzos começa seu calendário com a iniciação dos jovens Incas em Huanacaure, na véspera do solstício de dezembro. Após as provas, os iniciados são consagrados publicamente na praça principal de Cusco, diante de todos os incas vestidos com longas camisas vermelhas e uma pele de puma à guisa de casaco. Além disso, cada iniciado leva na cabeça a desse animal, típico da serra e grande predador. Os iniciados ficam de frente para o sol nascente. Cantos conferem à cena uma grande intensidade. Em seguida, os assistentes sentam-se segundo uma ordem estabelecida, e cada um bebe com o vizinho e com o Sol. É nesse estado de embriaguez e de exaltação coletivas que ocorre a perfuração dos lóbulos das orelhas dos iniciados. Posteriormente, esses jovens guerreiros deverão se enfrentar em um combate singular.

Esse rito representa para Betanzos o primeiro marco de uma série de festividades agrícolas. Depois começam os meses difíceis da estação das chuvas, durante os quais a terra descansa. Em maio, quando a natureza retoma seus direitos e o milho sai vitorioso das geadas da *sierra*, celebra-se uma festa solene dedicada ao Sol, Inti Raymi, que coincide com o solstício de junho. Seus principais atores são os nobres incas, vestidos com túnicas resplandecentes de ouro e prata e usando tiaras de penas com reflexos de arco-íris. Nessa ocasião, que marca o apogeu da abundância, o Inca oferece um grande banquete ao seu povo e aos senhores convidados; ele mesmo, na grande praça de Haucaypata, entoa "o canto dos lhamas" e "o canto do rio", animando assim, pela voz e pela melodia, os rebanhos e a água, como o explica Guamán Poma.

Até o fim do mês de agosto, o essencial dos trabalhos é a semeadura. Em setembro acontecem duas cerimônias: uma é destinada a afugentar o mal da cidade, seguida da Festa da Chuva – voltaremos a isso detalhadamente no capítulo 5. Em outubro, uma outra festa é celebrada pelos ayarmacas em sua terra. Esses são descendentes da linhagem originária do Vale de Cusco; desfrutam de alguns privilégios, como a marca senhorial dos lóbulos deformados, mas devem manter os cabelos compridos para marcar a diferença entre os dois grupos. Esse período, muito carregado de cerimônias, é uma oportunidade para contar o número de esquadrões e testar o valor dos capitães e dos soldados; também são distribuídas as mulheres para casar, são refeitos os telhados das casas, os rebanhos são visitados e as casas das Virgens do Sol ficam cheias de novas recrutas (Poma de Ayala, 1936, fol. 257).

Enquanto Betanzos faz o ano começar no solstício de dezembro, após a iniciação dos guerreiros, Guamán Poma enfatiza a oposição entre o tempo da "fome" e o da alegria. A grande festa do solstício de dezembro, que marca o início do ciclo do calendário agrícola, chama-se Capac Raymi.

Os sacrifícios não concernem apenas aos animais. As crianças também são oferendas, embora o Inca Garcilaso, por razões ideológicas, afirmasse o contrário[15]. São atestados pela arqueologia, pela iconografia e pelos textos. Corpos adornados com as mais belas joias foram descobertos nas geleiras, em bom estado de conservação. Matar uma criança equivale a privar-se de um futuro tributário, e sacrificar um animal essencial para o transporte e para a lã (os camelídeos geralmente eram queimados) equivale a aceitar uma redução significativa desses recursos. Acrescentemos que as crianças, antes da transição para a idade adulta (puberdade para os meninos e as meninas), não são completamente humanas. Da mesma forma, guerreiros e xamãs, que podem se transformar em animais selvagens, tampouco são humanos como os outros.

A eficácia simbólica da presença real é fundamental, como o mostra a festa do *aymoray* inaugurada em Sausero, na estrada do Collasuyu (Molina, 1988, p. 118). No momento da semeadura, o Inca em pessoa vai nas terras inaugurar os trabalhos, e os que haviam sido sagrados cavaleiros (os iniciados) iam a Sausero colher o milho semeado por Mama Huaco "sob o arco-íris".

Após a colheita do milho, das batatas, da quinoa e de outros tubérculos, reúnem-se rebanhos de lhamas e alpacas, porqui-

---

15. Desenvolvemos esta questão em uma obra consagrada a Garcilaso (Bernand, 2006).

nhos-da-índia e inúmeras pombas. A maioria desses animais é imolada, e, com o sangue sacrificial, os ídolos são untados. A carne é destinada ao banquete coletivo. Nas portas dos templos e oráculos, penduram-se as tripas, e os sacerdotes interpretam os sinais das vísceras. Após o sacrifício, as *mamacunas* fazem sua entrada com jarros de cerveja. Uma vez satisfeitos, o soberano e o sumo sacerdote, em júbilo, entoam hinos.

O Inti Raymi é colocado sob a advocação de Ticiviracocha. Nessa ocasião, sua estátua sai de Coricancha para ser exibida no *ushnu* da praça principal, coberta com um tecido de grande beleza, salpicado de pérolas de ouro. O Inca a recebe descalço em sinal de humildade, deposita as oferendas e sopra sobre a figura divina. Num degrau mais baixo são instaladas as figuras do Sol e da Lua, rodeadas por outros *huacas* de pedra e madeira. As múmias, também retiradas de seus nichos, são alinhadas na praça, suntuosamente vestidas e com uma coroa de penas. As principais são cobertas de joias de ouro e prata e madrepérola; as mais modestas se contentam com figuras de argila. Com a ajuda dos seus servos designados, elas "comem", "bebem" e "dançam", partilhando esses momentos de alegria coletiva com os senhores vivos. Depois, colocadas em plataformas, são levadas de casa em casa, de rua em rua, e fazem um último passeio pela praça antes de regressarem aos respectivos jazigos.

### Os banquetes e a embriaguez

A descrição detalhada do Inti Raymi que nos foi dada pelo Inca Garcilaso de la Vega (*Comentarios*, 2009, VI-20-23) mostra a importância das festividades para selar ou fortalecer alianças políticas. O próprio Inca inaugura a cerimônia na companhia do sumo sacerdote Vilaoma. Os senhores, originários de todos os cantos do império, desfilam com seus trajes distintivos; alguns usam asas de condor porque se orgulham de serem descendentes desse pássaro. Existem muitos senhores mascarados, principalmente aqueles que provêm dos vales quentes. Os príncipes incas arvoram seu brasão ilustrando seus feitos militares a serviço do Sol.

Antes de entregarem-se a libações e banquetes, os príncipes incas mantiveram um jejum rigoroso consistente em alimentos insípidos, sem sal nem pimenta. Os Incas estão reunidos em Haucaypata, com os olhos voltados para o Oriente, ou seja, o nascer do sol. Na praça vizinha de Cusipata encontram-se os senhores regionais. O Inca, munido de dois vasos (*kero*), inaugura as libações. Ele primeiro verte numa canalização do *ushnu* a cerveja do *kero*, que segura com a mão direita, porque o precioso líquido é destinado ao seu superior, o Sol. Depois, à guisa de reciprocidade, bebe a cerveja do vaso que ele segura com a mão esquerda.

Após a cerimônia da bebida, seguem-se as oferendas. O primeiro sacrifício é o de uma lhama preta, uma cor sólida que significa perfeição. O animal, voltado para o Leste, é imolado pelo sumo sacerdote, que lhe arranca as entranhas ainda palpitantes, para melhor interpretar o oráculo. A oferenda feita ainda está viva. Caso contrário, quando a vida já tiver saído dos órgãos, o oráculo será mau. Outros sacrifícios se seguem. A carne dos animais é grelhada e oferecida aos ministros num banquete prodigioso.

Para interpretar esse rito, tecido de gestos, odores, vozes e cores, é necessário não só entrar na textura simbólica desses momentos, mas também ligá-los aos que os precedem e os sucedem, porque o significado dos rituais está na sua sequência agrícola e bélica, que se desenrola ao longo do ano. Sua execução é fundamental, porque sem os ritos, por mais que os camponeses se atarefassem com as enxadas, nada nasceria corretamente da terra. Temos de respeitar essas convicções, que nos parecem erroneamente tão distantes das nossas pois esquecemos a sua importância nas campanhas cristãs de outrora.

Beber é um rito de partilha no respeito à hierarquia. O convidado, se for mulher, vem com o seu jarro, dá de beber e também bebe, uma forma de mostrar que é uma boa cerveja, não "adulterada". Recusar-se a beber é considerado uma afronta até hoje. Durante as festas solenes do calendário agrícola, aquele que convida a beber leva sempre dois vasos. Se a pessoa que ele comprometer por essa bebida for de posição igual ou superior à sua, entrega-lhe a da direita, sendo a outra para aquele que oferece. Inversamente, se o convidado for de posição inferior, ele recebe o vaso da mão esquerda. Os vasos tocados pelo Sapa Inca são sagrados. A distribuição da cerveja é pública. Tem por objetivo recordar (e reforçar) a proximidade ou a diferença de posição entre a elite inca e seus vassalos.

A cerveja fermentada de milho é uma bebida festiva e, nesse contexto, deve ser bebida sem moderação. Contudo, essa ingestão nunca é individual; é ritualizada pelo convite, do qual é impossível escapar. É possível que essa embriaguez, cuja consequência é, entre outras, a libertação da palavra, favoreça a ratificação das hierarquias sociais e seja também uma garantia de confiança. Acrescentemos ainda que a cerveja é uma substância cuja consistência lembra o esperma e, por conseguinte, reforça a virilidade fecundante. A mulher não está excluída, pois é ela quem fabrica o precioso líquido com os dentes e a saliva[16].

Os *keros* podem ser feitos em madeira ou em ouro, ou prata, como as *auquillas*. Esses vasos são indispensáveis para a vida política e religiosa, e fazem parte das trocas de presentes, para selar as alianças entre o Inca e os senhores, da mesma forma que os tecidos preciosos. Eles aparecem em toda a sua importância no mito de origem dos irmãos Ayar. Seguindo Garcilaso de la Vega, Cummins (2004) sugere que aqueles que formavam um par fossem fabricados a partir da mesma madeira. Os desenhos abstratos e geométricos dos vasos se tornarão mais naturalistas na época colonial. Uma das representações frequentes será a captura dos antis da floresta.

### As réplicas de Cusco

A identidade dos incas foi construída na conquista e na colonização. O espaço conquistado foi remodelado à imagem da capital, introduzindo-se nela diferenças ambientais e estatutárias (Acuto, 2012). Os arqueólogos observaram a existência de uma clara demarcação entre o bairro reservado aos incas e aquele ocupado pelas linhagens subordinadas. A construção de uma paisagem religiosa cusquenha é um elemento fundamental da conquista de uma nova cidade. Em Paruro, perto de Cusco, são construídos túmulos e cavidades que evocam o mito do surgimento dos incas. O mesmo processo aparece em Huánuco Pampa (Bauer, 1991; Craig Morris, 1992). O modelo exportado inclui um *ushnu* em pedra bruta ou trabalhada, edifícios públicos em pedra

---

16. Acerca dos aspectos simbólicos da bebida como substância que reforça os humores do corpo, cf. Bernand (2000, 2018).

de cantaria, *canchas* ou recintos em torno de um pátio, e um templo consagrado ao Sol. O *ushnu* é um elemento arquitetônico fundamental que assume dimensões significativas em Huánuco e nas capitais regionais de Chinchaysuyu. Ao mesmo tempo observatório e centro de energia solar, é também o local onde são realizados os sacrifícios. Para tornar o local sagrado, o Inca deposita lá uma relíquia: um pedaço de unha, uma parte de uma vestimenta, uma asa de falcão, um fragmento de arma (Albornoz, 1989, p. 165).

Tomemos o exemplo da cidade de Huánuco Pampa, tão querida para Guamán Poma. É atravessada na diagonal pela estrada Nordeste/Sudeste, que separa duas metades que podem parecer do mesmo tamanho. No entanto, a arquitetura marca a distinção. A metade inca, Hanan, é construída com pedras talhadas com mais cuidado do que as das moradias de Hurin, nas áreas sul e sudoeste, provavelmente habitadas por linhagens subalternas. Em Incahuasi, o contraste entre as duas populações é impressionante, como o indica a distribuição desigual dos cacos. A linha de separação entre as duas metades passa pelo *ushnu*, que pode adotar várias formas, dependendo da localização, pirâmide ou pequeno montículo.

As cidades anexadas possuem, portanto, estruturas arquitetônicas de estilo inca muito refinadas, como os pórticos retangulares ou *kallankas*, que se abrem para a praça, mas de feitura mais simples. Há também a construção, em cada cidade, de um templo dedicado ao Sol, de uma grande praça e, no território, fortalezas ou *pucaras* e celeiros.

O confronto entre o Senhor de Huarco e Tupac Inca oferece uma visão geral dessa reelaboração da paisagem que se segue a uma conquista militar (Cieza de León, 1984a,

p. 73-74). Esse senhor foi um duro adversário de Cusco. Então Tupac Inca deu a ordem ao seu exército de fundar, no Vale de Huarco, uma cidade que levaria o nome de Cusco e seria, portanto, sua réplica, sem, no entanto, ser igual a ela. As colinas circundantes, as ruas e as praças seriam renomeadas de forma idêntica às de Cusco. Nessa réplica da capital, o *ushnu* tinha quase 2 metros de altura, e a praça, segundo as escavações, cobria uma superfície de aproximadamente 14.700 metros. Uma guarnição seria aí colocada aguardando a rendição do senhor. Apesar da promessa feita pelo Inca de estreitar os laços com Huarco por alianças matrimoniais, o senhor não vacilou e lhe opôs uma resistência feroz. Eventualmente, os exércitos imperiais massacraram as elites e até mesmo as pessoas comuns. Cieza de León, que se estende sobre essa história, afirma que as matanças foram atestadas por "grandes pilhas de ossos" ainda visíveis após a Conquista. No fim da guerra, a "nova Cusco" foi abandonada.

Toda cidade conquistada que tenha alguma importância possui uma grande praça central, como a de Cusco, capaz de acomodar uma multidão significativa. É aí que acontecem as festividades do calendário agrícola, e a encenação do ritual assume maior importância com a extensão territorial do império. O espetáculo acontece diante de um público maior do que aquele constituído pelas elites incas, pois reúne os senhores e os *ayllus* locais, os colonos deslocados dos quatro cantos do império e os funcionários do Estado; os emblemas religiosos do culto solar não eliminam os *huacas* regionais nem os ancestrais.

O objetivo das festividades é reforçar, na diferença, a pertença ao império, isto é, à civilização. Esta se caracterizava pela racionalidade da administração, nomeadamente na gestão dos excedentes agrícolas e outros, conservados nos depósitos onde eram empilhados de forma ordenada sementes, espigas de milho, batatas, tecidos, ferramentas, jarros, sandálias e armas, que permitiam atenuar os riscos da agricultura e da guerra, segundo regras de reciprocidade e redistribuição. As elites utilizavam esses bens, especialmente os tecidos, no comércio com grupos vizinhos ou distantes. Essa "generosidade", segundo a fórmula empregada, é indispensável para consolidar o poder e o prestígio das dinastias cusquenhas.

Mas os incas nem sempre triunfaram. Os exemplos de insubmissão são numerosos e parecem multiplicar-se sob Huayna Capac. No norte do império, a repressão inca é muito dura, o que teria consequências com a chegada dos espanhóis, que encontrarão aliados nessa região. Geralmente apresentado como aquele que consolidou a grandeza do Tawantinsuyu ao ampliar seus limites até Angasmayo, na Colômbia, e até Maule, no Chile, o Inca terá dificuldade em consolidar a presença de Cusco nessas regiões distantes. Em Otavalo, as represálias incas serão tão duras, que as águas do lago, onde são lançados centenas de cadáveres, tingem-se de vermelho: seu nome, Yahuarcocha, "lago de sangue", testemunha esse episódio.

A última campanha do Inca também foi marcada pela pilhagem desenfreada operada pelos esquadrões cusquenhos entre as populações locais. Quinhentas cargas de ouro e esmeraldas foram transportadas para Cusco como saque. Os reveses sofridos por Huayna Capac valeram-lhe o qualificativo "ganancioso", um comportamento contrário às regras de reciprocidade e redistribuição (Cieza de León, 1984b, p. 46, 64, 68).

# 4
# Os quatro quadrantes do mundo

Felipe Guamán Poma de Ayala foi o primeiro a dar uma forma pictórica aos quatro quadrantes que surgiram do berço sagrado de Tiwanaku. No fim da sua crônica ilustrada, ele desenhou o "mapa-múndi do Reino das Índias", dividido em quatro "reinos" atravessados por estradas. Seu Tawantinsuyu é um documento excepcional em vários aspectos. Em primeiro lugar, porque foi produzido por um peruano do século XVI pertencente tanto às elites cusquenhas como às provinciais. Em segundo lugar, porque o seu mapa-múndi integra os modelos cartográficos europeus e as divisões andinas: por um lado, está sobrecarregado de monstros voadores, sereias e outros personagens fabulosos, e atravessado por um quadriculado de paralelos e meridianos improváveis, a menos que esse quadriculado seja uma referência àquela da *collca*; por outro lado, a representação é organizada por divisões dualistas e quadripartites típicas da cultura andina.

Além disso, ainda que os seus confins não tenham sido realmente subjugados, o seu Tawantinsuyu se confunde com toda a América hispânica, como o sugere o título da composição. Finalmente, os "quatro quadrantes" do Império Inca ecoam as "quatro partes do mundo" da monarquia católica espanhola, a primeira potência europeia a estar presente nos quatro continentes: Europa, América, Ásia e África[17]. Que ela seja fantasiosa ou imprecisa não é a questão: esse mapa-múndi é um documento notável, inteiramente concebido por um homem das Américas, um "índio".

Figura 2

A fim de que se compreenda o mapa-múndi de Guamán Poma, é necessário explicar as categorias mentais que o sustentam. O espaço do Tawantinsuyu é uma projeção daquele de Cusco, que é o centro do quincunce, essa figura sagrada já mencionada de 4 + 1, presente nas grandes civilizações agrícolas do continente americano. Os quadrantes não são

---

17. As quatro partes do mundo é o título do livro de Serge Gruzinski (2004) sobre a primeira globalização da época moderna. Basta aqui recordar as fortalezas na África e a importância do peso de prata, cunhado em Potosí, que circulou na China e se tornou a primeira moeda global do planeta, como o será, bem mais tarde, o dólar.

apenas divisões administrativas que organizam o tributo e os serviços das comunidades étnicas. São também territórios encantados pela sua história, povoados por seres e forças poderosas, atravessados pelos trajetos heroicos de heróis sagrados e guerreiros. Esse levantamento criou o movimento, face ao imobilismo dos *huacas* e da autoctonia.

**Um espaço-tempo ordenado**

O nome Tawantinsuyu (os quatro *suyu* ou quadrantes) contém a partícula quíchua *-ntin*, usada para traduzir a ideia de "par" ou "um e outro", duas coisas opostas, mas complementares, como o homem e a mulher, o macho e a fêmea, o alto e o baixo, a direita e a esquerda. As quatro partes agrupam-se em duas metades, Hanan e Hurin (Wachtel, 1971; Urton, 1997, p. 64-65). O termo *suyu* é aplicado a cada quadrante cuja soma constitui o império. O dicionário de González Holguín nos dá vários contextos de significação desse conceito que difere da nossa categoria abstrata de "espaço". Qualquer que seja sua escala (local, urbana, regional, imperial), o *suyu* é inconcebível sem os *ayllus*. São eles que lhe dão vida, arrancando-o da terra selvagem pelo trabalho, uma obrigação para todos os tributários, organizado pelos senhores e registrado nos *quipus*.

Os *suyus* indicam direções, porque cada quadrante do império é concebido como um espaço que parte de Cusco até os seus confins, balizado, e até mesmo "animado", pela repartição das tarefas dos tributários. A "direção" significa movimento e não demarcação, uma vez que os confins não têm limites. Esse modelo aberto a novas conquistas impõe-se após a vitória emblemática do Inca Pachacutec contra os chancas. Por fim, o termo *suyu* também é atribuído à "faixa" tecida que separa duas outras superfícies de cores diferentes; voltaremos mais tarde a essa associação.

*Suyuni* significa "dividir as terras ou as parcelas, distribuir as tarefas atribuídas aos grupos" de cada *llacta*. O campo arado é *chacra*, uma palavra que foi integrada ao vocabulário rural em toda a América do Sul. A conquista inca reorganizou as parcelas das comunidades e as repartiu em três categorias; todas as três requerem o trabalho regular dos tributários, agrupados por grupos de parentesco, os *ayllus*, e sedentarizados em uma vila ou *llacta*.

Primeiro há as terras destinadas a manter os cultos ao Sol e aos *huacas*; depois, aquelas do Inca e do Estado que encarnam. Nessa categoria entram os domínios que os reis possuem a título privado, como Vilcabamba, Písac ou Cochabamba, entre outros, assim como as infraestruturas do império, que necessitam de manutenção constante. Essas obras de interesse geral são sobretudo a rede viária, a construção de palácios e templos locais, regionais ou próprios da cidade de Cusco, a tecelagem de peças de vestuário e o culto às múmias. As tarefas são obrigatórias, mas rotativas. Uma das mais importantes é o aprovisionamento permanente dos depósitos imperiais, as *collcas*. Por fim, a terceira repartição diz respeito às terras distribuídas aos lares, os *tupus*, segundo o número de membros que os compõem, a fim de permitir-lhes satisfazerem suas necessidades. Essas terras comunitárias são chamadas de *sapsis*, sendo delimitadas por um monólito ou *huanca* que é o duplo mineral do ancestral, o *mallqui* (Duviols, 1979b). Essas pedras se erguem na entrada da aldeia, ou a várias léguas de distância; outras protegem as parcelas dos tributários.

Cada comunidade é colocada sob a égide de um senhor chamado *kuraqa*, ou mesmo *cacique*, palavra originária do Caribe que os espanhóis deram aos chefes regionais ou locais em todos os lugares, independentemente da sua posição. Essas autoridades devem disponibilizar equipes de trabalhadores que se sucedem por rotação, na execução de diversas tarefas (ou corveias) que cabem ao cidadão comum, o *hatun runa*. As tarefas são obrigatórias e organizadas pela *mita*, uma imposição de trabalho. A execução das tarefas e das equipes rotativas é colocada sob a responsabilidade do *kuraqa* local, enquadrado por sua vez (e certamente supervisionado) por dois emissários do Inca. Em troca dessas inúmeras corveias, os celeiros do Estado, cheios de roupas, sandálias, sementes, grãos e outros bens, permitem aos camponeses recorrer a essas reservas em caso de desastres climáticos, fome ou epidemias.

A *pax incaica* baseia-se na redistribuição de recursos para apaziguar a relutância dos grupos étnicos. Essa política "coletivista" confere aos incas um lugar singular na história das civilizações antigas. Isso é possível graças a uma burocracia de notável rigor, exercida por uma pirâmide de chefes que zelam por um número preciso de lares, ordenados segundo uma escala que vai de 5, 10, 50, 100, 500, 1000 e mais. A posição dos *kuraqas* depende do número de lares que enquadram. Finalmente, os tributários não são nem escravos nem servos. Esses últimos, denominados *yanacona*, são indivíduos desvinculados de sua comunidade de origem para servir no seio de uma linhagem principesca e que goza, enquanto tal, de alguns privilégios.

A categoria de *suyu* não pode ser confundida com *pacha*, um conceito global traduzido como "tempo" ou "era", "solo", "lugar" e também "vestimenta". Nós a encontramos em dois contextos importantes: o de Pachacamac e o de Pachacutec. O "mundo" corresponde ao que está visível, abaixo do horizonte, e nesse sentido tem um significado espacial. No caso concreto do mapa-múndi de Guamán Poma, ele se apresenta na imagem. Para "ver" é preciso luz, e essa noção ainda é usada para designar o romper do dia, a aurora, o instante em que o mundo surge da obscuridade noturna. Sob a forma de *pachan*, esse conceito designa "aquilo que está inteiro, intacto, não danificado" e se aplica tanto aos seres virgens de ambos os sexos como aos tecidos totalmente novos. A terra fecundada pelo labor é *camac pacha*; aquela que é virgem chama-se *pachamama* (Murúa, 1986, II-28). Por fim, *pachac* é o número "cem", e *pachaca* designa um grupo de cem tributários.

O território do império é descontínuo, principalmente nas regiões do centro e do sul da cordilheira. Com efeito, a fim de utilizar os recursos dos diferentes nichos ecológicos, os grupos étnicos enviam colonos para as terras quentes dos Yungas, para o fundo dos vales e para zonas de grande altitude. Esses "arquipélagos" reúnem num mesmo local diversos grupos étnicos oriundos de outras *llacta*.

### A organização do mundo pela imagem

O mapa-múndi de Guamán Poma reúne e harmoniza vários critérios de organização: as divisões e direções espaciais dos incas (metades Hanan e Hurin, que também são oposições sexuais), às quais se soma a quadripartição do ano solar, comum a todas as sociedades, imposta pela observação astronômica do curso solar a partir de um ponto fixo, determinando o calendário agrícola anual. No sistema geocêntrico dos incas, que é também o dos espanhóis do século XVI, o sol "move-se" de Leste a Oeste, do levante ao poente. Esse aparente movimento da estrela descreve, durante o ano, um grande círculo no céu denominado eclíptico. Para os incas, que vivem no Hemisfério Sul, o solstício de dezembro marca o início do ano solar e do verão, que corresponde, nessa latitude, à estação das chuvas nas Terras Altas – o litoral é seco e quente; o seu oposto, o solstício de junho, inaugura o início do inverno, que corresponde à estação seca e a um sol forte durante o dia, com noites frias. Para um observador, encarnado no mapa pela cidade de Cusco e pelo Inca, o sol vai para a sua esquerda, três meses mais tarde ele se encontra no equinócio de março, e três meses depois junta-se ao solstício de junho. Depois o curso solar se inverte e a estrela "se move" para a sua direita, junta-se ao equinócio de setembro e regressa ao ponto de partida, em dezembro.

Enfim, a representação do mundo impõe restrições, uma vez que o traçado e as suas figuras são concebidos para serem vistos por um observador externo. No século XVI, *arriba*, termo espanhol que normalmente indica "para cima", significa na linguagem náutica "para baixo". Imaginemos, por exemplo, um navio que parte de Lima-Callao e se dirige para o sul (o Chile). O capitão usará para indicar a sua direção o termo *arriba*, ao passo que vemos nesse trajeto Norte-Sul uma descida. É nesse sentido contrário à nossa percepção atual que Guamán Poma utiliza essas coordenadas náuticas no seu mapa, como também o fará, alguns anos mais tarde, Antonio de León Pinelo, letrado e cronista da Coroa de Espanha, ao inverter o mapa do continente americano e, portanto, colocar no alto da imagem o Estreito de Magalhães.

Para oferecer um outro exemplo tirado do texto de Guamán Poma, *arriba la montaña* não significa "a montanha do alto" ou "no alto da montanha", como às vezes foi traduzido incorretamente, mas "descendo para a floresta". No mapa-múndi, mesmo que a floresta esteja desenhada no alto do mapa-múndi (restrição da imagem), ela está "embaixo", o que é lógico, uma vez que ela se estende pelas terras baixas.

Finalmente, o espaço-mundo de Guamán Poma está incluído no interior de um quadro retangular. Trata-se de uma convenção geométrica que exprime, segundo vários autores contemporâneos, o grau de "aculturação" do seu autor. No entanto, parece-nos que essa forma, aliás emprestada da cartografia ocidental, junta-se a uma figura típica da estética inca como o *tocapu*, um quadrilátero (ou dois concêntricos) que reúne elementos e os organiza em sinais. Essa convergência não poderia escapar ao olhar atento de Guamán Poma, que ao longo da sua crônica oferece numerosos exemplos dessa figura, presente nos tecidos bordados dos incas, nas paredes dos vasos e na arquitetura, inclusive nas paredes do púlpito de um padre católico. A importância política e religiosa do *tocapu* é desenvolvida no capítulo 6 deste livro.

O espaço-mundo, fechado ou contido pelo quadro, que o protege da desordem, é colocado no mar, no alto e embaixo da imagem. O do alto, o Mar do Norte como o indica a lenda, é o Atlântico, um espaço marítimo "vazio", povoado exclusivamente por sereias e outros seres fantásticos saídos do imaginário europeu. Esse mar está separado do Tawantinsuyu por uma verdadeira cordilheira, semelhante a um baluarte, a menos que vejamos aí a vontade de colocar o Império dos Quatro Quadrantes sob a proteção das montanhas sagradas.

No oposto, o Mar do Sul (na parte inferior do mapa) é o nome corrente do Oceano Pacífico para os espanhóis. Em quíchua, essa extensão sem limites é chamada Mama Cocha; ela aqui fervilha de vida, sulcada por naves, cachalotes, leões-marinhos e peixes que nadam contra a corrente e que constituem a riqueza haliêutica do litoral. Contrariamente à fabulosa "população" do Mar do Norte, existem mamíferos marinhos; eles vêm dessa *arriba* que é o sul do Chile, seguem a corrente quente da Corrente do Golfo e relaxam na costa de Tumbes.

Às margens do Pacífico encontra-se situado, curiosamente, Portugal, a menos que Guamán Poma tenha querido incluir esse reino, nessa época sob a proteção do rei da Espanha, efetuando uma espécie de torsão para fazê-lo entrar no quadro rígido do mapa-múndi. É grande a tentação de ver nessa estranheza gráfica a vontade de incluir a "nação portuguesa", expressão corrente para designar os judeus convertidos, muito numerosos em Potosí. Os quatro quadrantes formam graficamente uma ilha de vastas dimensões, colocada no mar.

## O quincunce imperial

O centro do espaço é de fato Cusco, no cruzamento das duas diagonais que delimitam os quatro quadrantes do Tawantinsuyu. A cidade é personificada no Inca Tupac Yupanqui, que é o representante do Sol. A capital do Tawantinsuyu, em torno da qual é construído o espaço do império, é com efeito a dos incas, e não Lima, situada à beira do Pacífico, a capital dos espanhóis, que ocupa essa posição dual de "segunda pessoa". Cusco é flanqueada pelas armas do papa e da Coroa da Espanha, que são aqui as Colunas de Hércules, erguidas segundo a lenda em ambos os lados do Estreito de Gibraltar e movidas por Carlos V até o Oceano Pacífico, o que explica a sua divisa "Plus Ultra". Aliás, no fim do capítulo inaugurado pelo desenho do mapa-múndi, Guamán Poma as desenha. Entre as duas, o Inca, derrotado, é preso.

Guamán Poma elaborou o seu mapa-múndi no fim do século XVI, várias décadas após o colapso do Tawantinsuyu. Ele nos entrega, portanto, a última versão de uma construção política e sagrada cujos primórdios se perdem nas narrativas míticas. Antes do Império Inca já havia uma divisão quadripartida mais antiga unindo os quatro senhores do Vale de Cusco – Manco Capac, Tocay Capac, Pinahua Capac e Colla Capac (Garcilaso de la Vega, 2009, I-2; Rostworowski de Diez Canseco, 1999, p. 50)[18].

Os respectivos nomes dos quatro quadrantes, segundo a ordem mais frequente indicada nas crônicas, são: o Chinchaysuyu, onde "o sol se põe", e seu homólogo, o Antisuyu, "onde o sol nasce"; o outro par é constituído pelo Collasuyu e pelo Cuntisuyu, sobre a perpendicular do primeiro eixo. Guamán Poma também colocou, à esquerda da imagem (mas à direita de Cusco, segundo a perspectiva andina), a sua cidade natal, Huánuco. A "direita" é em grande parte ocupada pelo Chinchaysuyu e pelo Antisuyu, enquanto a "esquerda" de Cusco compreende o Collasuyu e o Cuntisuyu. O fato de o Antisuyu cobrir a parte superior do mapa-múndi, onde o sol nasce e faz o mundo renascer, mostra a importância dessa região para Guamán Poma de Ayala.

---

18. O próprio Guamán o afirma (cf. capítulo 6 sobre essa questão, que no fundo implica a usurpação de Manco Capac).

Além do Tawantinsuyu civilizado, o Sul se estende na direção do Tucumán, que é a porta de entrada do Chile, a fim de evitar a muito difícil travessia do deserto do Atacama. Os incas fundaram alguns assentamentos no centro-norte do Chile, mas nunca conseguiram subjugar a confederação de tribos araucanas [mapuches], que os contiveram ao norte do Rio Maule. A pequena cidade de Santiago está indicada; inversamente, Buenos Aires é inexistente, embora em 1580 esse porto estratégico tenha sido refundado pelos mestiços do Paraguai sob as ordens de Juan de Garay.

Em suma, o mapa-múndi de Guamán Poma integra três ordens políticas diferentes. A primeira é a dos incas, estabelecida por Tupac Inca Yupanqui, de quem Guamán afirma ser parente. O Inca, acompanhado de Mama Ocllo, ocupa mesmo o lugar central; o casal real é flanqueado por quatro senhores regionais e suas respetivas esposas, com as suas armas. Para o Cuntisuyu, Guamán Poma se contenta em reproduzir um casal bastante modesto de *kuraqas*.

O autor especifica que a metade do reino na direção do Mar do Norte não foi conquistada, e menos ainda "os índios do Chile e os araucanos e os mosquitos que se encontram do lado do reino de Guiné" – lista heterogênea que reúne índios da Nicarágua, os incontornáveis araucanos do Chile e os africanos. Esses últimos são frequentemente citados na crônica, aparecendo sempre sob um ângulo desfavorável (Poma de Ayala, 1936, fol. 972)[19].

---

19. Os "mosquitos" reúnem tribos que se encontravam na costa da Nicarágua. "Do lado de" é uma expressão anacronicamente proustiana, que significa "a caminho da Guiné". Aliás, os escravos negros aparecem na sua crônica.

O segundo contexto político é evidentemente o do Vice-reino do Peru no último terço do século XVI. O mapa (e o texto que o acompanha) confere grande importância às minas. Além de Potosí e Huancavelica, o potencial aurífero da Amazônia é frequentemente mencionado. Mizque é apenas uma cidade pequena, mas está situada na estrada que leva a Tucumán. Tem, portanto, um interesse estratégico e econômico, uma vez que toda essa região apresenta dois grandes trunfos: a riqueza das jazidas e as penas ornamentais das avestruzes americanas, denominadas xuri.

Por fim, a terceira ordem é atemporal, pois corresponde à de uma humanidade selvagem encarnada pelos chunchos e pelos *huarmiaucas*, ou seja, os selvagens e as mulheres guerreiras ou amazonas, que se tornaram célebres a partir de Orellana; elas são sempre associadas ao ouro. A Amazônia, aliás, é indicada sob a forma de uma serpente, como é habitual na cartografia do século XVI. Em uma perspectiva estruturalista que remonta ao início dos anos 1970, a metade Hanan contém o Chinchaysuyu, que representa a civilização, enquanto o Antisuyu designa a selvageria ou a natureza; no casal que opõe o Collasuyu e o Cuntisuyu, o primeiro exprime a riqueza e o segundo o seu contrário, a pobreza. Essas oposições estruturais devem ser matizadas. Essa terceira ordem não é um "rejeitar". Pelo contrário, valoriza, pelo contraste que introduz, a civilização inca, triunfante da natureza no estado puro, mas haurindo dela a sua força (Wachtel, 1971).

Começaremos pelo eixo Chinchaysuyu-Antisuyu, que opõe o pôr do Sol ao seu nascer. O Antisuyu ocupa o segundo lugar nessa dualidade, embora o local onde o Sol triunfa sobre a noite lhe devesse ter valido o primeiro lugar. Contudo, mantém-no, se tivermos em conta o esquema "evolutivo" das humanidades.

## A atração do oceano: Chinchaysuyu

O Chinchaysuyu toma emprestado o seu nome da poderosa chefia de Chincha, na Costa do Pacífico. O nome dessa nação é mencionado durante as primeiras explorações de Pizarro ao longo da costa entre Manta e Tumbes, onde os habitantes se gabavam do poder do senhor de Chincha e das suas jangadas. É por causa desses testemunhos que o conquistador, antes de empreender a conquista do Peru, solicita a autorização da Coroa espanhola, que lhe a concede, para, em caso de sucesso, governar o Peru, nos limites por ora incertos, até essa cidade costeira.

Várias razões explicam o prestígio desse território: o esplendor de poderosas chefias que têm raízes em uma antiguidade muito antiga e que, no início da era dos incas, resplandecem em Sicán e, mais tarde, no reino do grande Chimor. No seu apogeu, Chimor reinava sobre mais de mil quilômetros quadrados compreendidos entre Tumbes, na fronteira do atual Equador, e o Vale de Chillón, ao norte de Lima.

Por volta de 1460, sua capital, a imensa cidade de Chan-Chan, foi conquistada pelos exércitos imperiais. Essa lealdade a Cusco tem por consequência a transferência dos seus ourives e do seu *savoir-faire* para a capital do império.

A costa norte do Chinchaysuyu era há séculos o centro de um próspero comércio de preciosos mariscos como o estrombo e o espôndilo, muito abundantes nas águas quentes de Manta e Santa Elena. Esses "frutos" do mar, caracterizados pelos reflexos vermelhos de sua madrepérola, eram considerados o alimento dos *huacas*, e os incas tinham interesse em manter esse tráfico. Os espôndilos estavam então ligados à fertilidade agrícola, assim como os estrombos, nos quais o sopro do homem produzia um som rouco, aterrorizante e surpreendente, que transmitia a sua força aos lavradores e aos guerreiros. O Inca não poderia deixar de integrar ao império esse imenso reservatório de água da Mama Cocha, "a fonte da água dos lagos".

O Chinchaysuyo também é uma matriz cultural. Em Paracas, imensas necrópoles muito antigas reuniam uma população considerável de múmias, envoltas em tecidos de uma perfeição e de uma beleza incomparáveis. Nazca era um centro de peregrinação muito antigo, e os incas certamente tinham a sua própria concepção do significado dos geoglifos e das linhas. As antigas cidades tinham instalado um sistema de irrigação muito avançado, que lhes permitiu atenuar a secura desse litoral desertado durante todo o ano pelas chuvas. Por fim, a iconografia e os mitos viam no oceano o país de origem de uma divindade estrangeira que teria chegado do mar aberto, uma perspectiva que está no lado oposto ao das crenças cusquenhas, que fazem do Oceano Pacífico o lugar final de Viracocha. O mito de origem de Chimor (como o de Sicán) reconhecia como seu ancestral um certo Taycanamo, enviado numa jangada por um grande senhor desconhecido que vivia do outro lado do oceano. Seus descendentes se instalaram em Chan-Chan, onde reinaram em paz até a conquista inca.

A história desse senhor estrangeiro impressionou os incas. Segundo várias fontes, Tupac Inca Yupanqui teria organizado uma expedição marítima que partiu da ilha de Puná, com o objetivo de explorar o Oceano Pacífico. Anteriormente ele havia despachado dois batedores, xamãs que podiam voar como os pássaros, para garantir o resultado dessa empreitada. Segundo os testemunhos de alguns idosos, consultados pelos espanhóis, a expedição teria chegado até duas ilhas que cuspiam o fogo muito longe da costa; elas foram nomeadas Hahua Chumpi e Nina Chumpi. A viagem de Tupac Inca Yupanqui teria durado um ano ou mais, e o soberano trouxe dessas longínquas paragens pessoas de pele negra, muito ouro, uma cadeira de latão, couro de "cavalo", assim como cabeças e ossos. Esses troféus teriam sido queimados pelos generais de Atahualpa durante as guerras civis contra Huascar.

Cieza de León, falando do ancoradouro Hacari, na estrada para Tarapacá, afirma que a população ainda se lembrava das expedições na direção dessas ilhas, muito ricas em ouro, onde as pessoas iam fazer comércio; Martín de Murúa o confirma após ter consultado os anciãos que descrevem esses naturais de pele trigueira semelhante à dos mulatos; de vez em quando acostavam à "margem" do Tawantinsuyu para trocar suas pérolas e conchas por ouro e tecidos de algodão. Essas visitas cessaram quando o boato da chegada dos espanhóis com "ganância insaciável" se espalhou e assustou os estrangeiros (Cieza de León, 1984b, p. 76; Murúa, 1986, cap. 25, p. 92)[20].

A civilização nascera, portanto, na costa bem antes de florescer nas Terras Altas. É no litoral que se erguia o antigo oráculo de Pachacamac, próximo à grande chefia de Chincha, cujo senhor, que dispunha de uma frota de jangadas, acompanhou Atahualpa durante o encontro de Cajamarca, o que diz muito sobre a sua posição.

---

20. A versão mais longa dessa história é a de Sarmiento de Gamboa.

## O espelho amazônico: o Antisuyu

Embora em princípio seja um "pequeno" quadrante limitado ao piemonte amazônico, Guamán Poma o prolonga até o Mar do Norte. O Antisuyu engloba, por conseguinte, toda a Amazônia. Em razão de sua "selvageria" – poderíamos dizer sua "virgindade", pensando nos termos derivados de *pacha* –, o Antisuyu exerce uma atração incontestável sobre os incas e, antes deles, sobre os povos das montanhas. É de alguma forma constitutivo da cidade de Cusco. Porque, se acreditarmos em Cieza de León (1984b, II-31), Sinchi Roca tomou a decisão de encher as terras pobres e pantanosas de Cusco com milhares de cargas de terra transportadas desde os vales do piemonte.

Desde tempos muito antigos, as cidades da cordilheira, nomeadamente o venerável santuário de Chavin, mantiveram relações regulares com as terras baixas tropicais. Esse também foi o caso de Tiwanaku, uma cidade-santuário construída a uma altitude de cerca de 4 mil metros, que estava em contato com as nações das terras baixas de Moxos e outros grupos da floresta. Na ilha de Pariti, na Bacia do Titicaca, cerâmicas muito bem trabalhadas mostram indivíduos ornados de uma pedra incrustada acima do lábio superior, à maneira dos grupos Arawak, ou sob o lábio inferior, à maneira desse ornamento típico dos chiriguanos, "o tembetá" (Korpisaari; Pärssinen, 2005).

No que concerne aos incas, sua expansão em direção ao Oriente é difícil de datar. É possível, a partir de vários indícios, afirmar que chegaram até a região do Acre, hoje no Brasil. Tupac Inca e suas tropas efetivamente atravessaram

Pucallpa, Madre de Dios e o Beni, seguindo vias fluviais que lhes permitiram penetrar na Amazônia, lugar de "medo e espanto". No século XVI, durante a exploração de Orellana (1542/1955) que tomou os afluentes do Amazonas até a foz do grande rio – o trajeto está indicado no mapa de Guamán Poma –, os espanhóis conseguiram estabelecer contato com as tribos a montante do Rio Negro, porque os indígenas conheciam "a língua geral" do Inca, o que comprova a existência de constantes relações de troca.

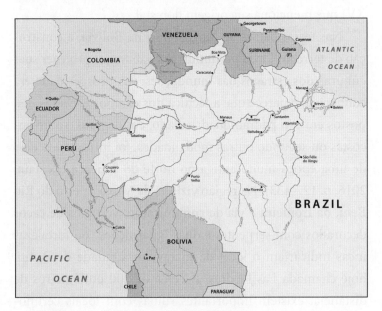

Paititi é o nome de uma cidade fabulosa perdida na floresta. As primeiras fontes que se referem a ela descrevem secamente "uma chefia que possui lhamas", o que não deve nos surpreender, porque a existência de camelídeos nas terras baixas tropicais foi atestada pela arqueologia. Em 1543, os *quipucamayos*, depositários da tradição registrada nos *quipus*, declararam perante Vaca de Castro que o Inca Pachacuti havia entrado no país dos chunchos, dos Moxos e dos antis e mandara construir duas guarnições na margem do Rio Paititi. O espanhol Juan Álvarez Maldonado oferece uma descrição mais detalhada da terra que se estende para além dessa margem e insiste na densidade demográfica da região. Lá encontramos pessoas que se servem dos mesmos animais que os incas (as lhamas), que usam o mesmo tipo de roupa "e afirmam que os incas teriam vindo dessa região" (Tyuleneva, 2012). Esse não é o único testemunho recolhido no século XVI que menciona sua origem florestal.

Nas terras baixas de Moxos, hoje na Bolívia, a construção de terraços havia permitido aos habitantes proteger suas culturas dos estragos das inundações; sua prosperidade era conhecida, e parece que a técnica dos campos elevados dispostos em um padrão quadriculado, em degraus, sobre encostas ou segundo outras modalidades, foi introduzida desde uma época muito antiga no norte do Titicaca (Rostain, 2016, p. 127-133). Na região vizinha de Moxos, perto do Rio Beni, na fronteira e via de comunicação, vestígios de cacos decorados com serpentes e duas "guarnições" ou fortalezas incas indicariam o local da maravilhosa cidade de Paititi, hoje chamada Las Piedras. A cerca de 200 quilômetros de distância, existem importantes ruínas com locais cerimoniais, atribuídos aos indígenas Arawak.

Paititi fascinou tanto os incas quanto os espanhóis. Em 1780, o Senhor rebelde de Tinta (perto de Cusco), José Gabriel Condorcanqui Tupac Amaru, proclamou-se "Rei do Peru e de todas as jurisdições compreendidas no Vice-reino até os Mares do Sul, Senhor dos Césares e das amazonas com poder sobre as terras do Grande Paititi" (Lewin, 1957,

p. 427). Os espanhóis e seus descendentes mestiços sempre buscam essa cidade perdida.

O espaço amazônico de Guamán Poma, que traduz concepções de seu tempo, corresponde aos tempos arcaicos da primeira humanidade, povoados de seres selvagens, escondendo sua nudez sob a folhagem e *multiplicando-se aos pares*. Essa observação é importante porque, além da alusão à rápida reprodução das espécies, a gemelaridade humana, animal e vegetal é o resultado de uma intervenção sagrada para os povos da cordilheira. A estranheza dos povos da floresta contribui para reforçar a sua imagem "fora da norma". Nessa terra intemporal e sem ordem, onde ainda subsistem seres excepcionais como as amazonas (*huarmi auca* no texto), os primeiros seres vivos foram as serpentes *amaru*, as selvagens *sacharuna*, os jaguares *otorongo*, os *hapinuno* (espíritos), as raposas, os ursos e os cervídeos.

Essa diversidade de seres vivos desapareceu em parte quando os filhos de Huariviracocha irromperam na floresta e os mataram, a fim de se tornarem os senhores do mundo. As serpentes, não obstante, sobreviveram. É por isso que, ao verem "um cristão" (um "ser humano" depois da evangelização), um barulho ressoa como um tiro de arcabuz, apodera-se do corpo do homem, envolve-o e o mata. Porque jaguares, gatos selvagens e répteis foram preservados nesse espaço longínquo para punir os homens malvados.

A grande floresta tropical é também pátria dos pássaros, como as araras, providas de uma plumagem multicolorida, tão preciosa quanto o ouro, em razão da luz que ali se reflete e libera o espectro luminoso do arco-íris. A antiguidade dessas aves, com suas gradações maravilhosas, já nos apareceu nas narrativas de Huarochiri; Guamán Poma retoma essas antigas crenças e assinala que os homens das Terras Altas os mataram "por ordem de Deus". Começou então a era dos humanos, embora em sua crônica as metamorfoses de capitães em animais sejam correntes. O que está distante no espaço também o está no tempo. Essa concepção de "confins", será que ela é tão estrangeira ao nosso pensamento? No século XIX, para a ciência antropológica da época, os australianos, os samoiedos e os bosquímanos (entre outras nações) eram sobreviventes pré-históricos...

## Otorongo e Amaru: "tigres" e "serpentes"

A floresta também é a pátria de grandes predadores como o jaguar, animal solitário que enxerga no escuro e que muitos mitos descrevem como o senhor do fogo. O rastejar da grande serpente *amaru* lembra o movimento da água e, por extensão, o dos poços e das nascentes; sua muda é uma metáfora da renovação anual da terra. O Inca Garcilaso de la Vega (*Comentarios*, 2009, IV-17) relata que as "serpentes e os jaguares mereciam ser homenageados como senhores nessas regiões, onde os incas eram estrangeiros". O Antisuyu é um reservatório de forças selvagens, e o caminho que leva até lá também separa as duas metades de Cusco – Hanan e Hurin.

O nome Amaro ou Amaru é dado a incas e a senhores da guerra. Um par de serpentes (*boa constrictor*) ilustra o brasão dos incas; esses répteis também se tornam "cetros", marcas da realeza sacralizada, dos atributos do Senhor dos Cetros ou dos Bastões, presentes no litoral andino e em Chavin desde uma data muito antiga. Inca Roca, filho de Manco Capac, conquistou o Antisuyu, e dizia-se que ele e seu pai se transformavam na serpente *amaru*. Inca Roca também aprendeu a mascar a coca com os antis e ensinou esse costume ao seu povo. Tinha mesmo muitos filhos entre os chunchos, nome genérico para designar os indígenas da floresta. Guamán Poma de Ayala (1936, fols. 102-103) especifica que esse Inca não venceu pelas armas as chefias dessa região, mas que se instalou entre eles, seus amigos. O nome *otorongo*, o da principal força sagrada do Antisuyu, é usado por vários capitães incas. Esse ser teria ensinado o Inca a se transformar em "tigre". A sua veneração mostra claramente o respeito que sentiam por esse predador carnívoro, característica que ele partilha com a jiboia. Os habitantes da floresta, como os felinos que a povoam, são antropófagos. Esse costume foi desviado por Huayna Capac em seu favor, quando enviou para o Antisuyu capitães antis, integrados aos exércitos do império com a ordem de devorar os inimigos (Poma de Ayala, 1936, fols. 268-269, 291). Guamán também desenha *otorongos* chorando uma morte, o que os aproxima dos humanos.

As rainhas ou Coyas, associadas aos poderes mágicos desde Mama Huaco, são frequentemente ligadas aos territórios florestais. O brasão da Coya Cusi Chimpo, também conhecida sob o nome de Mama Micay, cruel esposa de Inca Roca, ou de Capac Yupanqui, incluía, junto com os emblemas típicos dos incas, como a *mascaypacha*, o pássaro *coraquen*, um pintassilgo de penas brancas (o *huauqui* de Manco Capac?), um *otorongo* trepado numa grande árvore, com a língua para fora, assim como duas grandes serpentes[21].

---

21. Trata-se da série reunida no Codex Galvin. Poma de Ayala se inspirou nessas ilustrações.

No campo superior das armas de Mama Coca Chimpu Ocllo também há serpentes, e, no campo inferior, arcos e flechas, armas típicas dos antis. O nome dessa rainha é o da coca, planta das terras baixas. O campo superior do seu brasão é ocupado por um arco-íris do qual pende a *mascaypacha*; o campo inferior mostra, no meio, uma serpente atrás de um quadrado, quadriculado longitudinalmente; de cada lado vemos um *otorongo* e uma árvore, provável que seja a *chonta*, cuja madeira muito dura é boa para fabricar lanças e flechas.

Outras senhoras têm pássaros exóticos, *pumas* e *otorongos* nos seus palácios. Coya Chimpo Urma, a principal esposa de Mayta Capac, está claramente associada às terras baixas amazônicas: "Ela tinha pumas e jaguares, cervídeos e cercopitecos, e muitas aves da família das araras e dos papagaios; peixes, milho e todo tipo de pimentas (*uchu*), bananas e outras frutas. Ela alinhava todas essas maravilhas em seu jardim, onde se erguia uma árvore da qual corria um leite que se transformava em goma (trata-se certamente de uma árvore-da-borracha [*Ficus elastica*]). Essa substância servia para acender o 'incensário' dos seus ídolos. Ela também era senhora dos instrumentos musicais" (Murúa, 1986, I-10, p. 65).

Antes da chegada dos espanhóis, Machu Picchu foi uma das residências de Huayna Capac. Outras construções incas arrancadas da floresta, como Choquequirao, em ambos os lados do Monte Salcantay, sobrepairam a floresta tropical. Vilcabamba é o piemonte incaizado, refúgio dos quatro últimos incas da linhagem de Huayna Capac: Manco Inca, Sayri Tupac, Titu Cusi e Tupac Amaru – o último Inca, derrotado em 1572. É interessante notar que, antes da partida das suas tropas, o Vice-rei Toledo mandou erguer na praça do hospital de Cusco uma floresta artificial com seus gatos selvagens, cervídeos, macacos e papagaios. No curso desse rito festivo típico da Espanha do século XVI, Toledo e sua comitiva enfrentaram antis emplumados que cercavam um homem vestido de Inca. Esse simulacro deu o sinal da partida (Poma de Ayala, 1936, fol. 413). Tupac Amaru, tendo ouvido falar da expedição, refugiou-se com os manaris, enquanto esperava para enfiar-se com a esposa e os servos na Amazônia. Os antis, persuadidos pelos presentes oferecidos pelo capitão Martín de Loyola, sobrinho de Inácio, libertaram o infeliz Inca, que foi executado em Cusco em 1572.

**As plantas que fazem ver**

As terras baixas e os vales quentes da cordilheira são também o local onde crescem quatro plantas sagradas de primordial importância na prática religiosa dos incas: a coca (*Erythroxylon coca*), a *vilca* (*Anadenanthera colubrina*), a *ayahuasca* ou *yagé* (*Banisteriopsis caapi*) e o tabaco (*Nicotiana tabacum*). Elas são indispensáveis para facilitar as duplicações e visões das práticas xamânicas. A coca e suas virtudes eram conhecidas desde tempos imemoriais, como o demonstra a arqueologia. As folhas eram reservadas aos deuses e às elites.

Outrora, só o Sol podia "comer" essas folhas, o que provocava ciúmes nos *huacas*, que procuravam roubar a semente. Aproveitando um dia em que o Sol estava bêbado, os *huacas* despacharam a lhama Urau, uma estrela, para a sua esposa Lua. Urau alegou ter sido enviada pelo esposo dela, o Sol, que queria recuperar a bolsa onde guardava as sementes de coca. A Lua recusou três vezes. Depois os *huacas* roubaram-lhe a bolsa, o que provocou a cólera do Sol. Urau fugiu, mas as comunidades de Lampas, perto de Cajatambo, protegeram a lhama e pediram à estrela que a poupasse, porque ela os protegia contra as doenças. É por isso que as lhamas e a preciosa coca continuam a viver (Duviols, 1986, p. 453). Depois da Conquista, essa planta que multiplicava as forças tornou-se uma mercadoria muito apreciada e o seu consumo generalizou-se.

Quando querem conhecer as coisas "escondidas", os xamãs invocam os *huacas* ancestrais e espalham um punhado de folhas no chão. Pela forma que elas assumem ao cair, os xamãs podem interpretar o futuro. A coca é consultada antes de qualquer empreendimento: guerra, viagem, inspeção, qualquer deslocamento. As folhas não só servem para fortalecer a resistência humana, afastando a fome, mas também são lançadas como oferendas na direção dos quatro pontos cardeais. As nuvens de fumaça liberadas quando lançadas num braseiro permitem predizer eventos futuros. O nome dessa planta é frequentemente adicionado ao nome de certas rainhas e princesas da nobreza inca.

A *vilca* é uma semente alucinógena que contém a bufotenina, um alcaloide também encontrado na pele de sapos e rãs. Também está ligada ao xamanismo e à adivinhação, muitas vezes misturada com outras plantas. Seu uso é conhecido desde tempos muito antigos; prospera na linha do piemonte, no Alto Ucayali e nos afluentes do Marañón. Já está presente no grande santuário de Chavin, onde era moída em recipientes de pedra, em forma de jaguares, chamados *vilcanas* (Burger, 2011). Esses "almofarizes" muitas vezes tinham sinais gravados em forma de cruz ou *chakana*, cujo perfil escalonado lembra igualmente uma montanha artificial. No século XVI, os evangelizadores se esforçaram por destruí-los, enquanto portadores de idolatria.

A *vilca* podia ser consumida tanto por inalação, como em Tiwanaku e San Pedro de Atacama, no Chile, quanto como bebida, misturada com a cerveja de milho. Essa planta tem propriedades laxativas. O radical *vilca* é corrente na toponímia (Vilcabamba, Vilcanota) e nos nomes dados a heróis ou senhores. O Inca Garcilaso traduz o nome do Rio Vilcanota, subafluente do Amazonas, como "coisa sagrada ou maravilhosa" e especifica que "vilca" sempre qualifica coisas admiráveis. O fato de encontrarmos essa planta em pontos muito distantes da sua área de origem atesta a importância das trocas entre as terras florestais, as terras altas da cordilheira e o litoral, que concernem igualmente a uma série de produtos preciosos, como os corantes, os saberes medicinais, as conchas, as plantas, as penas e outros produtos.

A *ayahuasca* ou *yagé* é uma planta alucinógena utilizada em toda a Amazônia. As imagens provocadas pela sua ingestão foram repertoriadas por Reichel-Dolmatoff. Esses fosfenos, segundo a terminologia utilizada por esse autor para descrever os fenômenos visuais e luminosos, não são infinitos e aparecem na iconografia dos povos do piemonte amazônico. Aí encontramos os três arcos do arco-íris (também presentes na iconografia inca), e o losango que designa o sexo feminino e a matriz; se estiver fecundada, ela tem no interior um pequeno círculo. Na Colômbia amazônica, essas formas reveladas no transe são percebidas como emanadas de espíritos. Os tukanos não são incas, mas as observações de Reichel-Dolmatoff mostram claramente a estabilidade dessas visões, o que ele chama de "o alfabeto da experiência psicodélica". Além dos sinais mencionados, os fosfenos da *ayahuasca* apresentam também formas como a *chakana*, ou a grelha da *collca*, duas figuras muito frequentes das representações andinas. Será que a experiência fundadora do xamanismo está na origem da religião? Não podemos explorar aqui essa pista, aberta há várias décadas por W. La Barre e explorada ao longo de várias obras de Carlos Castañeda, autores hoje esquecidos, que tínhamos negligenciado (Furst, 1974, p. 56-96, 249-266).

O tabaco é uma das plantas que permitem "saber", sendo o fumo o veículo da viagem para o além. Também era consumido por inalação nasal ou na forma líquida. Conhecemos a importância dessa erva quando ela era mascada, pois os comprimidos confeccionados para esse uso tiveram uma difusão muito ampla, desde o Collasuyu até o noroeste da Argentina, assim como os cachimbos. A etnografia pode nos dar uma ideia do que essas plantas representavam nos tempos antigos. Entre os yaguas da região de Iquitos, no Peru, as plantas que favorecem a visão são numerosas, e os alucinógenos desempenham um papel determinante nas iniciações xamânicas. O tabaco, que deve ser fumado sem vomitar nem cuspir, representa uma espécie de oferenda simbólica para seduzir as "mães" das plantas que fazem "ver", como a *vilca* e a *ayahuasca* (Chaumeil, 1983, 1989).

É também no Antisuyu que se obtêm as plantas medicinais, corantes e madeiras, indispensáveis para as populações da cordilheira nas construções, nas armas e na fabricação dos *keros*, para as libações rituais. A riqueza vegetal de um espaço de contornos difíceis de apreender explica a importância, para os Incas, da permanência iniciática na floresta a fim de adquirir poderes excepcionais. Os Incas Roca, Otorongo Achachi e Mayta Capac, ou mesmo Amaro Tupac Inca, irmão mais velho de Tupac Inca Yupanqui, aumentaram dez vezes sua força graças ao seu confronto com a grande serpente Amaru, cujo nome costumam usar. A predação é uma qualidade guerreira: Tupac Inca manda seu irmão trancar os jaguares e os gatos selvagens trazidos da floresta em jaulas, e também atirar nelas os prisioneiros, que serão seu alimento (Betanzos, I- 28). No século XX, um antimatsiguenga explicava a um etnólogo que "a serpente passa todo o seu tempo procurando e caçando antas, mas o que é uma anta para ele é na realidade um homem" (cf. Renard-Casevitz; Saignes; Taylor, 1986, p. 42-43; Renard-Casevitz, 1991, mito 5, p. 31).

O Antisuyu é de certa forma a fonte da legitimidade sagrada dos incas e talvez o seu berço originário. Seus rios regurgitam pepitas de ouro, e a tradição afirma que Tupac Inca Yupanqui usou uma grande quantidade delas para decorar o Templo do Sol.

**O lago sagrado do Collasuyu**

O berço da humanidade, para a maioria dos cronistas, é o lago sagrado do Titicaca, um mar interior onde aconteceram as proezas de Tunapa e Tarapacá, assim como as de Viracocha. Este último, esculpido no Portão do Sol de Tiwanaku, é uma divindade solar, como o indicam os raios que partem da sua cabeça. Na época do Tawantinsuyu triunfante, o recinto de Tiwanaku estava em ruínas, mas permaneceu um local de peregrinação e veneração para todas as populações vizinhas e uma visita obrigatória para a elite dos incas.

O Collasuyu não é, portanto, um quadrante como os outros. Essa província foi conquistada com dificuldade pelos incas, precedidos por grupos aimarás vindos do Sul, que se impuseram aos puquinas e se espalharam pelas terras altas de Canas e de Chumbivilcas, ao sul de Cusco. Ao sudeste do lago, na região de Charcas, viviam outros senhores, adoradores da tríade sagrada Tanga-Tanga, já mencionada.

Os incas não ousaram reconstruir Tiwanaku e ocuparam Hatun Colla, na margem noroeste do lago, a cerca de 30 quilômetros de Puno. Durante o casamento do Inca Viracocha com a Coya Mama Runtu, Santacruz Pachacuti (originário de Canchis) relata este curioso diálogo que mostra a relação particular entre o Inca e esse senhor, que deu seu nome a toda essa vasta região: "Eu, rei dos Collas, e você beberemos juntos, juntos comeremos e conversaremos. Que ninguém mais fale. Eu sento no dinheiro; você no ouro. Você adora Viracocha Pachayachic. Eu adoro o sol" (Santacruz Pachacuti Yamqui, 1992, p. 281). O Inca Pachacutec transformará esse relato sagrado ao apropriar-se do Sol.

O Collasuyu é o principal fornecedor de batata, um tubérculo disponível em mais de 200 variedades que pode ser conservado por muito tempo quando exposto ao frio intenso das alturas. Esses tubérculos, e não o milho sagrado das elites incas, eram o alimento básico do império, capaz de prevenir a escassez alimentar. Passadas à Europa, as batatas salvaram a Irlanda da fome no século XIX.

Os vasos realistas dos mochicas, sociedade florescente do litoral do Pacífico contemporâneo do Tiwanaku, conferem a esses tubérculos um aspecto fálico indiscutível, sinal do seu poder fecundante. Além dessa planta indispensável para a vida, é sobretudo a riqueza dos pastores aimarás, mestres dos rebanhos de lhamas e alpacas, que torna essa região valiosa para os incas. Um documento administrativo do século XVI descreve esse povo de "índios ricos" e assinala a existência, entre os lupacas, de 50 mil cabeças de camelídeos, lembrando que apesar da extensão do território "as pastagens já não são suficientes para alimentar todos esses animais"[22].

Os camelídeos eram muito úteis: serviam para carregar, forneciam carne, em especial nas festividades religiosas, e, sobretudo, forneciam lã em grandes quantidades. Os senhores precisavam de muita comida, tecidos e chicha para cumprir suas obrigações e aumentar seu prestígio. Embora seja verdade que o senhor ordenou ao tecelão que confeccionasse um produto que servisse para estabelecer o seu prestígio e fortalecer a sua posição, essa obrigação assumiu uma forma particular entre povos que não conheciam o dinheiro nem o trabalho assalariado: a da reciprocidade. Aliás, as terras vazias não tinham valor; eram necessárias pessoas para cultivá-las. Essas concepções eram igualmente as dos incas.

Nas Terras Altas, a distinção era clara entre os animais que pertenciam aos senhores da montanha e aqueles, domesticados, que compartilhavam muitas características com os humanos. Na primeira categoria entravam os felinos (notadamente o puma), as raposas e os cervídeos, que eram os "animais domésticos" dos *huacas*, aos quais se juntará o touro após a Conquista. Na segunda categoria estavam os cães e os camelídeos, à exceção da vicunha. Acreditava-se que os animais cobertos de lã provinham das profundezas

---

22. Trata-se da Visita de Garci Diez de San Miguel (1567); cf. Murra (1964).

da terra através das fontes sagradas. O critério fundamental de distinção era a lã e, por extensão, os pelos dos canídeos, de onde a importância do velo das lhamas e das alpacas, que está disponível em função da cor e do formato das manchas[23]. O híbrido de lhama e alpaca era chamado *wari*, um termo, como vimos, associado à civilização de mesmo nome e ao herói divinizado Huari. As descobertas arqueológicas mostram claramente a estreita ligação entre os camelídeos e os humanos, porque crianças e lhamas eram sacrificadas aos *huacas*. As vicunhas, que só vivem em liberdade e cuja lã fina é de uma qualidade superior, eram preservadas pelos incas, que se vestiam com túnicas finíssimas; eram caçadas em circunstâncias rituais para tosquia, e sempre soltas.

Além dos tubérculos e dos camelídeos, a região do Collasuyu, que se estendia até o Tucumán e o Chile, possuía riquezas minerais consideráveis. A dificílima conquista do Chile, em sentido amplo, foi motivada pela atração de metais, notadamente o cobre, transformado em bronze por liga. Lembremo-nos de que a metalurgia americana nasceu nos Andes, de onde mais tarde se propagará até o México. Potosí e Porco começarão a ser explorados pelos incas, antes de se tornarem, após a Conquista, as jazidas mais ricas do mundo. É significativo que, nos mitos dos antis recolhidos no século XX, os incas sejam percebidos como os senhores do ouro e da prata, a exemplo dos viracochas, nome dado aos espanhóis vindos do mar (Renard-Casevitz, 1991).

Enfim, a região do lago era próxima das terras quentes, notadamente de Moxos (e do Paititi) e do Oceano Pacífico por Arequipa.

---

23. Essas classificações foram estudadas no século XX por Jorge Flores Ochoa.

## Os vulcões do Cuntisuyu

O Cuntisuyu estendia-se em direção ao poente desde a praça de Cusipata, em Cusco. Terminava na borda do Pacífico, em algum lugar próximo a Arica. As terras que pertenciam a esse quadrante eram agrestes e frias, abrangendo as alturas de Chumbivilcas, passando pelas terras de Collaguas antes de terminar no vale fértil de Arequipa, onde reinava o vulcão Misti, um *huaca* muito poderoso que provocava também terríveis terremotos. Essa região continha notavelmente Moquegua, um antigo enclave de Tiwanaku, assim como assentamentos distantes de Wari. Os incas tiveram de incluir no Tawantinsuyu essa antiga memória imperial de seus predecessores.

Além da presença de veneráveis geleiras, o Cuntisuyu, embora pouco povoado em tributários, é muito rico em cobre e salitre, bens que certamente estimularam os incas a conquistarem essa região. No Vale do Colca, um espetacular cânion natural tão grandioso quanto o do Colorado, uma imensa "fenda" na terra – *huaca*, por conseguinte –, convergia redes dedicadas ao abastecimento de obsidiana de Tiwanaku e até mesmo do Vale de Cusco. Sem essa pedra não existem armas eficazes nem ferramentas. Alca e Chivay, principais fontes desse mineral, foram exploradas desde 6.150 anos BP, convenção arqueológica que significa *before present*, sendo o presente contado a partir da data convencional de 1950 (Burger; Mohr Chávez; Chávez, 2000). Na costa, entre Moquegua e Tacna, Quebrada de Jaguay é um dos sítios pré-históricos mais antigos do continente americano.

Segundo certos cronistas, o nome desse quadrante proviria de Kunti, Kon ou Con, divindade muito antiga da costa, derrotada por Pachacamac, muitas vezes associada a Viracocha. Betanzos abre sua crônica referindo-se a Con Titi Viracocha (Con Tixi Viracocha), que saiu do Lago Titicaca com certo número de pessoas e de lá juntou-se a Tiwanaku, na província do Collao, onde deu vida ao Sol, ao Dia e às estrelas, tema inicial dos mitos ameríndios. Maltratado pelos homens, Viracocha os transformou em pedras. Con Titi Viracocha tinha dois assistentes. Um deles partiu para a província do Cuntisuyu, "ficando de costas para o nascimento do Sol"; o outro se enfiou no Antisuyu. Ele mesmo tomou a direção de Cajamarca, chamando com sua voz as nações a saírem da terra para povoarem o mundo.

A antiga divindade chamada Con e reproduzida nos tecidos de Paracas como uma forma flutuante e mole afundou definitivamente no oceano; esse tema será retomado mais tarde no ciclo de Viracocha. É ainda em Cuntisuyu que o enganador Tarapacá, preso a uma jangada do lago por ordem de Tunupa, libertou-se de suas amarras, abrindo o terreno no local onde ainda se encontra o "vertedouro" do Lago Titicaca, o Desaguadero. O espaço abundante do mapa-múndi de Guamán Poma onde as diferentes épocas se justapõem é também uma imensa tela feita de itinerários sagrados que se juntam ou se separam, dependendo das versões, todos ao mesmo tempo semelhantes e particulares. Trata-se de um espaço percorrido e encantado pelos traços de homens poderosos, como Viracocha, Tunupa ou o Inca, topógrafos que redesenharam o grandioso edifício do Tawantinsuyu.

# 5
# Sujeiras e almas

O questionamento existencial está no cerne do pensamento religioso. O dos incas é difícil de compreender, porque durante mais de cinco séculos o cristianismo e a língua espanhola corroeram as antigas concepções de alma e pecado relatadas nas crônicas e em outros documentos. A etnografia, por sua vez, pode nos sugerir algumas pistas.

Na década de 1970, na Serra do Equador, a comunidade aldeã de Pindilig reivindicava tanto a sua indianidade como o seu catolicismo. As crenças antigas muitas vezes surgiam nas conversas quando estas se referiam a patologias estranhas, diante das quais a medicina moderna era impotente, porque eram produzidas pelos *huacas* ou por feiticeiros invejosos. Escutando os comentários de uns e de outros, a ligação entre as perturbações do corpo e da alma, por um lado, e as "forças" que emanavam dos espaços não cultivados, por outro, pareceu-me evidente. Fiquei igualmente impressionada com a insistência dos meus interlocutores em me contar como e quando essa desgraça havia "se abatido" sobre eles, em consequência de uma "falta" que cometeram no passado. Posteriormente, essas estadias andinas, durante as quais muitas vezes as conversas recaíam sobre esses temas que atormentavam os camponeses, ajudaram-me a interpretar melhor os testemunhos antigos.

De onde vem o infortúnio? Por que ele atinge alguém, e poupa o seu vizinho? Em que a vítima falhou? A doença, os infortúnios, a sujeira e, claro, a morte e o além são temas universais, e no mundo andino o aparecimento é devido a uma "falta" ou a uma "dívida" do sujeito que os sofre. Em quíchua, essa falta é designada pelo termo *hucha*, que se tornará o sinônimo de "pecado" com a evangelização. O *Pater-noster*, em quíchua e em castelhano, inscrito na *Doutrina cristiana* de 1583, diz com efeito: "Perdoa-me os meus pecados, como nós perdoamos aos nossos devedores". A palavra quíchua para denotar "dívida" é *hucha*, que tem um registro mais amplo em quíchua. Essa ideia de "dívida" (*deuda* em espanhol), enunciada na oração mais comum do catolicismo, ecoa as concepções autóctones da reciprocidade nas trocas. Um dom deve ser obrigatoriamente recebido e depois devolvido. Se houver ruptura dessa cadeia, o que é devido se voltará contra o transgressor. A essa concepção soma-se a periculosidade do contato com as forças telúricas, os *huacas*, notadamente a posse sexual e a sujeira que dele resultam.

**As fronteiras permeáveis entre os seres**

Para os incas e seus contemporâneos, a vida, *cauçay*, é o que a torna possível: a comida e a água fornecidas por um ancestral que nutre e "anima". Isso é verdadeiro para os humanos, os animais, as árvores, o milho, os insetos, as estrelas, as pedras e os mortos. Nas línguas latinas, *animal* designa os seres providos de "alma" (*anima*); para os espanhóis do século XVI, também, embora essa alma seja imperfeita porque os animais não são "racionais", civilizados pelo pensamento e pela cultura, mas seres em estado bruto (*brutos*). No antigo mundo andino, todos os seres, inclusive os mortos, têm intencionalidade e raciocínio; suas diferenças são, sobretudo, anatômicas ou comportamentais: "os que têm quatro patas", ou "os que não as têm", como as serpentes, "os que vivem na água", "os que voam"... Os mais inteligentes são os predadores, que agem como guerreiros.

*Runa* significa "humano" e, no plural, "as pessoas", uma noção que compreende as mais numerosas chamadas *hatun runa*. Essas pessoas "comuns" são de uma outra origem que não a dos senhores – os poderosos, os ricos, os valorosos – ou aqueles que podem se metamorfosear e falar a língua dos seres de poder. Segundo uma das narrativas de origem dos incas, o Sol enviara três ovos à Terra. O primeiro era feito de ouro e deu origem aos incas; o segundo era feito de prata e foi a cepa das rainhas e das princesas; do terceiro, de bronze, saíram as pessoas comuns. Outros mitos de mesmo teor confirmam o caráter inato da hierarquia.

Os guerreiros (*sinchi*) aprendem dos falcões a rapidez; do puma tomam emprestada a coragem; e da serpente *amaru*, a prudência. Os *hatun runas*, que estão sempre entusiasmados com a tarefa e não poupam esforços, nas canções também são comparados ao puma, ao falcão e às pedras preciosas. Porque a guerra e a agricultura são duas facetas essenciais do "trabalho" e da vida. A preguiça do lavrador, assim como a covardia do guerreiro, são comportamentos desprezíveis. No contexto do trabalho, as forças empregadas são semelhantes à água que corre e nunca repousa. A riqueza do vocabulário quíchua em relação ao trabalho reflete a grande preocupação dos incas com a indolência, provavelmente o vício mais grave (Gölte, 1972-1974, p. 489-504). Os cronistas, ao evocarem o trabalho do campo, mas também a guerra, empregam o termo *animoso*, derivado de *ánimo*, que significa, tanto em latim como em espanhol, determinação, energia, no sentido de "coragem" ou de "coração".

Os humanos têm nomes que mudam com cada faixa etária. Os senhores e os sacerdotes costumam emprestar os de seus *huacas*, principalmente quando designam predadores, como Guamán Poma, que acrescenta ao patronímico o falcão (*guaman*), o puma e o nome do conquistador Ayala, um outro guerreiro. Construções semelhantes podem ser encontradas em documentos administrativos da época colonial. Os patronímicos dos senhores sempre diferem daqueles das pessoas comuns. Em um estudo de campo efetuado em Pacarictambo no fim do século XX, Gary Urton (1985) observou que os pumas, considerados "filhos da terra", eram dotados de poderes de adivinhação e os camponeses os consideravam seus padrinhos, apesar dos danos que infligiam aos seus galinheiros.

Além disso, a arqueologia nos mostra a grande proximidade entre os lhamas (seres de "trabalho" e "esforço") e as crianças, porque ambos compartilham a honra de serem as oferendas mais preciosas destinadas aos *huacas*. Nesse caso, trata-se de animais domésticos, não predadores, que vivem entre os humanos e partilham a sua vida quotidiana. Notemos que nem todos os camelídeos ocupam esse lugar de proximidade, uma vez que os guanacos, e principalmente as vicunhas, são seres livres que os príncipes incas caçam, por sua lã, e os soltam após a tosquia. Os porquinhos-da-índia também têm feições humanizadas, e as suas entranhas, que são a réplica das dos homens, permitem "ler" a natureza do mal que atinge a vítima, como numa "radiografia", segundo camponeses do século XX.

Os Sapas Incas têm um duplo, uma espécie de irmão: o *huauque*. Para nós e para os cronistas que transmitiram essa informação, essas réplicas são inanimadas. Na perspectiva andina, as formas talhadas na pedra ou fundidas em metal resultam do ato criativo do artesão que dá vida à matéria-prima, como o indica o sufixo *camayoc* (provido de *cama*) aplicado aos talhadores de *keros*, aos tecelões de peças ornamentadas, aos ourives e aos mestres dos *quipus*. As pedras também podem incorporar a sacralidade de um ancestral, como a de Huanacaure, cuja única particularidade, mas notável, é ser pontiaguda e a testemunha do rastro deixado por Ayar Cachi nos tempos originais.

Poderíamos acrescentar outros exemplos dessa ampliação da categoria de seres vivos. No entanto, as fronteiras que separam os humanos dos outros seres vivos só se abrem em circunstâncias particulares. A desrazão, o sonho, a embriaguez e a transformação da visão pela ingestão de substâncias alucinógenas são práticas indispensáveis para quem quer se comunicar com o mundo dos espíritos graças à sua força pessoal. Os xamãs (*camascas*), que são capazes de voar como o falcão ou outras aves e cuja visão tem a acuidade da visão da onça, conseguem transpor as barreiras aparentes. Além disso, a embriaguez coletiva provocada pela cerveja ou pela vertigem da dança reforça o sentimento de pertencimento ao mundo dos vivos.

A voz e o olhar são dois componentes fundamentais dos seres vivos, porque são performativos: ao nomear uma ação, ou ao projetar diretamente os olhos sobre um ser, eles desencadeiam uma agressão. Daí a proibição de olhar para o Inca ou de enunciar um infortúnio futuro. É por isso que o Inca mandava arrancar os olhos dos capitães covardes ou desleais (Santacruz Pachacuti Yamqui, 1992, p. 256)[24]. Tomemos a cidade de Cusco, rodeada de montanhas sagradas: o que para nós é uma paisagem magnífica, é para os incas uma marca de possessão acompanhada de uma emoção estética. Quando as montanhas sagradas lançam o seu "olhar vermelho" sobre a aldeia em frente, elas lhe lançam a má sorte ou, dependendo das circunstâncias, protegem o território de incursões estrangeiras.

No campo, quando se está à escuta de "histórias antigas", o contador modula a sua voz, transforma-a em assobios ou confere-lhe uma pronúncia aguda, visando mostrar que é uma forma de falar própria das entidades sagradas, das quais ele é apenas o humilde intérprete. Segundo Domingo de Santo Tomás, o vocabulário quíchua não possui palavras específicas para indicar a "voz" específica dos animais (como o rugir, o coaxar, o latir...). Todos esses sons indicam gemidos e choros, com exceção daqueles produzidos pelos pássaros, que sabem cantar. O enganador Taguapacac ou Tarapacá fala de uma certa maneira; Viracocha e seus servos se caracterizam por uma tonalidade vocal que provoca ao mesmo tempo "espanto e submissão" e faz emergirem os ancestrais do fundo dos lagos, das fendas, do coração da montanha, dos vales, das pedras e das árvores. Porque a voz modulada – seja a Palavra de Deus na Bíblia, a palavra eficaz de Viracocha ou a retórica dos senhores – é a manifestação dos poderosos.

---

24. Há também uma placa de Guamán Poma mostrando essa punição.

## As almas e seu invólucro corporal

Os cronistas dos séculos XVI e XVII afirmaram que os peruanos acreditavam na imortalidade da alma, o que os tornava aptos a receberem o ensino religioso, pois "no *homem* há mais do que aquilo que os olhos veem". É evidente que esse enunciado não é totalmente exato, porque as crenças andinas são bem diferentes daquelas das religiões do Livro. O que lhes é comum, no entanto, é a dimensão invisível, interior e ativa do ser.

A distinção entre *anima* e *animus* foi utilizada pelos eclesiásticos no fim do século XVI para "traduzir" o pensamento metafísico dos incas. Esses conceitos emanam de um antigo mundo politeísta e permaneceram na língua espanhola, mais próxima do latim do que do francês. A trilogia *ánimo, ánima, alma* serviu de base de comparação para os cronistas do século XVI. É a última palavra dessa série que se consolidou com a cristianização para referir-se à "alma". Mas, se para a Igreja ela é una e indivisível, para os incas, assim como para os romanos da Antiguidade e os espanhóis do século XVI, ela é plural, constituída pelo logos ou pela razão, pela força vital e pelo sopro. A alma como força vital – e não como logos, ou razão – é um componente frágil e pode deixar o corpo por um dos orifícios naturais, sob os efeitos de uma forte emoção. Livre de sua proteção interior, pode errar e se perder; pior ainda, ela está à mercê de um espírito malévolo que a pode capturar. Desprovido dessa alma-sopro, o ser estiola-se e, se nada for feito, inevitavelmente morre.

De modo geral, no mundo dos incas o componente invisível do ser pode ser "comido" por um espírito em forma de jaguar. Os feiticeiros, quando entram numa caverna para dormir, dizem "Mãe caverna, não me coma, faça-me dormir bem, guarda-me por esta noite" e oferecem-lhe um pouco de coca e milho mascado (Arriaga, 1621/1968, p. 220, p. 208; Poma de Ayala, 1936, fol. 276). Diz-se da quinta Coya ou rainha, que morreu no parto, que ela foi "comida" pelo filho. Ainda estamos no ato de predação.

As entidades anímicas encontram-se, portanto, no interior do corpo, abertas pelos orifícios naturais, dois para os homens (a boca e o ânus) e três para as mulheres (acrescenta-se a vagina). Essa vulnerabilidade física explica a necessidade de alguém tomar precauções quando se encontra em terras dos *huacas* – terras "pesadas" como ainda hoje se diz, nas quais não se deve se sentar diretamente sem interpor um tecido entre o assento e a terra.

Uma das entidades anímicas é o *soncco*, o "coração". O termo quíchua tem uma significação ampla que engloba, além desse órgão vital, as entranhas, o ventre e a consciência, o julgamento, a generosidade, a vontade e a memória. É o "dentro" do envelope corporal. As árvores têm um "coração" e, evidentemente, os animais também. São as entranhas da lhama ou do porquinho-da-índia, ainda palpitantes de vida, que permitem decifrar os oráculos. O dentro corporal, sobretudo entre os poderosos, contém gordura ou *wira*, um elemento constitutivo do nome Viracocha (Wiracocha segundo outras grafias). Nesse caso preciso, o conceito é traduzido como "espuma", que é a "gordura" da água. Na época colonial, numerosos documentos assinalavam a existência do temível *pishtaco*, predador demoníaco que suga essa preciosa substância até provocar a morte da vítima. Essa figura foi interpretada como uma alegoria da dominação. A gordura é dada como oferenda às entidades, com o objetivo de aumentar os rebanhos (Molinié-Fioravanti, 1991).

A cabeça e o cabelo também são receptáculos de forças vitais. Trata-se de uma concepção muito antiga que se inscreve na tradição andina. A iconografia arqueológica – seja na escultura, no alto-relevo, na cerâmica ou no tecido – abunda em motivos que representam cabeças-troféu. Muitas vezes, da boca dessas cabeças brota uma planta, indicando a ligação entre a decapitação do inimigo e a fertilidade. De cada cotovelo do Viracocha da Porta do Sol de Tiwanaku pende uma cabeça decepada.

Encontramos a cabeça com os dentes em evidência nos desenhos dos *keros*. O crânio do inimigo morto pode ser utilizado como vaso para festejar a vitória. Foi o que fez o Inca Yupanqui Pachacutec com os senhores chancas, seus prisioneiros. Antes de serem executados, foram jogados no chão do Templo do Sol e pisoteados. Foi-lhes infligida uma dupla afronta ao forçá-los a comparecerem vestidos de mulher (Murúa, 1986, cap. 19; Sarmiento de Gamboa, 2001, cap. 30).

Há ainda o *camaquen*, "a alma que nos permite viver", segundo Domingo de Santo Tomás. Os numerosos exemplos que podem ser extraídos dos textos dos séculos XVI e XVII sugerem um princípio vital que emana dos ancestrais, que abandona o invólucro corporal que o retém, para "descer" no *soncco* da pessoa que o venera, a fim de lhe falar (Duviols, 1978, 1986). Em Huarochiri, as cabeças dos defuntos visitam seus parentes para anunciar-lhes sua morte iminente. No século XVI, no centro do Peru, os guardiões dos ancestrais, os *camachicus* ("feiticeiros" para a Igreja), exortavam os índios a não adorarem os santos cristãos, que nada lhes traziam, porque eram os *camaquen* dos espanhóis. Finalmente, *upani*, uma entidade muda, vazia e desprovida de inteligência, também é invocada e descrita como uma "sombra". Ainda está presente na região andina enquanto *sombra*, ou *llantu* (Millones, 2010, p. 177).

Seria tentador dizer, com Pierre Duviols, que uma alma inseparável do corpo reside na cabeça, e uma outra, separável, no *soncco*, mas o *camaquen*, o *upani* e outras noções ligadas ao comportamento que desconhecemos, enquadram-se mal nesse esquema dualista. Por outro lado, como nota esse autor, a noção de duplo, de réplica, de *huauque*, é totalmente pertinente. Está presente em uma das versões de Viracocha na qual a divindade, antes de criar os *ayllus*, os molda em argila. Esse conceito também está presente na criação de réplicas urbanas de Cusco (capítulo 3).

As estrelas do céu são a fonte e os duplos dos animais e das pessoas. São réplicas das espécies vivas, *camac*, porque todos os animais e as aves da terra tinham uma réplica astral que zelava por sua conservação e sua reprodução. Acima dessas estrelas encontram-se as Plêiades, também chamadas de *collca*, "celeiro" e, por extensão, abundância. Essa constelação, se acreditarmos em Cobo, é a Mãe dos luminares.

A Yakana pertence à constelação da Lyra, e se confunde com Vega, uma estrela muito brilhante. Ela é o *camac* das lhamas e passeia pelo firmamento no meio de um rio, a Via Láctea; seus olhos e o pescoço comprido podem ser distinguidos a olho nu. Ela bebe de qualquer riacho e, se infelizmente um humano a surpreende, ela o sufoca com seu velo lanoso multicolorido – azul, branco, preto, bege. À meia-noite, sem que ninguém o saiba, ela bebe toda a água do mar, para que o mundo não seja inundado (Taylor, 1987, cap. 29; Zuidema; Urton, 1976). As três estrelas do Cinturão de Órion formam a Chakana, ou As Três Marias dos espanhóis. Outros astros são a fonte das serpentes e dos relâmpagos (*machacuay*), ou dos felinos e dos ursos (*chuquichinchay*).

## A morte: eternidade ou aniquilação

Os corpos sagrados emanam uma força vital que é transmitida aos seus descendentes. Todas as "almas" vão, após a morte, para um lugar chamado Upamarca, "terra muda", além de um rio guardado por cães pretos. O *soncco* do valoroso guerreiro e genitor de numerosos filhos, respeitoso dos seus antepassados, junta-se a um local aprazível, onde se come, bebe e "festeja" (subentendido "fornica"). Segundo outros grupos étnicos que vivem perto de Cusco, como os cahuinas, o duplo espiritual dos mortos junta-se a um lago de seu território, que é a fonte de todas as linhagens humanas. Uma vez retornado ao seu local de origem, o sopro vital é incorporado ao corpo de um recém-nascido.

Na verdade, as opiniões sobre o destino das almas são diversas porque não há unanimidade nem dogma quanto ao seu destino final. Além das particularidades locais, todos os povos do Império Inca estão convencidos de que os falecidos cheiram, comem e bebem. Eles também temem as almas livres que assombram o mundo aqui embaixo – errantes, solitárias, rancorosas, invejosas dos vivos, famintas. Para persuadi-las, os vivos nunca se esquecem de colocar comida e bebida nas sepulturas.

A conservação de corpos humanos é um costume muito antigo na imensa região "andina". Ela apareceu pela primeira vez em Chinchorro (hoje no norte do Chile, perto de Arica), há cerca de 7 mil anos. Um pouco mais perto de nós, por volta de 500 a.C., na necrópole de Paracas, no Peru, as condições climáticas de seca extrema favoreceram a preservação dos cadáveres, envoltos nos mais belos tecidos. Na região do Collao, ao redor do Lago Titicaca, torres de pedra chamadas *chullpas* serviram de tumbas para os senhores. De uma maneira geral, o culto aos *huacas* realizado em todas as regiões da Cordilheira dos Andes tinha como corolário a veneração dos ancestrais, os *mallquis*.

Os incas herdaram essa tradição milenar e ao mesmo tempo conferiram-lhe uma dimensão política, uma vez que, acima dessa malha ancestral, os *mallquis* reais foram colocados no Templo do Sol. As múmias dos incas são solicitadas pelos seus oráculos. Em suas expedições militares, os esquadrões carregam um elemento do corpo ancestral. O culto às múmias reais foi instituído pelo Inca Pachacutec, que prescreveu que, após sua morte, suas mulheres e seus servos deveriam segui-lo, vestidos com as melhores roupas. Eles deviam dançar até a ebriedade, antes de serem sufocados e sepultados com ele. Esse costume era muito mais antigo, como o atestam as suntuosas sepulturas dos senhores de Sipán e Sicán no litoral. Pachacutec fez dos incas os senhores universais, e também ordenou que seu corpo fosse colocado ao lado dos corpos de seus antepassados, insistindo na importância sagrada de toda a sua linhagem.

O defunto que pertencia à linhagem dos incas era considerado *illapa*, uma encarnação do raio-relâmpago-trovão.

Durante a festa do solstício de dezembro, os corpos mumificados são retirados dos seus nichos, vestidos de acordo com a sua posição, obrigados a comer em pratos de ouro e prata (para os mais importantes) ou de argila (para os pobres) e levados a "passear" ao redor do lugar (Poma de Ayala, 1936, fol. 256).

Após a retirada das vísceras, que eram conservadas em um vaso funerário, substâncias vegetais introduzidas no corpo facilitam a secagem da carne. Então, os sacerdotes dão ao corpo a sua posição definitiva: sentados, as pernas dobradas sobre o queixo e os braços cruzados sobre o peito, num gesto que vemos inscrito em certos monólitos da Bacia do Titicaca. Como em outros mundos culturais, para modelar o cadáver é necessário exercer uma pressão violenta sobre os membros rígidos para fazê-los adotarem a posição correta.

A riqueza dos mortos (terras, oferendas e servos) é indicada por todos os cronistas do século XVI. Os ancestrais "falam" por intermédio de seus guardiões, um homem e uma mulher (Pizarro, 1571/1965, p. 182-183). Parece que o Inca Huascar considerou despojar as múmias de suas riquezas e enterrá-las para sempre, um sacrilégio que se voltou contra ele, facilitando a entrada em Cusco dos capitães de Atahualpa. Informação verdadeira ou falsa? A anedota nos interessa porque quebra o consenso da tradição e insiste nas infrações às regras.

De modo geral, a linhagem é designada pelos termos *ayllu* e *villca*, termos com significação vegetal e ritual. O *mallqui* é um cadáver "com raiz e terra" (Albornoz, 1989, p. 314). De fato, o corpo não está em contato direto com a terra, mas separado por uma camada de pedras a fim de evitar a putrefação. No seio da mãe nutridora, o corpo deve perseguir "uma germinação lenta, obscura e misteriosa cujos efeitos se estendem a todas as sementes das plantas cultivadas por seus descendentes" (Duviols, 1979b, p. 22). Em suma, o *mallqui* age sobre a natureza, não enquanto matéria orgânica liberada pela corrupção, mas como princípio fecundante sempre ativo. Essa analogia entre o homem e o vegetal também está presente nos antropônimos: o nome *carua*, por exemplo, tão frequente nas listas de tributários fornecidas pela *Visita de Huánuco* de 1562, que significa "coisa murcha ou amarela", é atribuído a mulheres de meia-idade, ou a parentes distantes de uma pessoa. Por outro lado, o nome *chacara*, "terra cultivada", é compartilhado por um número considerável de mulheres jovens. Essas denominações mostram claramente a estreita ligação entre a fecundidade das mulheres e a fertilidade da terra arada.

O *mallqui* é a eternidade das forças ancestrais, o elo que une o *ayllu* ao seu território. Esse costume, que confere uma grande estabilidade cultural e social, foi mantido pelos incas, que colocaram suas múmias no topo da hierarquia ancestral. Aqueles que se recusam a integrar o império são exterminados, assim como seus *huacas*, e sua memória é apagada dos *quipus* ou dos cantos.

A importância da "memória" ancestral explica a conversão *in extremis* do Inca Atahualpa, em 1533, acusado de alta traição pelo conquistador Francisco Pizarro. Em princípio, a pena incorrida era a fogueira e, por conseguinte, a aniquilação. Para escapar do fogo exterminador, Atahualpa aceitou o batismo e morreu pelo garrote. Seu cadáver foi furtado pelos seus próximos e escondido numa gruta da cordilheira. Antes de morrer, ele disse que voltaria à terra na forma de uma cobra.

**Expulsar os males da cidade**

No ciclo ininterrupto de cerimônias ligadas ao calendário agrícola, uma delas é dedicada a expulsar o mal e o infortúnio de Cusco; é celebrada em setembro e leva os nomes *citua* e Coya Raimy. Faz parte do ciclo ritual anual e isolá-la é arbitrário, pois todas essas celebrações se encadeiam em função da abundância e da fome, da umidade e da seca, das embriaguezes esplêndidas e coletivas e das lamentações. A título de esclarecimento, citaremos apenas os elementos necessários à compreensão da cerimônia, que suscita a importante questão da culpa e do "pecado".

Essa festa ocupa um lugar importante nas crônicas em razão da sua estranheza. Seu nome significa "reverberação do sol", um fenômeno típico do início da estação das chuvas, quando o vapor que escapa da terra encharcada produz efeitos luminosos (Poma de Ayala, 1936, fol. 240). Nas terras altas do Equador e no século XX, os jogos de luz que vemos nas alturas da charneca são concebidos como um arco-íris, que não é celeste, mas terrestre, e resulta do reflexo do sol em poças ou sulcos lamacentos. Esses "arcos" são perigosos para quem se aventura fora dos campos cultivados, em espaços cedidos aos *huacas*. Numerosos são os testemunhos recolhidos sobre essa ação maléfica da luz "sagrada" que penetra sexualmente o corpo da vítima e pode levá-la à morte. Os camponeses falavam disso diretamente, sem pudor, como o pude constatar com surpresa. Se recuarmos no tempo, encontramos essa associação em testemunhos do século XIX e, mais além, no mundo colonial e na época dos incas.

Durante a celebração dessa festa, em Cusco, após a invocação obrigatória ao Sol efetuada pelo Inca e pelo sumo sacerdote de Coricancha, os cusquenhos reúnem-se na praça principal em torno do soberano e dançam a noite toda até o raiar do dia (Molina, 1988, p. 73-80). Do grande templo são retiradas as figuras do Sol, do Criador e do Trovão-Relâmpago, assim como as múmias reais, que são "aquecidas" esfregando-as com uma pasta de milho amassada com sangue animal e talvez também humano, chamada *sanco*. O objetivo dessa cerimônia é a expulsão dos "males" e "infortúnios" (*onkoy*) dos limites da cidade, e a "purificação" das casas e dos jardins.

Para assegurar o sucesso desse empreendimento, é imperativo, em primeiro lugar, retirar de Cusco os estrangeiros e aqueles que apresentam alguma anomalia física (corcundas, aleijados, lábios leporinos etc.), que é o estigma da sua "culpa" e pode entravar a boa ordem da cerimônia. Todos os *ayllus* de Cusco participam desse combate. Os batalhões partem do *ushnu* dourado da grande praça, cada um seguindo uma das quatro direções do Tawantinsuyu, exortando aos berros as doenças, os desastres e os infortúnios a se afastarem. Cada esquadrão percorre uma distância de aproximadamente duas léguas, onde as vozes são retransmitidas ("dadas" é o termo utilizado) pelos *mitimaes* que residem na periferia da cidade. São eles que "carregam" até um dos quatro rios que delimitam o território da cidade (Quiquisana, Apurímac, Vilcanota e Cusibamba), onde os homens e suas armas purificam-se banhando-se. O "mal" é, portanto, levado pela corrente, de afluente em afluente, e depositado em algum lugar do mundo selvagem da Amazônia. Porque um "mal" nunca desaparece, ele é somente deslocado.

A *citua* é, portanto, um rito de aflição e purificação do centro do mundo. É nesse sentido que devemos interpretar o conceito de *onkoy*, que não se restringe ao domínio das patologias, pois designa também a constelação das Plêiades, "as Chevrettes" na língua popular francesa e castelhana. A sua aparição no firmamento anuncia o início da estação seca. Os infortúnios, os desastres, os perigos e outros males concernem não só ao corpo dos homens, mas sobretudo aos seus bens mais preciosos, como as reservas de alimento e de tecido. A expulsão simbólica dos infortúnios é um simulacro de guerra contra o inimigo invisível que ocorre em meio a grande alvoroço. Os gritos, as vozes altas são manifestações do sopro de vida capaz de resistir à morte, como o charivari, que impede o fim do mundo durante os eclipses da lua e do sol.

A *citua* encerra o ciclo aberto pelas Plêiades, daí o seu nome "Coya Raimy", porque celebra a Lua, esposa do Sol, rainha das estrelas, encarnada na Coya, mulher-irmã do Inca. Nessa ocasião, as senhoras da elite inca convidam os homens para beber cerveja, e estes, armados como para a guerra, expulsam as pestilências da cidade (Poma de Ayala, 1936, fols. 244-245).

Existem diferentes manifestações de *onkoy*, e Guamán Poma enumera uma série de casos precisos relacionados às fontes, ao arco-íris, à chuva com sol, à terra e ao brilho do crepúsculo. Em sua lista encontramos também "a doença da dança" (*taqui onkoy*), que surgiu em meados do século XVI, e a "doença dos grãos" (*muru onkoy*), ou varíola, que provocou a morte de Huayna Capac e se propagou por todo o Peru. Os diferentes tipos de *onkoy* correspondem bem às manifestações patogênicas das forças telúricas. O arco-íris tem uma dupla conotação: por um lado anuncia o fim das chuvas, por outro traz doenças. Em geral o arco-íris é duplo e pode ser descrito como um par de gêmeos ou de serpentes[25]. As vítimas das doenças, designadas sob o termo genérico *onkoy*, "apodrecem" ou "secam", e a força fecundante do corpo desaparece. Elas estrelam e morrem como uma planta malnutrida.

A ligação entre *onkoy* e as lesões corporais aparece em diferentes contextos e remete a uma das definições de *huaca* dadas anteriormente. Essas aparências extraordinárias, lábios leporinos, gêmeos, humanos de seis dedos, homens ou feras de "feiura natural", aqueles cujas bocas são desprovidas de incisivos, como "uma espécie de porta" que se abre para o interior do corpo e o expõe, entram nessa categoria.

As pessoas "marcadas" constituem aliás uma categoria tributária distinta, a do *uncocruna*, como o mostram as *visitas* ou inspeções organizadas pelos espanhóis no século XVI, com base nas categorias estabelecidas pelos incas. Os estropiados, vítimas de um contato direto com o *huaca*, ocupam um lugar à parte. Em geral, o homem com as pernas torcidas, que sobrevive à agressão, adquire o dom da visão e da cura. Na verdade, essas pessoas têm um *status* ambíguo. Anões e corcundas casam-se com mulheres da mesma aparência *para el multiplico del mundo*, ou seja, para "a fertilidade ou a reprodução do mundo" (Poma de Ayala, 1936, fols. 201, 222, 665). Não é de surpreender que, durante a época colonial, esses seres à parte tenham frequentemente ocupado o ofício de sacristão. Por outro lado, os gêmeos, as crianças nascidas

---

25. Lévi-Strauss (1964, p. 252-256) atribui uma grande importância a essa codificação astronômica, que ele estuda, sobretudo, no Brasil central, mas que encontramos nos Andes.

pelos pés ou aquelas providas de lábio leporino carregam no corpo a culpa cometida pelos pais, que não respeitaram as proibições dos "jejuns" que precedem obrigatoriamente todo nascimento e que consistem em não comer alimentos salgados ou apimentados e praticar abstinência sexual absoluta.

Esses humanos, como nenhum outro, são filhos do raio, como o afirmam as histórias de Huarochiri. Os pais dos gêmeos ficam, portanto, trancados em uma casa enquanto os filhos – os *curis* – são transportados para o templo mais próximo. *Curi* é o nome do relâmpago, um poder de luz ofuscante e de ruído assustador. Os pais permanecem deitados de lado durante cinco dias e são submetidos a jejum ritual. Depois desse período, eles se viram e continuam a abstinência por mais cinco dias. Durante o ritual, os pais do pai dançam ao som do tambor. Concluído o jejum, os pais dos *curis*, após terem sido purificados de sua *hucha* pela água de um rio ou de um lago, deverão evitar todas as relações sexuais durante um ano.

Acredita-se que os gêmeos do mesmo sexo trazem o infortúnio. Já os de sexos diferentes formam um casal e são benéficos. Acredita-se que o nascimento dos *curis* "adia" a morte dos pais. Um rito semelhante é praticado quando uma lhama dá à luz dois filhotes (Taylor, 1987, p. 488-489; Poma de Ayala, 1936, fol. 855). A *hucha* resulta de dois comportamentos opostos: a não observância da atividade ritual e a proximidade excessiva entre um humano e a *huaca*, numa relação sexual desigual, como isso ainda era enunciado no século XX (Taylor, 1987, p. 489-511). A gemelaridade vegetal também é um mau presságio e suscita uma série de ritos para compensar seus efeitos deletérios. Na colheita de batatas, coca ou espigas de milho, as plantas que se apresentam aos pares anunciam uma morte iminente. Então os camponeses dançam a noite toda para conjurar o mal, cantando, bebendo e mascando coca e carne crua sem sal; fazem o mesmo quando querem se proteger contra as pestes (Poma de Ayala, 1936, fol. 283).

Além disso, crianças que nascem com espigas nos cabelos, as *atas*, são sacrificadas ao raio ou podem ser utilizadas para fins terapêuticos: "Cura-me por intermédio desta *ata*", diz uma história de Huarochiri (Taylor, 1987, p. 520-521; Albornoz, 1989, p. 168). As *atas* são mensageiros enviados por Pariacaca para anunciar a chegada de gêmeos e a iminência de uma falta grave contra o *huaca* (Taylor, 1987, p. 52).

**Pecados, confissões, sexualidades**

A "confissão" é uma prática que não deixou de intrigar os evangelizadores. O nascimento de gêmeos numa família ou de um filho natimorto são infortúnios que remetem a uma falta cometida pelos pais, que devem admitir em voz alta a natureza da sua culpa. Os "confessores" são *camachicos* ou guardiões dos *huacas*, cuja tarefa é alimentá-los com oferendas. Eles primeiro verificam as palavras proferidas pelo pecador olhando as entranhas de um animal sacrificado, muitas vezes um porquinho-da-índia. Em seguida, procuram uma pessoa "marcada pela natureza" (seja corcunda, seja estropiada), que o chicoteia com urtigas e o leva a um rio onde deve se purificar com um banho (Cobo, XIII-24). O aparecimento das Plêiades no céu é propício à confissão de "pecados".

Mas qual é a natureza desses pecados? As leis do Tawantinsuyo proíbem matar um indivíduo fora da guerra e, sobretudo, por meio de sortilégios ou venenos. Não se pode ofender os *huacas* nem abandonar seu culto. A fornicação não é, em princípio, um pecado, desde que esteja em conformidade com o jejum ritual. Porém, recusar a atribuição pelo Inca ou por seu representante de uma mulher a cada tributário constitui uma *hucha*, uma vez que a obediência ao poder supremo é a própria condição do império. Os males que a afligem são sempre devidos às infrações dos seus habitantes; se o Inca cai doente, a causa deve ser procurada no comportamento dos seus súditos, ainda que o soberano também deva se "purificar", seguir o jejum e fazer sacrifícios. Com efeito, as "confissões" são um meio eficaz de controlar a população num império ao mesmo tempo despótico e previdente. A "generosidade" do Inca aparece em numerosos contextos nos documentos.

No mito de origem de Pariacaca, os termos complementares *hucha* e *onkoy* aparecem num contexto sexual. O *huaca* Tamtañamca, apesar do seu grande poder, contrai uma doença grave por causa de uma falta cometida pela sua esposa: enquanto ela torrava milho, um grão saltou do recipiente e tocou seu sexo. Sem levar em conta essa "contiguidade", a mulher deu esse grão para outro homem comer e cometeu adultério. Por causa dessa *hucha*, o poderoso Tamtañamca está morrendo. Para tratá-lo será necessário destruir sua casa; duas cobras saem dos escombros. Ao movimentar o almofariz, um sapo de duas cabeças "voa" em direção a um barranco onde escolhe uma nascente para viver. Doravante, faz com que todos que se aproximem desapareçam ou fiquem doentes (Taylor, 1987, p. 85-101).

A relação entre *onkoy* e *hucha* não é necessariamente direta. O transgressor, ao contrário do pecador cristão, não carrega dentro de si a contaminação, mas a transmite pela via sexual e de maneira indireta. Após a intervenção de Huatyacuri, outro *huaca* de Huarochiri – cujo nome aliás contém a palavra *curi* –, a *hucha*, sob o aspecto de dois seres gemelares, deixa do espaço da aldeia e entra num poço. Mas essa força continuará a agir sobre os humanos, porque uma das mensagens do mito consiste em explicar a nocividade desses pontos de água.

Através de exemplos recolhidos nas fontes, aos quais podemos acrescentar notações etnográficas contemporâneas, o ato de "comer" alimentos, inclusive a carne humana, também tem uma dimensão sexual que permaneceu no discurso popular no Peru, na Bolívia e na Argentina. Os exemplos de Huarochiri o sugerem, assim como outros discutidos neste capítulo. *A contrario*, os jejuns dos incas proíbem comer (exceto alimentos leves, que não proporcionam nenhum prazer) e copular.

Em um mundo tão dependente da fecundidade agrícola, como era o Império Inca, é importante preservar a energia sexual, que é a fonte da fertilidade. A cerveja, por exemplo, essencial em todas as cerimônias, é um sucedâneo do "esperma", desperdiçado em certas ocasiões, mas também preservado pelos jejuns, que acontecem durante os meses de gestação da criança, ou antes de um evento importante, como a guerra. Os meses lunares do ano estão relacionados ao sangue menstrual e à fertilidade. Note-se que nesse domínio os exemplos são raros, devido ao pudor dos cronistas e, sobretudo, ao fato de serem homens. A etnografia compensa um pouco essa ignorância.

Acrescentemos, para concluir, que esses seres marcados por uma anomalia se opõem aos humanos e aos camelídeos, caracterizados pela beleza do seu corpo, que é "de uma só cor", sem mancha nem "contaminação". Eles são particularmente escolhidos para os sacrifícios, principalmente durante a *capac hucha,* e permitem restabelecer a fronteira entre os *huacas* e os humanos, além de constituírem a melhor das oferendas. Porém, os humanos marcados em seus corpos pelo monstruoso ato sexual entre uma mulher e um *huaca* são sempre o sinal de um desequilíbrio que deve ser restabelecido. Na medida em que a *hucha* está ligada a uma forma particular de sexualidade (aquela entre os humanos e as forças telúricas), não é surpreendente que a palavra que a designa tenha podido ser facilmente traduzida como "pecado". Não há aqui espaço suficiente para acompanhar, na medida em que a documentação nos permite, as interpretações particulares dessa assimilação.

A ligação entre a *hucha* e a "dívida" já foi mencionada; ela se exprime na compensação necessária para esse desequilíbrio. Em suma, a *hucha* abre uma negociação que os humanos devem levar a termo para restabelecer a ordem da vida. É nesse sentido de transação que essa palavra chegou aos nossos dias. No Equador, a *jocha* (*hucha* na língua local) é um presente oferecido a um proprietário de terras para fazer algum negócio com ele, como o direito de retirar madeira do seu domínio ou de usar suas pastagens. A *jocha* do século XX equivale a um adiantamento para fazer o credor esperar (cf. Salazar-Soler, 2006). Na época colonial, a palavra usada era *camari*: um presente para manter o devedor esperando, um penhor. Ora, um dos sinônimos de *hucha* é justamente *cama*, como o assinala González Holguín (1586/1952, p. 199). Porque a *hucha* é efetivamente um "penhor" dado às forças sagradas para adiar a própria morte ou a de seus pais.

## O pecado "indizível"

O tema da sexualidade fora da norma, ou seja, não destinada diretamente à reprodução, tem raízes antigas no mundo andino. Nas civilizações costeiras, os vasos eróticos são célebres justamente pelo seu realismo e pela variedade de práticas que ilustram. Mas seria anacrônico ver nessas evocações apenas pornografia, como o sugerem ou sugeriam os guardiões dos museus de Lima na primeira visita que fiz. Em 1960, as mulheres não podiam visitar a coleção de cerâmica "sobre sexo", e somente bem mais tarde eu tive o direito de admirar essas peças notáveis. O coito modelado nos vasos está visivelmente ligado a um ritual fálico. Essa iconografia sexual realista não está presente nos objetos incas.

No entanto, pode-se colher nas fontes algumas referências à sodomia, desde que se compreendam as alusões meio veladas ao tema do pecado "indizível". Os incas teoricamente rejeitavam essa prática. A sodomia parece incompatível com a obsessão pela reprodução e pelo seu controle, que transparece em todas as descrições de festas e costumes. Cultos rendidos a pedras fálicas foram relatados por Cieza de León (1984c, p. 32). Os incas tinham várias dezenas ou mesmo centenas de esposas, não só para lhes tornar as noites mais suaves. A sexualidade e a reprodução são indispensáveis para a expansão do império, não só porque essas uniões secundárias fortalecem o tecido das alianças – o que é crucial para a estabilidade de um império tão vasto –, mas também porque a descendência do Inca mostra claramente o vínculo sagrado do soberano com a fecundidade e a reprodução. Ora, essa força vital "animadora" é também uma perdição que precisa ser restaurada pelo jejum. O domínio controlado da sexualidade é para os reis o que o trabalho e a docilidade são para as pessoas comuns.

Na verdade, a sodomia era tolerada nos confins do império, na costa norte do Chinchaysuyu, nomeadamente na região de Puerto Viejo, onde Viracocha havia desaparecido, envolto na "espuma" do Oceano Pacífico. As crônicas espanholas mencionam esse "pecado", mas especificam que se limitava aos "sacerdotes, reclusos nos templos, com os quais os senhores se uniam nos dias de festa" (Cieza de León, 1984a, p. 64). Desde a infância, os meninos se vestiam de mulheres, falavam como mulheres, adotavam maneirismos femininos e viviam nos templos da costa.

A categoria de *aclla*, geralmente utilizada para se referir às jovens virgens escolhidas entre as mais belas filhas dos senhores, e por conseguinte subtraídas à reprodução, inclui também meninos. Os *acllas* masculinos são mencionados com frequência em documentos administrativos como a *Visita de Huánuco*, de 1572, um costume ainda em vigor 40 anos após a Conquista. Juan de Santacruz Pachacuti relata que esses meninos eram criados separadamente para que não conhecessem "o comércio com as mulheres"; mais tarde, eles "servirão para os guerreiros". O estilo do autor é deliberadamente opaco. Ele oferece ainda outras referências interessantes sobre essa forma de sexualidade. Evocando o reinado de Sinchi Roca, comenta que esse Inca sempre buscou o prazer, e exigia "ervas afrodisíacas (*guacanquis*), de dois tipos: o *chotarpo* masculino, para se adaptar à fornicação, e o *huanarpo*, para o contrário".

Por fim, o cronista descreve o estupro coletivo das *acllas* mulheres em Pomacancha pelas tropas de Huascar, durante as guerras que o opõe ao seu irmão Atahualpa. O Inca os fez saírem do templo "para que cada um pudesse fazer uso da bestialidade em um local público, à maneira das lhamas" (Santacruz Pachacuti Yamqui, 1992, p. 196-198, 254).

Se retiramos das crônicas toda a mixórdia moralizante concernente às práticas sexuais "desviantes" para a Igreja, recuperamos alguns elementos interessantes. Esse "vício" é uma prática limitada, talvez, mas indispensável para preservar a força do sêmen masculino. Os dados fazem pensar nesse "terceiro sexo" encarnado pelos "berdaches", os quais encontramos entre numerosos povos da América, e que designam seres com estatuto sexual ambíguo, muitas vezes consagrados ao exercício de práticas xamânicas. Durante uma festa em homenagem ao seu neto Amaro Tupac Inca, o Inca Viracocha perseguiu todos os animais ferozes que estavam escondidos fora do território de Cusco. Os *kuracas* da região de Carabaya chegaram à reunião com Chuquichinchay, animal de diversas cores que era o ancestral dos felinos *otorongos*, guardado por um cortejo de hermafroditas de "duas naturezas" (Santacruz Pachacuti Yamqui, 1992, p. 225-226).

Outra referência que emana do mesmo cronista concerne ao mito de origem dos incas. Após ter visto um arco-íris erguer-se, Manco Capac e os Ayar descem de Collcapampa e avistam ao longe a silhueta de um homem sentado, com um ar feroz e olhos vermelhos. O irmão mais novo chega primeiro ao local onde esse homem se encontra: "Que bom que você veio me procurar, eu também estava à sua procura, ei-lo enfim aqui nas minhas 'mãos'".

Inquieto por não ver o retorno do irmão mais novo, Manco Capac envia como batedor um outro irmão; ele também é retido pelo estranho ser, o *huaca* Sañuc; como o primeiro, fica literalmente "fascinado" (no sentido dos séculos XV e XVI: enfeitiçado pelo olhar). Manco Capac parte então à sua procura e os encontra entre a vida e a morte. Eles têm força para assinalar uma pedra próxima. Foi ela que quase os matou. Manco Capac acerta a pedra com chutes e golpes de bastão. Aí uma voz se eleva: "Eu lhe perdoo porque você veio com o bastão que esse velho tagarela lhe deu, você vai ter muita sorte, mas seus irmãos cometeram um pecado da carne muito grave e permanecerão comigo, juntos, colados um no outro" (Santacruz Pachacuti Yamqui, 1992, p. 185-186).

O "velho tagarela" designa Tunapa, que deixou o seu "bastão" ao cacique de Apotambo; quando nasceu seu descendente Manco Capac, esse cetro estava coberto de ouro. Santacruz Pachacuti designa a divindade do Lago Titicaca porque ele próprio é originário da região aymarizada de Canas e Canchis; seus ancestrais, aliás, foram os primeiros *kuracas* a adotar o cristianismo em Cajamarca. Os dois irmãos Ayar, por sua vez, tornam-se uma *huaca*, no feminino, na crônica. Com efeito, ambos formam um casal homossexual, porque "estar juntos, colados um no outro" se diz em quíchua aymarizado *pituçiray* e *sauasiray*, também tem o sentido de coito.

As *acllas* e *mamacunas*, virgens consagradas ao Sol e escolhidas entre as filhas mais belas dos senhores principais, permanecem reclusas por toda a vida. São classificadas em quatro categorias: as "brancas" (*yurac aclla*), destinadas aos senhores; as "negras", para as pessoas comuns; as *paco* (alpaca amarelo-vermelhão), para as elites incas; e, por fim, as virgens *huayruro*, destinadas ao prazer sexual dos incas (Santacruz Pachacuti Yamqui, 1992, p. 198). Se tivessem relações sexuais com homens, eram mortas ou enterradas vivas, assim como o seu sedutor. Deviam consagrar-se exclusivamente à tecelagem e à fabricação da cerveja de milho. Quando Atahualpa morreu, duas das suas concubinas, dispostas a acompanhá-lo ao outro mundo, começaram a procurá-lo nos cantos, chamando seu nome. Era um costume segundo o qual as esposas de um príncipe deviam pranteá-lo e percorrer todos os lugares onde o esposo havia pisado, contando sua vida e seus feitos de armas. Quando a fadiga se fazia sentir, o cortejo enlutado sentava-se e bebia cerveja, e o choro recomeçava até que a chicha se esgotasse (Pizarro, 1571/1965, p. 187).

Um caso à parte é o da *capac hucha*: o pecado real, que requer o sacrifício de uma jovem "sem mancha" proveniente de uma linhagem de senhores. Levada com grande pompa para Cusco, ela primeiro devia ser deflorada pelo Inca. Uma dessas jovens virgens passou à posteridade, graças à obstinação do jesuíta Hernández Príncipe, em 1621. Era filha de um grande senhor chamado Caque Poma, da região de Cajatambo, e se chamava Tanta Carhua; ela devia ter cerca de 10 anos. A sua imensa beleza lhe valeu ser dedicada ao Sol desde a juventude. O pai a conduziu a Cusco e lá a deixou; depois voltou para casa feliz, porque a sua oferenda lhe havia valido o direito de dispor de um assento, atributo dos poderosos, e de governar toda a região. A jovem teria dito, uma vez que as suas palavras foram repetidas pelo *camachico* perante o jesuíta, que, por sua vez, as transcreveu: "Basta de regozijos e que acabemos com isso". Ela então foi conduzida em cortejo até uma montanha que marcava os limites das terras do Inca. Construíram-lhe um nicho onde ela foi descida e depois a emparedaram viva.

O jesuíta procurou com tenacidade esse sepulcro e acabou encontrando a *capac hucha*, sentada de pernas cruzadas, envolta nos mais finos tecidos e adornada com joias maravilhosas oferecidas pelo Inca – tratava-se provavelmente de Huascar –, mas seu corpo estava "desfeito", ou seja, putrefeito. Desde esse sacrifício, os doentes tinham o costume de ir até esse lugar para pedir saúde, e seu guardião respondia com voz de mulher. De todas as montanhas circundantes, os habitantes vinham homenageá-la (Duviols, 1986, p. 473). O sacrifício da *capac hucha*, o "pecado real", era um caso especial da lista de sacrifícios humanos realizados pelos incas, os quais foi assinalado que haviam sido ilustrados por Guamán Poma de Ayala.

**O bem e o mal**

A separação entre religião, magia e bruxaria é um tema clássico das ciências humanas e também o encontramos nos Andes. A culpa ou *hucha*, e o mal, *onkoy*, são noções coletivas que pertencem à religião como um corpo de crenças concernentes aos homens e às entidades que os ultrapassam. A esse domínio também pertencem os sacerdotes do Templo do Sol e os guardiões das múmias, sobretudo se se tratarem das dos incas. Fora do controle de Coricancha, gravitam indivíduos que têm por traço comum a singularidade e a ambiguidade, uma vez que foram de alguma forma eleitos pelas entidades sagradas, arriscando a própria vida. Os nomes que lhes são dados são múltiplos. Esses especialistas com percursos singulares são necessariamente ambíguos. Diz-se que foram "marcados" ou "sinalizados" pelos *huacas*.

Em um mundo tão ordenado como o dos incas, a exceção é perigosa. Eles também são homens de saber. Há adivinhos que falam com espíritos, os *supay*, e se informam sobre o que se passa nos confins do império, no Chile ou em Quito. Outros visionários, chamados *umu*, encontravam animais ou objetos perdidos e podiam deslocar-se para lugares muito distantes e escuros, onde ouviam vozes, muitas vezes "roucas" e assustadoras. Os *umu* também se servem de certas substâncias com as quais untam o corpo e se embriagam com cerveja reforçada com *vilca*, a fim de "ver" o que está escondido do resto dos humanos. Homens de saber e de poder tratam os doentes esfregando suas barrigas com gordura de sapo e sugando-lhes o mal, que extraem do corpo sob a forma de vermes ou pequenos seixos. Por fim, como na *citua*, os *camachicos* levam o doente até a confluência de dois rios, lavam-no e esfregam-no com farinha de milho, avisando que o mal partia na corrente (Cobo, 1984b, II, l. XIII-35 e 36).

Uma espécie particularmente temida é a dos lançadores de sorte, *hanpicoc*, que matam com ervas e venenos. A vítima seca como "um pedaço de madeira" e se consome aos poucos durante um ano. O Inca dispõe de feiticeiros para uso pessoal. Uma vez realizadas suas artes, ele determina que sejam apedrejados, junto com toda a família, poupando apenas os recém-nascidos (Poma de Ayala, 1936, fol. 274). É nesse mundo paralelo que encontramos traços típicos do xamanismo dos primeiros tempos.

É lógico que o Inca, mestre do Tawantinsuyu, tenha procurado controlar o exercício da malevolência. Mas os predadores de almas agem em segredo, sem contar que o poder de prejudicar é o inverso do poder de curar. Enquanto os sacrifícios exigem a execução de gestos ordenados em sequências imutáveis e conhecidas por todos, na bruxaria as modalidades são muito diversas e secretas, tendo cada praticante a sua especialidade. Trata-se de um contrapoder impossível de erradicar completamente. Será que o mal é necessário para valorizar o bem e conter o caos? Provavelmente. Ainda seria preciso separar da vontade deliberada de prejudicar os poderes de adivinhação e transformação, inscritos no mundo encantado dos *huacas*. No entanto, nenhuma tentativa racional de distinguir ações diferentes resiste à desconfiança que, em toda parte, aquele que possui faculdades excepcionais suscita. A figura do diabo, que pratica todas essas artes, apagará aliás essas nuanças.

# 6
# As cores da memória

Após ter superado a hostilidade do pai, o Inca Pachacutec convocou os "velhos historiadores" da Coroa, os *quipucamayoc*, para assentar a memória de suas proezas em *quipus*. Esses instrumentos nos quais "anotavam cada coisa como que com letras" eram usados sobretudo para registrar a natureza do tributo e a sua repartição. O Inca deteve por muito tempo esses "escribas", interrogando-os "sobre as coisas antigas, sua origem e os fatos dignos de serem consignados". Após tê-los ouvido, deu ordem para "pintar" todas essas histórias em grandes pranchas de madeira, na ordem do desenrolar dos fatos. Escolheu, nas casas consagradas ao Sol, uma grande sala onde as pranchas, decoradas com ouro, seriam instaladas "como nas nossas bibliotecas" e colocadas sob a guarda desses sábios capazes de compreendê-las e explicá-las. Somente o Inca e os "historiadores" do reino teriam acesso a elas. A história de Pachacutec e seu reino "saiu" dessas pranchas (Sarmiento de Gamboa, 2001, cap. IX).

A questão das "pinturas" incas não é simples de elucidar. O termo evoca em nós um equivalente andino das nossas tradições pictóricas. Isso é verdadeiro após a imposição da estética cristã, bem diferente da abstração das formas, cara aos incas para exprimir o sagrado. Na palavra "pintura" tal como aparece nas crônicas há antes de tudo as cores, que se organizam em vários suportes: os vasos, as pedras e, sobretudo, os tecidos, nos quais os incas foram mestres incontestados. A tecelagem, como às vezes esquecemos hoje, é uma arte cuja execução requer contar incansavelmente os pontos e os espaços, a fim de reproduzir uma figura mental em todas as suas possibilidades formais. O tecido, assim como a construção dos *quipus*, são técnicas baseadas no cálculo; o menor erro destrói o trabalho.

Uma mesma palavra, em quíchua, *quellca*, designa o tecido e, a partir de meados do século XVI, o papel. O tecelão de peças decoradas com figuras torna-se, portanto, após a Conquista, "aquele que escreve". No século XVI, as pessoas escreviam com uma pena de pássaro embebida em tinta (*quellcana patpa*). Quais eram essas penas empregadas para traçar as letras e os desenhos? Conhecemos apenas o prestígio e a sacralidade de que gozavam no mundo inca e que perdurou com a escrita alfabética, apanágio dos poderosos. Os jogos de luzes, os arco-íris, as cores dos tecidos usados pelos poderosos estiveram presentes ao longo dessa história, assim como os hinos e as danças que perpetuam a memória dos ancestrais e dos incas, como também o fazem os *tocapus* e os *quipus*. Essas vibrações são sobretudo manifestações estéticas que detêm uma parte desse sagrado onipresente do mundo inca.

Comecemos pela tecelagem e pelos seus múltiplos poderes de sedução. O que está escrito forma uma sucessão de letras, comparável ao caminho da trama e das cores de lã nos fios da urdidura. Aliás, o termo *pacha*, cuja pluralidade de significados notamos, qualifica o bordador, o *pacha quellcak*, e a vestimenta trabalhada, cuja confecção requer "tempo" para inscrever seu traço em um espaço virgem. Por outro lado, a nudez dos selvagens chama-se *pachanac* e remete aos espaços da grande Amazônia, que são também os primeiros tempos da humanidade. O que é construído, desenhado, mas também talhado e gravado, chama-se *quillcasca*, uma palavra que exprime a intervenção e o gesto do *camayoc*, o artesão dotado de uma força animadora capaz de transformar a matéria-prima, seja ela metal, madeira ou lã. É por isso que criar figuras, tecer, fabricar, decorar e incisar vasos são atos sagrados de "animação" do que está aí, mas ainda em estado inerte. Recorde-se que o primeiro "pintor" e "gravador" foi Viracocha, que moldou as estatuetas em argila ou pedra, coloriu-as para indicar as suas vestes distintivas e atribuiu a cada nação uma língua e cantos.

Vestuário, ornamentos e música são as três facetas do cromatismo inca e da sacralidade do soberano. O Vice-rei Toledo entendeu bem isso quando proibiu a execução de figuras inscritas em tecidos, em vasos ou nas paredes das casas. No entanto, admirou a beleza dos quatro *paños* que lhe foram apresentados em 1º de janeiro de 1572, e os enviou para a Espanha. A palavra castelhana usada no século XVI para designar o que se assemelha a composições pictóricas significa "lençol" de lã e tapeçaria para decorar uma parede. Infelizmente já não podemos ver essas peças, que desapareceram, junto de outros objetos, no incêndio do palácio de Alcázar em 1734, onde esse tesouro artístico estava conservado.

## As "pinturas" dos incas

Os *paños* do vice-rei, constituído de 17 telas, das quais seis do mesmo tamanho, são citados nos inventários reais como "pinturas". Depois de séculos, os seis foram encontrados na França, no fim do século XIX, em Rochefort, no jardim de inverno do hotel de La Rochelle, e seriam datados de 1615. São a cópia exata de uma outra série apresentada pelas Missões Católicas de Gênova, em 1892 (Julien, 1999, p. 61-89; Hamy, 1897, p. 10-17). As pinturas de La Rochelle foram compradas pelo Museu do Trocadéro e se encontram hoje no Museu do Quai Branly. Será que são uma cópia daquelas mostradas ao vice-rei, como pensava Hamy? É difícil responder. Em todo caso, os retratos de Branly não são apenas decorativos: contêm muitos detalhes sobre os adornos e o vestuário dos incas.

As pinturas do vice-rei não são, aliás, as únicas que foram feitas pelos incas. O mercedário Cristóbal de Molina começa de forma abrupta sua história das idolatrias dos peruanos evocando pinturas realizadas em pranchas (de madeira?), que substituíram a escrita que eles não conheciam. Esses quadros ilustravam a vida de cada Inca e suas conquistas. Eram guardados numa Casa do Sol chamada Poquen Cancha, e cada um ilustrava uma fábula. Para demonstrá-lo, Molina apresenta uma versão longa sobre a origem dos incas. Em seu relato, a modelagem e a cor andam de mãos dadas.

O ato de "pintar", que implica a cor e a forma, é mencionado diversas vezes por Molina no mito que ele transcreve a partir dessa pintura de Poquen Cancha. O padre afirma que nas paredes dos edifícios de Tiwanaku eram "pintadas" as vestimentas dos índios. Também eram pintados os monólitos representando homens e mulheres dos primeiros tempos, petrificados por Viracocha por não terem seguido suas prescrições. Essas pedras são designadas pelo termo castelhano *bultos*, ou seja, "volumes", no sentido utilizado ainda hoje pelos escultores. Nos de Tiwanaku, os braços e as pernas constituem um só corpo com o tronco. No exemplo de Molina, o que é "pintado" e que nunca poderemos ver, remete a uma estética não ocidental, já que esses *paños* foram confeccionados pelos incas antes da Conquista; na história que se segue à rápida evocação que o cronista faz, é a transformação da matéria inerte pela incisão, o tamanho e a cor, que dá vida ao que é rememorado.

Por outro lado, as pinturas do Vice-rei Toledo, executadas por artistas cusquenhos em 1572, inspiram-se nos novos critérios de figuração impostos pela evangelização. O que chama nossa atenção não é a feitura, mas o gênero escolhido pelos artistas: os retratos dos reis. Para os espanhóis, a referência "monárquica" é importante por várias razões: a Coroa depende dos senhores, e não das comunidades; as questões de legitimidade e privilégio são constantemente debatidas nos tribunais coloniais; os incas legítimos são doravante aqueles que aceitaram se tornar cristãos e vassalos da monarquia cristã de Filipe II. Para as elites incas, a enumeração dos soberanos também tem um sentido, uma vez que a sua história se confunde com a dos seus reis e suas conquistas.

Esse modelo genealógico também está presente nos relatos das lutas lideradas pelos *huacas* para estabelecer a sua supremacia, que vimos antes. A história de um povo é heroica. Esse modelo é encontrado em outros lugares da América pré-hispânica, nomeadamente entre os maias, que inscreveram os nomes dos seus soberanos em estelas – essa civilização também tinha, aliás, escrita glífica e silábica. Da mesma forma, os mexicanos desenharam em seus códices as vicissitudes da longa marcha dos astecas até o Lago Tezcoco. Na França, antes da Revolução Francesa, os reinados e os seus principais atores marcavam as etapas da história.

Se Viracocha é o "pintor" que anima a humanidade, o Inca Pachacutec é o seu discípulo. Betanzos conta que os senhores, depois de o terem entronizado, quiseram visitá-lo e encontraram-no no seu palácio pintando e desenhando pontes, indicando como deveriam ser construídas e a natureza das cordas que deveriam ser utilizadas para a obra. Tais preocupações eram "estranhas ao entendimento desses príncipes". Depois das pontes, o Inca engenheiro fez a maquete de todas as construções que ele havia ordenado, assim como a rede viária (Betanzos, I-17). A pintura, no seu sentido mais amplo – que inclui a escultura, a talha e toda forma de montagem de cordas e de lãs –, é um ato criador.

Garcilaso de la Vega evoca também a "pintura" dos incas. No seu exemplo trata-se de uma maquete. (Uma réplica das estatuetas feitas por Viracocha?) Esse "modelo", como ele o define, concerne às pessoas e às cidades que eles viram. O da cidade de Cusco e arredores, que Garcilaso viu com os próprios olhos, era fabricado em argila, seixos e bastonetes. Traçaram-no numa escala muito reduzida as quatro estradas, a cidade, com suas ruas e praças, os três riachos que a atravessam e todas as casas, mesmo as abandonadas (Garcilaso de la Vega, II-26).

## Galeria de retratos com *tocapus*

Os *paños* de Poquen Cancha ilustram a genealogia dos incas. Esse modelo da série real foi adotado por Guamán Poma de Ayala e Martín de Murúa. Embora as cores sejam tão importantes no mundo andino, o *corpus* de retratos reais que Guamán Poma nos oferece é em preto e branco. O autor sentiu-se obrigado a preencher essa ausência cromática com um comentário que descreve minuciosamente as cores de cada vestimenta. A série dos 12 incas descendentes de Manco Capac termina com Huascar, como também é o caso dos *paños* apresentados ao Vice-rei Toledo. Os retratos dos incas são seguidos pelos das rainhas ou Coyas, depois pelos dos capitães; na verdade, o próprio texto desenvolve "séries", como as festas ou as cidades (Poma de Ayala, 1936, fols. 79-85)[26].

Cada Inca arvora necessariamente os emblemas que o distinguem dos outros senhores e, claro, das pessoas comuns. A "coroa" que lhe confere a realeza não é de ouro, um metal, entretanto, sagrado, mas um diadema feito de lã trançada de diversas cores, o *llauto*. Da meada desse penteado são tirados fios com os quais é confeccionada a *mascaypacha*, a insígnia real que pende sobre a fronte. Esses fios de lã são primeiro "constrangidos", pois antes de tudo são enfiados em tubos de ouro muito finos, de onde saem formando franjas. O emblema real parece opor, nesse ato de constrangimento e libertação dos fios, a ordem da civilização à desordem "natural". Esse ornamento, descrito como uma "borla" achatada

---

26. Murúa usa cores em seu *Codex Galvin*, mais de acordo com os cânones espanhóis.

terminada em fios indomáveis, é, em todo o caso, o emblema mais sagrado da realeza. O nome *mascaypacha* poderia evocar "o tempo da busca", em referência à errância dos irmãos de Manco Inca.

Além desses atributos reais, o soberano é representado como um chefe de guerra munido de armas, muitas vezes cerimoniais, como o *suntur paucar*, o *champi*, as representações do arco-íris e duas serpentes. A deformação auricular é a marca da nobreza, mais pronunciada entre os incas do que entre os príncipes; o cabelo do soberano é cortado bem curto. O Inca usa uma túnica feita de lã de vicunha, a fibra mais fina que existe, velo de uma espécie animal selvagem. Essa túnica é bordada em cores vistosas, com aplicações de penas, ouro, prata e pedras preciosas. Esses bordados são os *tocapus*[27].

As fontes ainda mencionam o estandarte real, portado por um "pajem" que o precede. Está preso à ponta de uma lança, como uma pequena bandeira rígida na qual estão "pintadas" as armas de cada rei, geralmente o arco-íris e duas serpentes com uma borla na boca. Esse estandarte tinha como marca distintiva (*"borla"*, palavra espanhola para *houppe* [borla]) penas vermelhas da cor do *llauto*. O assento e a liteira também eram prerrogativas reais.

Manco Capac inaugura a série dos 12 incas canônicos, embora Guamán Poma lembre que essa posição pertence a Tocay Capac, demitido e morto injustamente. Enquanto o primeiro, Manco Capac, é o inventor dos emblemas dos incas. Ele é apresentado de frente, o pé esquerdo ligeiramen-

---

27. Utilizamos um termo híbrido para designar diversas figuras desse tipo, porquanto o "s" do plural é de origem hispânica. Muitas vezes as fontes escrevem-no na forma de "tocapos".

te avançado para delinear o movimento. O cronista, em seu texto, descreve-o como um senhor que não hesita em usar a astúcia para se livrar do seu rival Aucauallo, que controla o Vale de Cusco. Sobre o chão que esse Inca pisa, uma inscrição afirma que ele reinou "apenas em Cusco Acamama". Ora, *acamama*, "fonte de sujeira, dejetos, urina", era o nome da miserável aldeia que se tornaria, graças às sucessivas conquistas dos incas, o centro do mundo. Derrisão de um cronista que se tornou cristão e cujos ancestrais paternos não eram incas, mas senhores de Huánuco? Talvez, mas também podemos ver, nessa lembrança das origens muito modestas, um dos preceitos mais importantes do mundo inca: é o "trabalho" sobre a natureza que produz a grandeza de uma nação.

Não nos deteremos nas cores do *llauto* (vermelho para o Inca, amarelo para o pretendente ao trono) nem nas da vestimenta, que tem sempre duas peças contrastantes (a de cima e a de baixo). As duas partes da túnica real são separadas por três faixas de *tocapus* ou "bordados" tecidos no interior de um quadrado, cujos motivos se espalham segundo uma simetria em diagonal. Mama Huaco usa um cinto de cinco faixas, o que indica uma posição mais elevada do que a do marido e a do filho.

A vestimenta de Mayta Capac, cuja violência e astúcia já foram assinaladas, introduz duas variantes importantes: o uso de um capacete decorado com penas e encimado por um buquê de três penas mais longas; e, na parte inferior da túnica, um *tocapu* diferente daqueles que ele usa na cintura. Essa decoração, consistente em quatro quadrados concêntricos brancos e verdes inseridos em um quadrado maior, é chamada de *caxana* (Garcilaso de la Vega, VI-4).

É com Llawar Huaccac que os *tocapus* do vestuário se tornam mais importantes, ornando toda a parte superior da túnica e formando uma faixa mediana vertical na parte inferior. Com Viracocha Inca, essa decoração recobre toda a vestimenta. Esse soberano é o primeiro dessa galeria de desenhos a pousar num chão fechado por um horizonte de montanhas providas de fortalezas, como se o fechamento da paisagem fosse também um *tocapu* natural.

O desenho minucioso que Guamán Poma fez da túnica de Viracocha Inca permite seguir a distribuição dos sinais em diagonal em dez fileiras horizontais. Um esquema, reproduzido a partir dessa ilustração na página 255 deste livro, talvez faça com que algum leitor queira refazer a organização perfeita dessa obra-prima, à qual faltam as cores, as texturas e o odor das fibras. São oito os sinais em alternância diagonal no desenho, mas esse número está incompleto, porque há seções da túnica que estão ocultas. Segundo um especialista em tecidos, o modelo comporta dez quadrados ou nove mais duas metades. Dez são também as classes etárias ligadas ao trabalho e ao tributo, que Guamán Poma agrupa em "ruas" (*calles*, em espanhol), termo que evoca ainda uma estrutura linear (Niles, 1992, p. 54).

São visíveis, em todo caso, a cruz escalonada da *chacana*, um Z (o raio, uma serpente, a constelação de *machacuay*?) com dois pequenos pontos à direita e à esquerda, losangos concêntricos encerrados no *tocapu* principal, "a estrela de 8 pontas" (sol radiante, Vênus ou Estrela do Pastor, espôndilo?), um Z com a pequena linha inferior recurvada, o número 3 e o número 4, e finalmente duas faixas opostas formando um X (o Cruzeiro do Sul?) – oito desenhos, portanto, que esboçam uma espécie de memento simbólico, talvez um código astronômico, do qual não temos a chave. Muito evidentemente os algarismos arábicos indicados por Guamán substituem outros sinais feitos de pontos ou de linhas paralelas em zigue-zague ou curvas. Cumpre precisar que os quadrados bordados não foram acrescentados, mas se integram à estrutura do tecido, o que é tecnicamente mais bonito e infinitamente mais difícil de executar.

A cor das vestimentas é o atributo dos senhores, assim como as joias de ouro e prata e as penas; os *hatun runas* usam as cores naturais da lã: branco, bege, cinza-escuro. No Tawantinsuyu, cada grupo étnico deve ter uma vestimenta distintiva que permita sua identificação. Nas guerras, as túnicas dos vencidos são pisoteadas pelo Inca. Pachacutec exclama, decepcionado com o pai: "Não conquistei essa vitória para que essas 'mulheres', que são o Inca Urco e seus outros irmãos, pisoteiem as insígnias do triunfo". A "faixa" que separa duas outras faixas de cor diferente no tecido é chamada *suyu*. O tecido está "vivo", e cortá-lo significa fazê-lo morrer. O cromatismo é inspirado nas cores do arco-íris, que são sempre ordenadas da mesma maneira e fornecem uma chave de leitura dessas peças. Mas essas cores não se destacam em unidades cromáticas distintas; elas formam um gradiente.

Os incas são os herdeiros de tradições têxteis muito antigas, anteriores até mesmo à invenção da cerâmica. As civilizações costeiras do Peru produziram tecidos de rara beleza, inventando todas as técnicas possíveis para trabalhar as fibras. Essas peças de grandes dimensões representaram entidades religiosas dispostas simetricamente; destinaram-se a envolver os cadáveres dos senhores ou os *huacas*, como em Cahuachi, no Vale de Nazca, onde foi desenterrado um tecido dobrado, provavelmente de 30 metros de comprimento por 140 centímetros de largura e 120 centímetros de espessura. Essa peça foi provavelmente uma oferenda dos artesãos dessa colina (Phipps, 1996, p. 111-120). O *uncu*, a túnica masculina típica dessa civilização, adaptada de forma diferente segundo a posição de quem o vestia, aparece já no primeiro milênio antes da nossa era.

Com o surgimento do Império Wari-Tiwanaku, os tecidos de fibra de camelídeos desenvolvem-se segundo técnicas diversas que serão retomadas pelos incas. Uma das funções desses tecidos é transmitir a imagem do Senhor dos Cetros ou dos Bastões, sendo a mais conhecida a de Viracocha entronizado na Porta do Sol de Tiwanaku, rodeado pelos seus mensageiros. As peças wari são hoje apreciadas pelo seu lado "moderno" e abstrato; os motivos religiosos são geometrizados e sistematicamente distorcidos. Encontram-se igualmente dois retângulos concêntricos e uma forte insistência em figuras formando pares antagônicos e complementares (Bergh, 2013, p. 182; Silverman-Proust, 1988).

Os incas trouxeram a sua marca particular para essa tradição milenar: o rigor geométrico, que se impõe não somente na tecelagem, mas também nos *keros* e na arquitetura. As pedras usadas em Cusco para construir as casas senhoriais, embora lisas, não são uniformes; são talhadas em bisel a fim de as ajustar umas às outras, e essas junções formam sempre uma forma geométrica (triângulos isósceles, trapézios etc.), criando um conjunto ao mesmo tempo unido e variado, já que o volume das pedras não é necessariamente idêntico. Da mesma maneira, a construção de terraços de cultivo (em especial em Písac, nas terras de Sayri Tupac) não é deixada ao acaso, e é conferido um lugar muito importante à estética das formas que esposam os contornos da montanha (Ascher, 1991, p. 172-183).

## A quintessência do *tocapu*

O que se entende por *tocapu*? Se nos ativermos à forma usual dessa decoração, trata-se de um quadro que encerra diferentes sinais com suas cores. Esse "encerramento" nem sempre foi marcado de forma tão sistemática, como se o pode ver nos tecidos de Paracas ou Nazca, nos quais figuras atribuídas ao deus Con, um ser sem esqueleto, flutuam em um espaço infinito sem serem contidas. Nas imagens do códice de Guamán Poma, os pés do Inca estão colocados no chão. Alguns desenhos acentuam esse efeito de recorte do infinito, enfatizando a linha do horizonte, como vimos no mapa-múndi.

O núcleo semântico *toc* ou *ttoc* de *tocapu* significa "conjunto de coisas distintas", como uma rede, um laço, uma mão que aprisiona um pássaro ou flores; na burocracia inca, essa ideia está presente no nome do senhor que administra uma região, o *tocricoc*. Essa ideia de "manter unido" para evitar a dispersão da essência também se refere à espuma ou gordura formada pelas batatas cozidas numa panela (*papap ttocton*). Libertar-se do recipiente é um fenômeno comparado à flor que eclode da semente. Além desses numerosos sentidos, González Holguín acrescenta um outro: o de *ttoco*, que ele situa depois de *tocapu*, e que significa janela: já o encontramos no mito do surgimento dos incas de Tambotoco, em Pacarictambo, o lugar do alvorecer. *Apo* ou *apu* significa "ancestral" ou "potência ancestral".

Os *tocapus* de pedra, inscritos em pedestais, são típicos de Tiwanaku e foram identificados como *pacarinas*. Encontramos esse mesmo sinal na crônica de Juan de Santacruz Pachacuti Yamqui, que desenha em posição central a janela de onde saíram os incas, acima daquelas dos Maras e dos

Suti. O *tocapu* dos incas é indicado por dois retângulos concêntricos emoldurando um losango com um quadrado central e quatro pequenos círculos formando um quincunce. De cada lado dessa janela há uma árvore que é ao mesmo tempo "o pai e a mãe". Os outros dois *tocapus*, idênticos, são retângulos que têm no centro dois quadrados concêntricos.

A *caxana* é obviamente um *tocapu* particular cujo nome é também o do palácio que Huayna Capac mandou construir em Cusco. Nesse edifício, as casas e salas eram separadas umas das outras na construção do prédio, mas eram contidas por um recinto. *Kassana uncu* é o nome da túnica decorada em xadrez, e *kassani* traduz a ideia de soldar o que está quebrado ou amassado, quando se trata de metais, a fim de juntá-los. A palavra também se aplica à ação de quebrar a massa compacta de guerreiros. A distribuição dessa figura geométrica de uma quadripartição encerrada, por sua vez, num quadrado ilustra a unidade política e simbólica do Tawantinsuyu pelo Inca, um equivalente político andino da Dupla Coroa dos faraós, que durante milênios recordou a união dos dois Egitos e o início da realeza. Em sentido amplo, *tocapu* é um termo político e sagrado.

Muitos desses tecidos maravilhosos são queimados como oferendas ou revestem os corpos dos antepassados. Os *cumbicamayoc*, tecelões de *cumbi*, são especialistas, homens providos do poder de animar a matéria pela sua arte. O *cumbi* deve ser brilhante, bonito e sedoso. Ele solicita a visão, o tato e provavelmente também o olfato da fibra e do corante. Os *cumbis* excepcionais são, entretanto, tecidos pelas *acllas*, virgens dedicadas ao culto solar. Tecidos ornados de penas eram usados, sobretudo, pelos guerreiros. As imagens do Templo do Sol também são vestidas, e algumas são confeccionadas em tecido. As túnicas ornadas de penas são especialmente associadas à guerra, porque conferem àqueles que as vestem a rapidez do pássaro.

Pisar nas vestimentas dos capitães capturados precede o seu assassinato, porque a roupa faz parte da pessoa. Ela própria é um ser vivo. Ainda hoje, o centro de um tecido é chamado de "coração", cada lado forma sua "boca" (os lábios), e cortá-lo equivale a matá-lo (Cereceda, 1978). Um pedaço de tecido que envolve o corpo de um ancestral permite aos seus descendentes, sobretudo se forem colonos separados da sua terra de origem, conservarem a sua "força vital". Ela é em si venerável, e, por conseguinte, um guardião zela pelo seu culto ("serviços" e "terras").

Será que essas figuras transmitem "uma mensagem"? Isso parece provável, mesmo que tenhamos dificuldade de interpretá-las. A cor pode ser uma chave de leitura desses desenhos geométricos, assim como as relações de continuidade. Falta fazer um dicionário desses motivos[28]. Só o estabelecimento de um *corpus* de todos os motivos nos permitirá avançar nessa direção, como o fazem pacientemente os pré-historiadores que trabalham nos desenhos rupestres ou os historiadores da escrita chinesa. Esses *tocapus* apresentam uma série de formas cujas disposição, nuanças cromáticas e repetição habilmente organizada transmitem uma mensagem abstrata que parece declinar a organização aritmética e sagrada do espaço dos quatro quadrantes do mundo conhecido.

---

28. O valor simbólico da cor e a superposição de sinais nos glifos caracterizam a escrita pictográfica dos mexicanos. Mesmo que não esteja diretamente relacionado aos *tocapus*, seu estudo pode sugerir caminhos para a interpretação dos cartuchos bordados peruanos.

**Tecidos sagrados e dispositivo político**

A dimensão política dos tecidos está claramente presente nas descrições. As inspeções das comunidades efetuadas pelos delegados do Inca visam verificar se as ordens de Cusco foram respeitadas pelos senhores. O *kuraca* que negligenciou a produção de vestuário é punido, pois todos os tributários devem estar vestidos, e cada unidade doméstica deve tecer uma peça de roupa que será conservada em um depósito. A dos *hatun runas* é uma túnica curta, em algodão ou lã, funcional, que também tem uma marca regional, como o penteado, permitindo distinguir um tributário de Jauja de um outro do Collasuyo. A uniformidade regional no vestuário é a regra. As mulheres usam uma túnica mais longa. Os senhores, respeitando as variações regionais, utilizam tecidos finos, os *cumbi*, ornados de bordados. Quando novos grupos étnicos foram incorporados ao reino, o Inca lhes deu tecidos de acordo com o seu *status*.

A dimensão de identidade e identificação do vestuário funciona num exemplo frequentemente esquecido. Durante uma de suas visitas regulares aos senhores perto do Vale de Cusco, Huayna Capac, antes de entrar numa dessas terras, pediu que lhe trouxessem o vestuário próprio dessa região e, ao saber que usavam cabelos longos, pediu para acrescentar uma peruca ao vestuário. Assim vestido e penteado, "parecia-se com os naturais daquela província". Então ele bebeu e comeu com eles, pediu uma lista das viúvas e dos pobres e os favoreceu. Em cada região ele adotava, portanto, o traje típico, e as pessoas se alegravam ao ver o Inca "como seu igual". Depois o soberano lhes distribuía mulheres, tecidos e também vasos de ouro e prata (Betanzos, I-42).

A tecelagem é uma atividade que mobiliza um tempo de trabalho considerável: primeiro é preciso obter a matéria-prima, plantar algodão ou tosquiar a lã dos camelídeos e, no caso da mais fina, a das vicunhas, destinadas aos príncipes, caçar esses animais selvagens sem matá-los, cercando-os sem feri-los e confinando-os para a tosquia. São caças ritualizadas das quais participam apenas membros da nobreza. No litoral, para os tecidos mais rústicos, utiliza-se a fibra de *sisal* do agave. Essa fibra também serve para trançar cordas resistentes e pode ser misturada à da lã. O algodão e a lã devem ser cardados, limpos e fiados. Para os tecidos mais preciosos usa-se um fio muito fino, como o da seda.

O processo da produção é muito longo. Às atividades mencionadas é preciso acrescentar ainda a pesquisa e a aplicação da tintura dos fios que serão utilizados. Esses corantes, minerais ou vegetais, não são fáceis de obter. A cor, a das penas e das flores, é indicada pelo termo *paucar*, também utilizado como patronímico pelos senhores. As lhamas de Pariacaca são de "todas as cores imagináveis", ou seja, "amarelas, vermelhas e azuis" (Taylor, 1987, p. 87)[29]. A cor é preciosa porque irradia a luz. O azul índigo é a mais prestigiosa porque esse corante é difícil de obter. Depois de todas essas etapas preliminares, chega a etapa final da tecelagem. Embora o artesanato andino seja muito simples, o domínio das cores e a criação dos desenhos exige uma técnica das mais complexas.

Mobilizar essa cadeia operacional requer tempo e uma organização rigorosa. Depois do trabalho agrícola, a tecelagem é a atividade que mais tempo consome; ela requer uma

---

29. Nas cores minerais e vegetais, a referência é Siracusano (2005).

mobilização poderosa organizada pelo Estado. Além disso, os dons mais preciosos são, além das mulheres, os tecidos (Murra, 1978, cap. 4). Quando parte em campanha, o Inca submete as nações periféricas oferecendo presentes aos senhores, geralmente aceitos.

A condensação do trabalho humano no tecido incarna o projeto político e sagrado do Inca: a construção da civilização. Compreende-se a insistência dos incas em marcar uma diferença ontológica entre os humanos vestidos e os selvagens, que não praticavam essa arte sutil, e mesmo sagrada, da tecelagem, na perfeição de sua execução, criando a regularidade e a beleza deslumbrante das túnicas reais brilhantes como o ouro. É uma exceção que, *a contrario*, confirma a regra: Cuniraya Viracocha, essa poderosa *huaca* de Huarochiri, descrita como mendiga "em farrapos", esconde um Sol. Essa entidade também era invocada pelos tecelões quando tinham que realizar uma obra têxtil muito difícil.

## Os *quipus* e escrita andina

Muitas vezes mencionamos os *quipus*, esses sistemas mnemônicos construídos com cordéis de cores diferentes, amarrados e colocados de diferentes maneiras com o objetivo de codificar uma informação concernente principalmente (mas não exclusivamente) ao tributo (espécies, quantidades, repartição). Assim como os tecidos, eles são feitos de fibras. Um *quipu* desenrolado parece um sistema abstrato de *ceques*, irradiando desde Coricancha, ou mesmo as estradas e os caminhos que partem da capital. Especialistas do mundo wari afirmam que os centros administrativos desse império da cordilheira "parecem ter sido traçados segundo as regras próprias da arte de tecer tapetes bordados", nomeadamente as diagonais em ângulo reto, os alinhamentos, o cruzamento dos eixos, as repetições e as subdivisões, que lhes conferem uma semelhança com "telas abstratas" (Gersk; Makowski, 2016, p. 19). Os incas deram continuidade a essa tradição, que perdura até hoje em certas regiões andinas.

Os *quipus* suscitam diversas questões interessantes. A disposição dos cordéis e das cores segue ou não uma norma geral para a inscrição dos sinais? Parece que a padronização se impõe em todo o Tawantinsuyu, segundo opiniões autorizadas. A leitura é complexa, e Murúa fala de quatro anos de aprendizado para formar um *quipucamayoc*. A base utilizada é decimal e, por conseguinte, é a mesma usada pelos espanhóis.

Apesar dos enormes avanços científicos, a interpretação da cor das cordas e da torção dos fios (à direita ou à esquerda) ainda não está totalmente esclarecida. A função de memória do *quipus* é baseada na cor, muito importante para a codificação das quantidades e das categorias retidas. Parece que os incas indicavam o zero, o equivalente a "nada", sob a forma de uma corda azul sem nó (Ascher; Ascher, 1981, p. 17).

Garcilaso de la Vega, que utilizava esse processo para registrar a produção das terras do seu pai, oferece alguns esclarecimentos. As três cores utilizadas eram o amarelo (ouro), o branco (prata) e o "colorido" ou vermelho, usado para contar os esquadrões de guerreiros. Havia coisas que não tinham cor e estavam dispostas em uma ordem precisa. Por exemplo, na categoria das armas, foram listadas primeiro as mais nobres, como as lanças; depois os arcos e as flechas, em seguida as clavas e os machados, as fundas e outras. O número de *quipucamayocs* variava em função do tamanho das aldeias.

As comunidades pouco povoadas tinham quatro deles, em comparação com cerca de 30 desses especialistas nos centros mais densos. Para o Inca Garcilaso, "todos tinham os mesmos registros". O nó indicava o número, mas não a palavra (Garcilaso de la Vega, 2009, VII-13,14).

Segundo um depoimento datado de 1561 concernente a um *quipu* apresentado pelos senhores de Hatun Xauxa perante o tribunal de Lima, sabemos que esse instrumento continuou a ser utilizado para registrar o que era recolhido nos depósitos do Estado, dos senhores e das comunidades, o que não impediu a introdução de novas categorias, como ovelhas, sapatilhas ou chumbo.

A ordem dos produtos codificados parece-nos fantasiosa porque não temos a chave que justifica tais hierarquias. As batatas, por exemplo, sempre são trazidas depois das lhamas; as sandálias, antes das cabaças, que, por sua vez, precedem o peixe. No que concerne aos "seres vivos", o primeiro lugar é atribuído aos tecidos, seguido dos produtos cultivados, dos quais o milho ocupa o primeiro lugar, e as batatas, o último. O que é doméstico, criado pelo homem, pertence a uma categoria diferente do que é natural. Os direitos do Inca não são exercidos sobre as culturas das comunidades. Por outro lado, o soberano é senhor das suas próprias terras e também de tudo o que é "cru" ou selvagem, como as vicunhas, os patos selvagens ou as penas. Sabemos também, graças a esse documento, que a memória das coisas se transmitia de pais para filhos pelo canto e pela poesia: "Diziam em versos coisas que os nós não podem exprimir" (Murra, 1975).

Será que os *quipus* são uma forma particular de escrita? Tudo depende da definição que damos a essa invenção. Se a concebermos como uma forma de relatar sons falados por convenções, que são os signos ou as letras, podemos dizer que esses dispositivos de contabilidade não são verdadeiramente o equivalente da escrita. A opinião do Inca Garcilaso é importante: ele conhece a "leitura" das cordas e dos nós, mas também, pela sua educação aperfeiçoada na Espanha, que fez dele um letrado do Século de Ouro espanhol, com a prosa perfeita, os *quipus* são limitados e não podem se comparar à riqueza semântica das obras literárias. No entanto, ele salienta que, além da função contábil, os *quipus* – o sistema lógico que os sustentava – podiam exprimir todas as coisas que podiam ser quantificadas ou enumeradas; em suma, tudo o que é objeto de uma lista (tributos, embaixadas, batalhas, casamentos etc.). Ele relata que Blas Valera, um jesuíta mestiço e uma das suas principais fontes, tinha visto *quipus* antigos que registravam narrativas ("fábulas") e poesias, e os *quipucamayos* lhe tinham confirmado essa tradição; finalmente, ele mesmo, na sua infância em Cusco, ouviu falar disso (Garcilaso de la Vega, 2009, II-27).

O jesuíta Acosta compara diversas escritas não alfabéticas, como os ideogramas chineses ou as pinturas mexicanas, mas não inclui os *quipus* na categoria de escrita, embora ressalte que a grande diversidade de cores, nós e torções presta-se a significar muitas coisas; "Tal como acontece com as 24 letras do alfabeto, os espanhóis, adaptando-as a diversos molhos", constroem uma infinidade de vocábulos e combinações. Acosta teve mesmo a ocasião de ver uma índia com um *quipu* onde havia escrito uma confissão geral, que recapitulava todos os pecados e as circunstâncias que os explicam, cometidos ao longo de toda a sua vida (Acosta,

2008, VI-8). Hoje, os textos sobre a escrita chinesa, a única ideográfica que ainda existe no século XXI, revela-nos correspondências interessantes. Os primeiros sinais gráficos a aparecer na China, depois dos petróglifos e outros desenhos pré-dinásticos, foram inventados para manter inventários de caça, produtos agrícolas, objetos manufaturados e espólios. Essas informações, que versam sobre séries, foram coletadas em memorandos feitos de cordéis e de nós, que serviram de base para um signo, que certos linguistas chineses chamam de "quipu", por alusão à invenção peruana. Na China, esses cordéis relativamente simples foram substituídos por um caractere cujo significado inclui as ideias de "anexar", "estar em relação", "genealogia" e outras noções (Hongyuan, 1994, p. 190-191)[30]. No Peru, os *quipus* atingiram a perfeição e, ao contrário do que aconteceu na China há vários milênios, os incas não sentiram necessidade de explorar a possibilidade de uma escrita mais abstrata.

No Tawantinsuyu, a leitura dos textos codificados nos *quipus* certamente requer a memória dos homens que os interpretam, estimulada pela versificação e pelo ritmo. Os mensageiros do Inca, os *chasquis*, percorriam as estradas com suas mensagens escritas em um *quipu* quando se tratava de informações cifradas; os textos mais complexos eram decorados e transmitidos aos seus sucessivos retransmissores, que deviam repeti-los várias vezes antes. Acosta também menciona, no seu capítulo sobre a escrita, a existência de um sistema de pedrinhas (desenhado por Guamán Poma) servindo de memorando; por sua vez, Santacruz Pachacuti faz

---

30. Cf. tb., para todos aqueles que não são sinólogos, Fazzioli (1987), sobre o acúmulo de significado em um signo.

alusão aos "bastões pintados" de raios que o Inca Tupac Yupanqui entregara ao inspetor geral de terras e pastagens para que pudesse organizar sua visita em conformidade com as suas indicações. É uma informação rara, mas que encontra um eco contemporâneo na região de Huarochiri, na aldeia de Tupicocha, onde esses bastões com seus sinais servem para condensar as etapas rituais do ano e as responsabilidades dos *varayoc*, nome dos detentores desse bastão de comando chamado *vara*, em espanhol (Santacruz Pachacuti Yamqui, 1992, p. 238; Salomon, 2004, cap. 4, p. 77-107).

Voltemos ao comentário do Inca Garcilaso, que vê no *quipu* uma forma de inscrever séries. A das dinastias reais e suas proezas corresponde a essa categoria. Os *quipucamayocs* de 1543, comparecendo diante de Vaca de Castro, recitam a lista dos incas a partir dos seus *quipus*, acrescentando de passagem alguns detalhes. Existe ainda o sistema de *ceques* estabelecido por Polo de Ondegardo e retomado por Cobo, a partir das informações contidas nos *quipus*, o que explica a sua organização linear suscetível de ser representada por um esquema geométrico.

Os documentos mais importantes para compreender o funcionamento de comunidades particulares, que são as duas *Visitas* frequentemente mencionadas neste livro, continuam a ser textos codificados em *quipus* e "lidos" perante as autoridades espanholas. Por termos consagrado vários anos ao estudo dos dois volumes da *Visita de Huánuco* de 1572, sabemos que, para além dos números e da rigorosa enumeração dos tributários, há de vez em quando "glosas" que escapam ao modelo restritivo da série. Sem essa "escrita", o nosso conhecimento dos incas teria sido mais pobre. Muitos trechos desses textos andinos foram publicados. Para dar apenas um exemplo, é num deles que ficamos sabendo que os incas chegaram até o Rio Madeira (hoje no Brasil), chamado Paucarmayo[31].

**Cromatismos sonoros e memória dos corpos**

A beleza e o brilho sagrado dos cromatismos têxteis se exprimem especialmente no gradiente. É também o caso dos cromatismos sonoros das vozes, que constituem a substância de uma narrativa e transmitem a força de um poder excepcional, como a voz forte de Viracocha, ou o "gradiente" sonoro evocado pelo subtítulo do livro do músico cusquenho de subtítulo *Des voix dans la pénombre* [Vozes na penumbra] (Pilco Paz, 2012). Enrique Pilco Paz empreendeu sua pesquisa sobre a música religiosa andina, interpelado pelas dissonâncias produzidas pela dificuldade de adaptar a escala pentatônica andina à da música ocidental do século XVI. Esse "*cluster* sonoro", como hoje definimos sons próximos e tocados juntos, não é apenas um efeito de adaptação à escala ocidental (que, aliás, não era "bem temperada" na época). Se esse tivesse sido o caso, os músicos que conheciam perfeitamente a execução dos violinos e das harpas o teriam corrigido. Mas eles quiseram conservar um modo de expressão que lhes era caro, uma tendência que percebemos nos grupos de tocadores de flautas Pan da região do Lago Titicaca, onde os diferentes grupos respondem uns aos outros em um grau mais alto ou mais baixo, sempre no ritmo (Garcilaso de la Vega, 2009, II-16).

---

31. Os textos dos *quipus* e aqueles que explicam o contexto dos *quipucamayocs* foram apresentados por Pärssinen e Kiviharju (2004). Como todos os escritos, os dos *quipus* podem conter erros de transcrição, o que os aproxima ainda mais dos documentos coloniais ou outros.

A descoberta em Caral, no litoral, de 32 flautas de osso de pelicano ou de condor, com quatro milênios e deliberadamente enterradas pelos habitantes, mostra o lugar muito importante que ocupavam. Também foram encontradas, nas necrópoles de Nazca e de Paracas, siringes ou *antaras* e flautas de osso depositadas junto de "fardos" funerários. Nas pinturas de vasos mochicas fabricados nos primeiros séculos de nossa era, dois flautistas se enfrentam e tocam em eco, como se se tratasse de uma competição. O som das flautas é um assobio, uma sonoridade própria dos *huacas* e seus ministrantes, que é reproduzido nas narrativas concernentes a essas entidades, como pude ouvir no Equador e como relataram muitos outros etnógrafos da região andina. "Assobio" é uma linguagem para se comunicar com o mundo invisível, como o são as melopeias xamânicas tamboriladas. Já as trompas transmitem fôlego, como é o caso do estrombo, essa preciosa concha usada para reunir e "dar força" aos trabalhadores e aos guerreiros.

Os tambores, tocados com força, são instrumentos adequados para a guerra. O *huancar* dos incas é escavado em um tronco e fechado nas extremidades por duas membranas de pele de lhama, pintadas e decoradas com fitas de lã multicoloridas. São instrumentos tocados pelos homens para reavivar o impulso guerreiro e para paralisar, pela sua potência, os adversários. Já os pandeiros menores são tocados pelas mulheres nas festividades agrícolas e lembram os usados pelos xamãs. As danças e os cantos têm nomes diferentes porque correspondem a diferentes momentos do calendário. Retenhamos o *haylli*, um canto entoado para "animar" os guerreiros e os lavradores, que devem "vencer a terra".

Por seus contrastes harmônicos e melódicos, a música é uma forma de ancoragem da memória, porque o que é cantado é lembrado melhor do que um enunciado vocal, inclusive na nossa própria cultura. Além disso, o Inca Pachacutec inaugura a "festa da memória" ao som de quatro tambores de ouro, colocados nos quatro cantos da grande praça; os homens e as mulheres da elite inca dão-se as mãos e andam em círculo. Depois, começando pelas damas, todos entoam um canto que conta a vitória desse Inca sobre Uscovilca. Esses cantos se alternam com convites a beber chicha, a embriaguez andando de mãos dadas com a música e o movimento (Betanzos, I-12).

As grandes cerimônias são sempre agonísticas e envolvem um desafio. Ainda hoje, na região do Lago Titicaca, músicos das comunidades vizinhas executam com flautas Pan (*sikuris*) uma melodia muito codificada destinada a "animar" as montanhas ancestrais da região e favorecer, graças ao seu sopro, a germinação das batatas e dos tubérculos (Bellenger, 2007). Os grupos de músicos desafiam-se, comportamento sempre enunciado de diferentes formas pelos documentos. Assim, na época da Festa de *Corpus Christi*, imposta desde o século XVI, a comunidade de Santo Domingo de Pariac festeja seus mortos com embriaguez, danças e música. Aqueles que dançaram e brincaram sem desfalecer durante toda a noite saem vencedores dessas competições que têm por objetivo a adoração das velhas *huacas* ancestrais (Duviols, 1986, p. 93). Outros exemplos, colhidos no *corpus* de Cajatambo, mostram a importância da oposição ruído/silêncio, nos rituais das montanhas. As semeaduras, por exemplo, devem ser feitas silenciosamente para que a semente prospere. Para a Festa dos Mortos, toca-se a flauta, chamada *muqu*, que significa ao mesmo tempo "anão" e "cotovelo", pois o instrumento apresenta uma irregularidade ou "cotovelo" (Juárez, 2002, p. 136).

Esses desafios também são descritos nas narrativas de Huarochiri, notadamente na do Senhor Tamtañamca, que adoeceu enquanto animava o mundo "com a sua força" e a de seu curandeiro Huatyacuri, um filho de Pariacaca, "um homem pobre"[32]. Essa história tem vários episódios que giram em torno da "falta" (*hucha*) do grande Senhor, que não retomaremos aqui. Por fim, Tamtañamca será curado pelo homem piolhento, mas seu genro, que despreza esse estranho, lança-lhe um desafio: "Nós vamos medir nossas forças pela bebida e pela dança".

Cada um deverá, portanto, superar-se, porque a competição e a guerra exigem, ambas, forças superiores (Taylor, 1987, p. 103). Huatyacuri é muito astuto e vence a primeira rodada. A prova seguinte consiste em dançar, cada um vestido com uma túnica azul e uma cueca de algodão branca. Huatyacuri faz sua entrada na praça gritando e berrando para assustar o adversário. Com efeito, tomado de medo, o genro do *huaca* foge e se transforma em cervídeo; sua mulher o segue. Huatyacuri quer matá-la e a derruba em Anchicocha para que todos vejam seu sexo; ela então se torna pedra em forma de perna humana, com sua coxa e sua vagina (Taylor, 1987, cap. 9, p. 161).

Ainda em Huarochiri, as tradições locais são preservadas por dois tipos de guardiões: os *huacsa* e os *yañcas*. Os primeiros são escolhidos dentro das linhagens que cultuam Pariacaca. Eles organizam festividades em homenagem a

---

[32]. Esta narrativa ocupa o capítulo 5 dos ritos e tradições de Huarochiri (Taylor, 1987).

esse *huaca* três vezes por ano. Sua tarefa consiste em dançar e trazer grandes quantidades de coca em bolsas de couro. Os *yañcas*, por outro lado, herdaram esse encargo que implica um profundo conhecimento dos arcanos dos rituais. Embora o mês lunar das celebrações seja conhecido de todos, é preciso determinar o dia exato em função da sombra projetada pelo Sol num muro erguido para esse fim.

A festa principal "frequentemente coincide com a do Corpus". Os *yañcas* usam cocares de flores ou de penas de araras. Essas danças, assim como a repetição dos gestos inaugurados pelo ancestral, visam renovar a força e o poder dos *huacas* (Taylor, 1987, cap. 9, p. 169-183). Honrar, venerar e adorar são ações contidas no verbo *muchani*.

Durante o funeral do Inca Viracocha, seu filho Pachacutec veste uma túnica branca de vicunha à guisa de luto e declara: "Quero cantar". Então ordena aos seus guerreiros que se preparem como que para combater, acompanhando o corpo do defunto por toda a cidade, todos armados, e tocando tambores bem lentamente (Santacruz Pachacuti Yamqui, 1992, p. 226). Esses sons fúnebres contrastam com os cantos alegres de suas mulheres e de seus pais. Durante os *gualparicos* em homenagem aos ancestrais, os dançarinos usam roupas de penas e guizos de espôndilo presos às pernas. Eles também se revestem de cabeças e peles de animais: gatos selvagens, pumas, cervídeos, jaguares, cobras e outros animais das terras baixas. Então, o soberano, vestido de vermelho, reproduz o canto dos lhamas e dos rios (Poma de Ayala, 1936, fol. 247, fol. 328)[33].

---

33. As lhamas no cio produzem uma espécie de canto muito sensual e cativante, segundo comunicação pessoal de C. Salazar-Soler.

## Vertigens: o *taqui ongo*

A partir da segunda metade do século XVI e, sobretudo, a partir do século XVII, com as campanhas de extirpação das idolatrias, a falta mais grave cometida era o abandono dos *huacas* e a adoção da doutrina cristã. Na lista dos "males", os *onkoy* dados por Guamán Poma de Ayala, encontramos a menção ao *taqui onkoy*, "a doença da dança", que os espanhóis compararam com o mal de São Guy em razão dos movimentos frenéticos dos dançarinos, que se diziam possuídos pelos *huacas*. Famintas e privadas de seu lugar de ancoragem pela cruz, essas entidades entravam nos corpos daqueles que as haviam abandonado. Essa possessão, atenuada pelos textos, é provavelmente sexual, como ainda é o caso hoje. Ela se manifesta sobretudo no centro do Peru.

O *taqui ongo* foi interpretado por historiadores e antropólogos como um movimento de rebelião e resistência contra o cristianismo, embora haja vozes discordantes sobre essas questões[34]. De qualquer forma, a excitação provocada pela música e pela dança já estava presente antes da imposição da doutrina cristã. Existem inúmeras referências aos cantos e às danças atordoantes que se seguiram ao reaparecimento das Plêiades no céu. Era preciso embriagar-se com chicha enriquecida com *maca*, plantas com efeitos alucinógenos, e cantar e dançar sem descansar. O grupo que resistia à fadiga sem ficar exausto era o vencedor dessa competição. Nessas comemorações, eles relembram histórias antigas, enquanto as velhas tocam pandeiro (Duviols, 1986, p. 88-94).

---

34. A bibliografia sobre o *taqui onkoy* é considerável. Citemos o recente livro de Nathan Wachtel (2019).

O nome *ayra* é sinônimo de *taqui onkoy*. Essa palavra é provavelmente a transcrição de *huayra*, "ar", como o indica o léxico de Santo Tomás. Aqui, novamente, a etnografia nos é útil, porque a encontramos num texto do século XIX redigido por dois historiadores da medicina, na forma de *aya huaira*, "uma espécie de epilepsia ou histeria do Peru central, um vento de morte que sopra sobre as pessoas que têm pouco respeito pelos gentios, que vasculham as tumbas dos antigos" (Valdizán; Maldonado, 1922, p. 92-93; Sal y Rosas, 1970, p. 253). Existe, portanto, uma longa tradição dessas danças de possessão.

Os estados de transe causados por substâncias alucinógenas eram procurados pelos servos dos *huacas* para comunicar essas entidades; nesse contexto, as convulsões, alucinações e visões eram controladas e não faziam parte do campo da patologia. O *camaquen* do ancestral podia abandonar seu envoltório (um corpo, um jarro, um objeto, um tecido) e entrar no "coração" do seu guardião, como foi o caso do *mallqui* Guamancama, em Hacas, Cajatambo. O *camachico* de Hacas havia feito as oferendas obrigatórias, permanecendo "privado de sentidos" enquanto a "alma" do *mallqui*, "descida" no seu coração, transmitia-lhe o seu oráculo. Se ele fosse bom, deveria descer à aldeia e comunicá-lo. A boa notícia foi festejada com uma dança frenética que durou a noite toda[35]. Os dois momentos muito perigosos que fragilizavam a saída do *camaquen* situavam-se no início das primeiras chuvas e

---

35. A história do "ídolo" ancestral Guamancama e da possessão de seu servo pode ser encontrada em Duviols (1986, p. 142-143). O documento explica que o *camachico* consulta-o sobre um assunto ou um litígio, palavras que remetem a um dos significados de *hucha*.

em *Corpus Christi*, quando o milho começa a amadurecer e é preciso evitar a geada. Esse é o modelo cultural do *taqui ongo*; o que muda é a desregulação da possessão de todos os homens que recusaram o culto aos *huacas*.

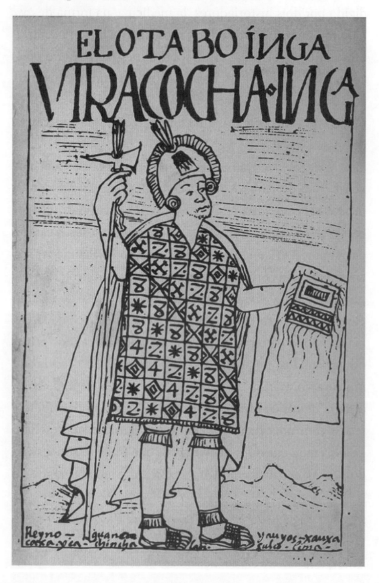

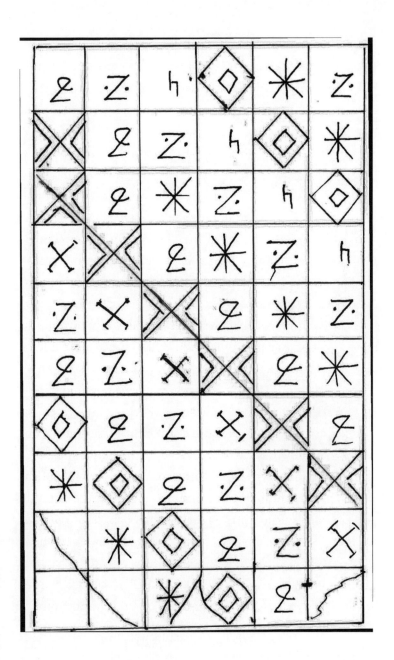

# Conclusão

**Eternidade dos *huacas*, modernidade dos incas**

Chegou a hora de recuperar os bocados de lã que caíram ao longo desta narrativa, para retomar as grandes linhas desta tela imperfeita, onde os nossos habituais pontos de referência colidem com o mundo encantado da animação. A primeira questão é simples: Será que a religião dos incas é uma forma particular de politeísmo? De um modo geral, sim. Poderíamos então fechar este livro, tranquilizados por uma definição familiar, em oposição às religiões que ainda dominam no mundo ocidental. Domamos o antigo politeísmo; a *Odisseia* e a *Eneida*, as tragédias gregas e os afrescos de Pompeia fazem parte da nossa civilização. Ainda celebramos os jogos olímpicos, e o direito romano é ensinado nas faculdades de Direito.

Nada disso é parecido com a religião inca, com suas lógicas plurais, suas versões abundantes e muitas vezes contraditórias, suas entidades ambíguas, suas pedras falantes e seus animais prestativos. A influência das potências telúricas não faz parte das nossas tradições. Ela não é redutível à ecologia. Tais forças parecem escapar a qualquer tentativa de síntese à maneira do panteão politeísta do Velho Mundo, com as suas hierarquias divinas. Esse desafio de ordenar o sagrado foi, no entanto, assumido pelos próprios incas no templo de Coricancha, graças ao poder unificador do Sol. Garcilaso de la Vega não foi o único a ver na ordem solar os balbucios de uma luz monoteísta. O Inca Pachacutec, que reorganizou o Templo do Sol, sabia bem que os cromatismos degradados, a penumbra, o espaço visual dos *huacas* e das geleiras, bem como os raios que rasgavam o coração negro da noite, eram apenas nuanças da potência da estrela. No entanto, as forças animantes ancestrais, verdadeiros pilares da teologia inca, não podiam ser negligenciadas, pois a própria história da dinastia de Manco Capac mergulhava suas raízes na autoctonia. Bastava subordiná-las ao Sol e aos seus filhos. Aquelas que se recusassem a submeter-se seriam apagadas e, com elas, sua descendência.

A subordinação dos *huacas* ao Inca, entretanto, permanecia frágil. Segundo uma história contada por Guamán Poma de Ayala, Huayna Capac quis imitar o pai, Tupac Inca, que tinha o costume de conversar regularmente com essas entidades; mas elas recusaram. Furioso, o Inca deu ordem para destruir todos os *huacas* do império, poupando apenas os mais importantes. Então Pariacaca fez-se ouvir: De que adianta falar ou governar, disse-lhe, uma vez que os Viracochas estrangeiros serão doravante os senhores com Jesus Cristo? (Poma de Ayala, 1936, fol. 262).

Em Huarochiri uma outra história semelhante concerne mais uma vez a Huayna Capac, a quem Cuniraya Viracocha visitou em Cusco. "Vamos juntos ao Titicaca, onde lhe falarei de mim", disse ele ao Inca. Tendo chegado às margens do lago, o venerável Cuniraya Viracocha exortou o soberano a enviar feiticeiros e sábios às terras baixas do litoral, para pedir ao seu pai, Pachacamac, uma de suas filhas. Esse empreendimento ocorreu num tempo de incerteza, tecido de rumores inquietantes, porque uma peste desconhecida se propagava por Cusco e Huayna Capac não conseguia controlar a insubordinação das nações do Norte. Cuniraya estabeleceu suas condições. A jovem oferecida por Pachacamac seria trancada numa caixa e em hipótese alguma devia ser olhada por ninguém senão o Inca.

Evidentemente, como em todas as histórias, foi necessário repetir essa operação três vezes porque o mensageiro encarregado do recado sucumbiu à curiosidade. Depois de dois fracassos, essa caixa de Pandora andina finalmente chegou a Cusco, intacta, e o Inca ficou encantado por possuir uma jovem tão bonita. Então, Cuniraya Viracocha declarou: "Inca, tracemos uma linha no chão. Entrarei na Terra por este lado, você e minha irmã por esse outro lado. Nunca mais nos veremos". Esse foi o início da destruição do império (Taylor, 1987, cap. 24).

Nessas duas narrativas em torno de Huayna Capac ainda ressoam as vozes crepusculares de Pariacaca, Pachacamac, Cuniraya Viracocha e do último Inca Huayna Capac, doravante condenado a curto prazo à perda de sua força sagrada. Somente as potências obscuras dos "feiticeiros" ainda podiam frear a catástrofe anunciada. Huayna Capac não podia aceitar perder o lugar central que ocupava, e sua recusa acarretou sua morte e a morte do culto solar, duplamente profanado pelos capitães do seu filho Atahualpa e pelos "viracochas" libertados por Pizarro.

O império não sobreviverá à morte do Sol. Diante da potência de Jesus, somente os *huacas* e seus intérpretes poderão opor uma resistência tanto mais tenaz quanto sorrateira, como o enganador que desfaz sistematicamente a ordem da lei. Nessa nova partilha do sagrado, as entidades ancestrais serão a versão andina desse anjo caído que é o diabo, sedutor e enganador.

**O culto solar**

No continente americano, para além do Peru, onde assume a forma mais completa, o culto solar está presente no México, entre os Natchez e os povos das planícies da América do Norte. Os astecas eram originalmente uma tribo errante saída de uma ilha mítica chamada Atzlan. Mas foram "eleitos" pelo deus solar Huitzilipochtli, que os conduziu ao Lago Tezcoco para aí cumprir o seu destino excepcional que os transformou em mexicas, à frente de uma civilização guerreira e também comercial, cuja cidade principal, a esplêndida México-Tenochtitlan, bem maior do que Cusco, dominou a Mesoamérica até a chegada dos espanhóis. Malgrado as diferenças consideráveis entre os mexicanos e os peruanos, constata-se a ligação muito forte entre o culto solar e o mundo político governado por um soberano, o grande *tlatoani* do México ou o Inca de Cusco. Em ambos os casos também se encontra a pregnância do controle do tempo pelo calendário – mais aperfeiçoado no México –, que ordena a exploração agrícola e a fertilidade da terra. Em ambos os casos, mais uma vez, o poder também se exprime na perfeição estética.

A angústia suscitada pela inevitável perda de energia solar e a necessidade de compensá-la com sacrifícios humanos são temas importantes da sacralidade mexicana. No Peru, os sacrifícios humanos são muitas vezes (mas nem sempre) compensados por sacrifícios de animais, nomeadamente camelídeos e crianças, estas vistas como "primícias" e não como humanos completos. A destruição de tecidos multicoloridos também se enquadra nesse quadro agonístico. A fertilidade dos humanos e dos rebanhos – e, nem é preciso dizer, das terras cultivadas –, sendo uma questão importante a sexualidade humana, fonte primária de energia, não pode escapar à sua regulação, indispensável para evitar ou conter o seu desperdício. Daí os jejuns, o pavor da *hucha*, a exigência da virgindade das *acllas* que tecem e elaboram os tecidos e a bebida divina que é a cerveja de milho. A sodomia ritual, praticada durante muito tempo nos reinos da costa do Pacífico e representada em todas as facetas na iconografia das cerâmicas mochicas, não se afigura um "vício", mas uma suspensão da fertilidade cujas premissas desconhecemos. Os cronistas, os eclesiásticos e os bem-pensantes do mundo contemporâneo lançaram um véu sobre essas práticas.

Em razão da extensão do território do Império Inca, de sua organização burocrática e "linear" em uma escala muito grande, e da importância de metais como cobre, prata, bronze e ouro, porque os Andes são o berço americano da metalurgia, o culto solar atingiu um esplendor comparável ao do Egito faraônico. As virtudes do Inca, cujo modelo é o Inca Pachacutec – engenheiro, guerreiro, organizador, arquiteto, pintor, poeta e protetor –, lembram as dos faraós (Bernand, 1994)[36]. No Egito, como no Peru e em outros lugares, o culto solar acompanhou a constituição de um Estado poderoso que ordena a ordem agrícola, os ritos funerários e as construções suntuárias.

---

36. As semelhanças formais são grandes, mesmo que a documentação egípcia seja incomparavelmente mais rica do que a que dispomos para os incas.

O culto solar peruano atribui um lugar importante à Lua, esposa da estrela, encarnada na Terra pela Coya. Guamán Poma é um dos raros cronistas a descrever o temperamento e os hábitos dessas rainhas e a desenhar a sua aparência física e de vestuário. As fases da Lua explicam a importância desse astro, que se transforma "a olho nu", no curso de um ciclo – o mês lunar, que pontua o calendário agrícola. O crescimento, o decrescimento, o desaparecimento e o regresso do astro noturno se repetem e dão ao tempo uma dimensão concreta que todos podem compreender. Esses ciclos também pontuam a fertilidade feminina regulada pelo sangue menstrual, um outro tema importante sobre o qual a informação é muito escassa.

Os assustadores eclipses lunares implicam uma resposta dos humanos: o alvoroço. Recordemos a ligação entre a festa da Coya Raymi, que segue a caça coletiva à sujeira e à *hucha*. A Lua está bem-posicionada para intervir nesse domínio, já que as suas manchas, visíveis a olho nu, foram a consequência da sua cópula com a Raposa, que se "colou" nela, segundo a expressão já citada para descrever um ato sexual não fecundante[37].

As estrelas, associadas à Noite, formam o cortejo da Lua; elas também "animam" o mundo vivo das plantas e dos animais. A sua função nutridora é indicada pelo termo *mama*, ao mesmo tempo "mãe" e "fonte". Esses luminares também contribuem, com o crepúsculo, a aurora e o arco-íris, para criar os gradientes cromáticos reproduzidos nos *tocapus*. A metafísica da luz alcançou entre os incas uma grande importância; ela é mesmo a quintessência do sagrado.

---

37. Em quíchua, como em espanhol e em várias outras línguas, a raposa é frequentemente vista como fêmea (Garcilaso de la Vega, 2009, II-89).

Muitas vezes falava-se em ritos. Eles são a contribuição dos humanos para a ação fecundante das chuvas e da luz. Sem essa ação concreta que condensa a energia dos humanos, a ordem das estações e do mundo ficaria comprometida. Os ritos distribuem-se ao longo do ano lunar, cujo conjunto, acrescido de cinco dias suplementares, forma o ano solar observado pelos sacerdotes que escrutinam as variações da sua sombra nos gnômons e outras construções que "capturam o sol" (o Intihuatana). Os ritos são inaugurados pelo Inca. Ele é o primeiro a "abrir" a terra com a sua enxada de ouro; é ainda ele, auxiliado por Vilaoma, quem dá o sinal de partida para os esquadrões encarregados de afastar o mal da cidade de Cusco.

A participação do Inca unifica os esforços coletivos dos *hatun runas* e transmite-lhes a sua potência. As fontes descrevem isso como uma manifestação de amor. Poderíamos objetar que essa comparação traz a marca da religião cristã. No entanto, essa palavra, que existe na língua quíchua, é mencionada desde os primeiros tempos da Conquista com demasiada frequência para que seja um empréstimo estrangeiro. Além dos epítetos *Intip Churin*, "Filho do Sol", e Capac, "munificente, rico, dispensador de presentes", o Inca também é *Huaccha Cuyaq*, "aquele que ama os pobres". O amor inca expressa o consentimento e suspende (ou suaviza) as diferenças estatutárias, graças às obrigações criadas pela dádiva e pela reciprocidade, uma regra anterior ao cristianismo[38]. Esse sentimento, que pode parecer retórico, é, no entanto, um procedimento capital para reforçar periodicamente o consenso instável sobre o qual repousa o edifício

---

38. Lembremos que a *Ilíada* abre com a afronta sofrida por Aquiles, que não recebeu o presente prometido. Essa ruptura inicial do pacto de reciprocidade deu origem a uma guerra interminável entre os gregos e os troianos.

político, preste a se fraturar a cada sucessão. Será que a falta de "amor" pela qual Huayna Capac é censurado, descrito como um homem ganancioso que "toma" sem dar nada em troca, não prefigura o fim do Tawantinsuyu? Porque o "amor aos pobres" é um ideal ao qual nem todos os casais governantes se conformam necessariamente. Certas rainhas descritas por Guamán Poma, como Mama Ocllo, são muito generosas, e chegam até mesmo a "roubar" presentes dos maridos para os necessitados; por outro lado, rainhas avaras, tristes, invejosas e solitárias são desprovidas dessa qualidade.

**Colapso e reconstrução**

Os incas do Novo Mundo se inscrevem numa história universal das sociedades agrárias, que foram o berço das civilizações do Velho Mundo. Por razões devidas ao isolamento do continente americano, e principalmente à ausência de animais de carga e de tração (bois de lavoura, burros, cavalos) e de instrumentos de ferro, essas sociedades andinas sem arados, sem rodas e sem lâminas de aço, dependentes quase exclusivamente da energia humana (o caso dos camelídeos é a exceção, mesmo que uma lhama não possa substituir um boi), tiveram uma vida longa. Serão, no entanto, vestígios "neolíticos", como alguns afirmam? Colocar-lhes esse rótulo equivale a sugerir o seu "atraso" em relação a uma norma dominante, como já o haviam feito os detratores do continente americano iberizado no século XVIII, na esteira de Cornelius de Pauw[39]. Porém,

---

39. O texto sobre os "americanos" de 1768, também baseado na teoria dos climas, deu origem a análises menos desdenhosas sobre a evolução das sociedades do Novo Mundo. Essa polêmica visava sobretudo ao controle da Espanha sobre uma grande parte do continente. Cf. Bernand (2014, p. 113-162).

nas limitações "naturais" que mencionamos vemos o tamanho do desafio que representou a construção do Tawantinsuyu.

O seu rápido colapso é, no entanto, surpreendente. Embora a instabilidade permanente faça parte da sua história, o choque produzido pela chegada dos conquistadores é inédito. Não retomaremos aqui a história dessa Conquista, muitas vezes contada. Recordemos somente o enorme desequilíbrio de forças presentes. Os espanhóis liderados por Pizarro até Cajamarca eram um punhado de homens que enfrentavam um exército muito poderoso; muitos deles não acreditavam no sucesso final, mas era tarde demais para recuar. Não, os arcabuzes, as espadas e os cavalos não foram suficientes para destruir esse imenso império construído tanto pela força das armas como pela persuasão ideológica.

Outros fatores facilitaram a queda de Cusco (e do México), cujo impacto não pode ser minimizado: as grandes pandemias de varíola, gripe, sarampo e outras doenças infecciosas varreram da face da Terra milhões de indígenas americanos, não imunizados contra esses males, e cortaram o elo que unia as gerações desde tempos "imemoriais". No ano de 2020, atingidos por uma pandemia inédita, lemos na imprensa que a cidade italiana de Bérgamo havia perdido toda uma geração de pessoas idosas e, com ela, a sua memória. No continente americano essa brecha foi bem mais profunda.

O flagelo desencadeado pela Conquista provocou uma queda demográfica dramática, até mesmo inimaginável, rompendo o eixo do mundo dominado pelo Filho do Sol, abrindo assim um vazio e uma solidão, uma recusa à reprodução humana, uma "inapetência vital" – *desgano vital* –, segundo a comovente expressão do demógrafo espanhol Nicolás Sánchez-Albornoz.

Essa ausência de sentido será preenchida, apenas em parte, pelas novas figuras do sagrado provenientes da religião cristã. A estreita ligação entre a Igreja e a ordem colonial, estrangeira, fundada na exploração dos indígenas, atrasará ou impedirá a adesão total a esses novos valores.

Nas crônicas espanholas, inclusive as redigidas por mestiços como Garcilaso de la Vega, o mundo inca aparece como uma sociedade exemplar e sob total controle pelo Inca de Cusco e pela sua corte. Claro, é difícil acreditar na realidade de tal utopia. O tempo dos *hatun runas* é inteiramente consagrado às múltiplas obrigações agrícolas e tributárias, interrompido apenas pela embriaguez dos sentidos das festas coletivas. É certo que a redistribuição de bens pelo Estado-providência compensa os caprichos do clima e a angústia da pobreza, o que não é negligenciável. Os alinhamentos dos *collca*, ainda visíveis no Peru, constituem sem dúvida a melhor contribuição dos incas para a história das sociedades agrárias. Porém, mesmo entre esse povo extremamente laborioso e virtuoso, aparecem tensões nas narrativas entre os *huacas* locais e o culto solar.

**Eternidade dos *huacas***

Após a queda do império, as crenças que reforçavam a autoctonia das linhagens permanecerão de pé, malgrado o zelo demonstrado pelos missionários. Parece lógico que esses laços de ancestralidade sejam a única maneira de conter a queda demográfica. Enquanto os sacerdotes do Sol e seu cortejo de servos desaparecem com o Inca, ou se fundem à sociedade colonial e ao dourado barroco das igrejas, os antigos intérpretes do mundo encantado das forças telúricas resistem. Eles chegam mesmo a dominar a cena, como se pode ver nos mitos de Cajatambo do século XVII, onde a proliferação de "feiticeiros" e de ritos revela sua capacidade de adaptação; eles permanecem mesmo no mundo moderno e contemporâneo, preenchendo as lacunas do pensamento racional, às vezes também com a ajuda dos santos católicos e de Jesus.

A questão das mortes representa um problema. As *huacas*, agora enunciadas no feminino, estão ligadas aos ancestrais e aos corpos dos *mallquis*. Para os espanhóis, trata-se de corpos insepultos que devem absolutamente ser enterrados, e não conservados em nichos em forma de múmias secas. Os peruanos compreenderam muito rápido o perigo que ameaçava os corpos ancestrais. As cinco múmias dos incas expostas em Cusco e desenterradas por Polo de Ondegardo foram escondidas por guardiões anônimos para preservá-las da destruição. Outras desapareceram ou ainda permanecem nas cavidades escondidas pela imensa Cordilheira dos Andes, até que arqueólogos descubram fardos funerários, que se tornam então o testemunho de uma crença milenar.

A precedência dos *huacas* sobre os heróis civilizadores sempre foi reivindicada pelas comunidades de Cajatambo do século XVII. Segundo uma declaração recolhida por um jesuíta, antes do governo dos incas os *huacas* eram homens e mulheres como os que vemos hoje. Então saiu de Collao, ou do Lago Chucuito (o Titicaca), um gigante chamado Huari-Viracocha, com uma barba como a dos espanhóis, e por onde passava ele transformava as *huacas* em pedras. Quando as pessoas dessa província souberam dessas coisas, decidiram apanhar esse Huari convidando-o para festejar com eles. Huari era muito esperto e compreendeu que havia ali uma emboscada. Então transformou todos esses homens em pedras representando "leões" (jaguares) e "ursos". As pedras em questão "falavam" com seus filhos, os chefes das linhagens. Então os espanhóis chegaram a Cajamarca e os *huacas* decidiram não mais dar respostas públicas, mas se esconder sob a terra, onde os feiticeiros sempre podem consultá-los em segredo (Duviols, 1986, p. 467).

A campanha contra os *huacas*, liderada principalmente pelos jesuítas, foi feroz, mas acabou malsucedida, uma vez que é impossível, exceto nas alegorias religiosas, mover montanhas. Os extirpadores sabiam bem disso e acabaram plantando uma cruz para purificar esses lugares pagãos. Além do seu objetivo religioso de lutar contra a idolatria, havia um interesse mais profano nesses lugares sagrados que escondiam oferendas em ouro, reais ou imaginárias. Paralelamente aos extirpadores, indivíduos, muitas vezes mestiços, chamados justamente de *huaqueros*, não hesitaram em saquear os túmulos dos antigos, até os nossos dias.

Arriaga afirmava que os índios estavam dispostos a adorar o menor vestígio antigo (Duviols, 1971, p. 122). Na época colonial e até hoje, as ruínas das construções antigas (*pucaras*, *chullpas*, restos de pedras ou objetos antigos) são locais perigosos para os camponeses indígenas; quem ali se aventurar sem tomar as precauções rituais indispensáveis pode perder a razão, a alma ou até mesmo a vida (Molinié-Fioravanti, 1979, p. 85-98). Em 2016, um trabalhador que atuava no sítio arqueológico de Caral explicou-me que nunca empreendeu uma escavação ou terraplenagem sem pedir "a permissão". Ao longo dos séculos que se seguiram à queda do Tawantinsuyu e ao triunfo do catolicismo, os anciãos tornaram-se os "pagãos" (*gentiles*) – seres distantes, vingativos e ainda poderosos que devem ser apaziguados.

## A proliferação dos feiticeiros

Outra consequência da extirpação das idolatrias é a inclusão das diferentes categorias ligadas ao culto dos *huacas*: guardiões, intérpretes de oráculos ou sinais, curandeiros, adivinhos ou lançadores de feitiços; numa única categoria, a dos "feiticeiros" a serviço das potências do mal. É verdade que se distinguem formalmente entre os que "envenenam" ao dar de beber ou comer comida ou bebida "trabalhada", e os que usam a palavra ou o olhar para atacar sua vítima, talvez os mais perigosos. O aspecto performativo das palavras, que notamos em diversas ocasiões, é fundamental na moderna "feitiçaria" andina. Ainda hoje, o mau-olhado continua sendo uma agressão relativamente comum e temida.

Os efeitos da feitiçaria produzem o ressecamento do corpo, um dos sintomas do *onkoy*. O *taqui onkoy* descrito no capítulo 6 ilustra claramente a resposta patológica à evangelização e à destruição dos *huacas*, privados de oferendas, famintos, à deriva.

Longe das cidades, habitadas sobretudo por muitos mestiços, os santos cristãos são considerados os *huacas* dos espanhóis, seus *camaquen*, madeiras pintadas e douradas que permanecem mudas. Durante a Festa da Colheita que, desde meados do século XVI, é o *Corpus Christi*, os lavradores saem pelas ruas cantando seus *taquis*, cujas letras contam as proezas de seus ancestrais e dos *huacas*. Essa tensão continua noite adentro, e aqueles que finalmente não sucumbem ao sono saem vitoriosos desse desafio (Duviols, 1986, p. 145).

Para além de algumas festas cristianizadas e celebradas por toda a população, o mundo dos *huacas* afasta-se definitivamente da aldeia e dos campos de cultivo que a rodeiam, para se refugiar nas charnecas, um espaço não "trabalhado" pelo homem (em estado puro, portanto) pertencente às potências das montanhas, denominado *sacha* nos Andes Setentrionais, categoria que outrora designava a floresta e seus habitantes, os *sacharunas*. Esse espaço "puro", austero e inóspito, situado onde "o som dos sinos não chega", onde as charnecas de altitude encobrem os marcos, é o reino de um silêncio denso, carregado (como o exprime a palavra espanhola *pesado* que lhe é dada), que senti diversas vezes no Peru e no Equador, nessas terras "pesadas" de *huacas*.

## Noé e o Leviatã

No início da cristianização dos povos americanos, a Igreja se deparou com uma grande dificuldade: Como convencer esses povos da origem única da humanidade? A questão é crucial porque essa premissa é fundamental para o cristianismo. Sem ela, o sacrifício de Cristo é incompreensível. Guamán Poma de Ayala a compreendeu bem, pois abordou o tema da Grande Partilha constituída pelo Dilúvio num dos primeiros fólios do seu códice. Noé, o ancestral comum a todos nós, é colocado no centro de um esquema ordenado segundo os critérios andinos, pois de cada lado do homem eleito existem duas metades subdivididas por sua vez em duas outras menores, formando o encaixe sagrado do *tocapu caxana*. Se a maioria dos animais salvos por Noé pertencem ao Velho Mundo – como a ovelha, o cavalo, o bode, o carneiro, o galo e o cervo (embora este último possa ser o veado-mateiro do piemonte amazônico) –, notamos a presença de dois animais americanos com comportamentos opostos: o jaguar predador (*otorongo*) e a lhama quase humana. Os camelídeos são aliás, para o nosso cronista, a prova de que "um dos filhos de Noé chegou às Índias" (Poma de Ayala, 1936, fol. 24).

A figura venerável de Noé não conseguirá persuadir os mais tradicionais da origem comum de seres tão diferentes como os naturais ou índios e os brancos, também chamados de *mistis* (mestiços). Para sair desse impasse teológico, os camponeses de Pindilig, na segunda metade do século XX, serviam-se de argumentos "científicos": as duas humanidades estavam separadas pelos seus humores, sendo os dos naturais, em vários aspectos, mais resistentes.

Mais eficaz do que Noé foi o inferno, o lugar de onde não se pode mais escapar. Será que os incas acreditavam na existência de uma ligação entre o bem ou o mal e o destino último da alma? As exortações dos incas contra o roubo e a preguiça, dois obstáculos ao bom funcionamento da máquina cusquenha, foram julgadas pelos evangelizadores como compatíveis com os valores cristãos.

O mal também existia no mundo inca, uma vez que existiam ladrões, pessoas mal-intencionadas que matavam com poções venenosas e seres de poder que procuravam contrariar os mandamentos do Inca, negligenciando o culto ao Sol em favor de certos *huacas*. O castigo implicava a aniquilação, mas ainda era preciso expulsá-los. As referências aos castigos eternos são confusas e provavelmente influenciadas pelas pregações e pelas imagens. O além andino deve fundir-se na eternidade ancestral encarnada no *mallqui*, na qual o morto comum vem se imiscuir, com a condição de poder inscrever-se fisicamente nessa "linhagem" fecundante, enquanto membro de um *ayllu*. Os *hatun runas* se diluem nessa continuidade de gerações, sua memória está coletivamente ligada à entidade que os engendrou. A memória dos senhores assume uma outra forma, mais individualizada, pois se baseia em proezas guerreiras e faculdades excepcionais: visões, coragem, sabedoria, dureza, generosidade, renome...

É ainda Guamán Poma quem descreve esse lugar de terror que é o inferno sob a forma do Leviatã bíblico, retomado pela iconografia medieval e do Renascimento[40]. A Bíblia especifica que o Leviatã é "o rei dos animais mais orgulhosos", uma besta que lembra as grandes baleias, os dragões, as serpentes, à qual Guamán Poma acrescenta presas de felino. Sua boca aberta para engolir a hoste de pescadores e seu olho humano, "como as pálpebras da aurora", são aterrorizantes. Das narinas de seu monstro não sai "uma fumaça como um caldeirão que borbulha", como dizem as Sagradas Escrituras, mas dois pequenos demônios com chifres que sopram numa trombeta. Escondido entre a orelha e o pescoço, o diabo-bode parece satisfeito com a sua colheita. Embaixo, uma humanidade diversa, feita de índios, mestiços, negros africanos, espanhóis, avança inevitavelmente em direção ao abismo do Leviatã, prestes a ser engolida, "comida", relembrando a imagem andina da alienação que exploramos ao longo deste livro e que é aqui retratada de forma realista. Essa multidão heterogênea cometeu um ou vários pecados capitais, como o sugere a inscrição.

O inferno, símbolo da devoração, é uma imagem de terror que, por si só, deveria impedir os homens de pecar. Essa figura se desdobra pela palavra (as pregações, a confissão, os

---

40. Guamán Poma de Ayala (1936, fol. 941) coloca o inferno antes do seu "Mapa do mundo". O Leviatã é um monstro do caos primordial que Deus conseguiu dominar, e que é descrito em Jó 41,10 e Is 27,1. Essa figura de dragão é um empréstimo da mitologia da Ásia Menor e do Egito.

cantos). Seu objetivo é cortar o vínculo milenar entre os homens e seus ancestrais, que se tornaram gentios, segundo um termo também emprestado das Sagradas Escrituras. Não se pode imaginar uma revolução espiritual mais violenta. Certamente, à medida que aumenta a distância entre o passado e o presente, essa brecha se torna mais abstrata, mas não desaparece por completo, uma vez que esse conflito entre as potências telúricas e o catolicismo ainda existe na vida quotidiana dos camponeses, como muitos antropólogos tiveram a oportunidade de o constatar em campo.

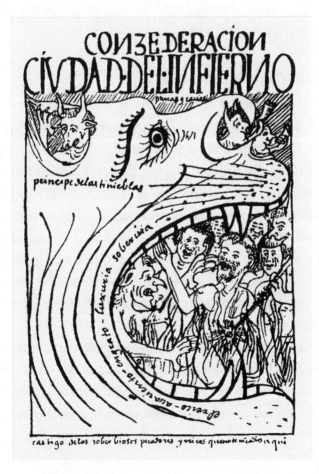

A doutrina cristã, desde 1584, insistiu nos quatro pontos que o cristão deve guardar na memória: a morte, o Juízo Final, o inferno e a glória. A pintura das igrejas recordou vividamente esses quatro princípios, sobretudo nos quadros ditos do fim último, representando as quatro etapas que precedem o Juízo Final. Esse gênero, muito difundido nos Andes, tornou-se a expressão do catolicismo popular e uma obra-prima da pintura *naïf* andina (Siracusano, 2010). Uma inversão lúdica e contestatária do inferno encontra-se expressa na pintura de um grande artista peruano contemporâneo, Alberto Quintanilla, na qual os demônios estão alegres e o Leviatã abre a boca sorrindo.

## O "estilo" dos mitos andinos

Desde o início deste estudo, os mitos ocuparam um lugar de primeira ordem. Convém, portanto, voltar a esse gênero narrativo. E aí surge a primeira dificuldade, porque não existe mito primordial, nem narrativa fundadora, mas variantes que se aproximam ou se afastam, como as figuras de um caleidoscópio. Isso também era verdade no berço do monoteísmo, até que a escrita venha fixar o dogma: Deus cria o mundo a partir do caos inicial, o caos que precede o Verbo. As criações se encadeiam harmoniosamente até a do primeiro homem, Adão, feito à sua imagem e, por extensão, também Eva.

Nada há parecido com isso na mitologia americana em geral, nem naquela que se quer mais dogmática ou simplesmente superior, a dos incas, que não gostariam de ser confundidos com *sacharunas* da floresta, chunchos, chiriguanos ou outras tribos, conhecidas e desconhecidas, temidas em todo caso. Apesar do poder centralizador de Cusco e do Inca, a versão do surgimento dos Ayar se apresenta em um conjunto de variantes, nas quais outras linhagens e outras guerras se enxertam ou se entrelaçam, como as travadas pelos *huacas*, dos quais só temos uma iconografia sugestiva mas silenciosa e uma pequena amostra falsamente crepuscular, porquanto enriquecida por contribuições posteriores.

No *corpus* narrativo inca, detectamos traços desse pensamento, feito de oposições, de deslizes metonímicos (o conteúdo pelo continente, o efeito pela causa) e metafóricos (o guerreiro, o jaguar, o enganador, a ogra), analisados por Lévi-Strauss. Nesse conjunto, conceitos como *onkoy*, *hucha*, *pacha*, *suyu*, *quellca*, *tocapu* e tantos outros também revelam oposições do mundo sensível, feito de texturas, cores e sonoridades, mas lhe trazendo uma outra música: a do poder, da ordem, do trabalho criador – enfim, da civilização. Há muitos anos, o antropólogo Pierre Clastres deu origem a uma polêmica filosófica em torno das "sociedades contra o Estado", que eram, justamente, as dos *sacharunas* dos incas.

Ao contrário desses exemplos, os incas sacralizaram o Estado, que encarnavam com o Sol, e nunca deixaram de exaltá-lo. O controle em grande escala do ciclo agrícola implicou a domesticação do espaço, um dos mais difíceis em razão de sua imensidão, seus contrastes e sua topografia. A rede viária, os edifícios de pedra, a contabilidade e a suprema arte da tecelagem distinguem os incas de outras nações dos quatro quadrantes do mundo. É normal que, num tal contexto, as antigas narrativas de caçadores de pássaros tomem um novo rumo. A célebre distinção de Lévi-Strauss entre natureza e cultura, ponto de partida da sua reflexão estrutural, contestada na sua formulação por Philippe Descola, existe para os incas, que são a cultura. O espelho amazônico, reservatório de forças em estado puro, destaca por contraste a supremacia do Tawantinsuyu.

Essa vontade de ordenar o espaço ainda está presente nas narrativas dos combates dos *huacas*, na aurora do mundo iluminado pelo dia. Vencer a selvageria da terra, a confusão que dela resulta (como na história de Huallallo Carhuincho, mencionada no capítulo 1), as artimanhas dos enganadores, sempre prontos a destruir o que foi tão dificilmente construído, tudo isso é, com a guerra, o tema principal do ciclo de Huarochiri.

Nas narrativas concernentes às origens dos incas, detectamos um segundo conjunto, que se destaca do universo cheio de vida dos *huacas*: o dos heróis solares e fecundantes como Huari, Tunupa e Viracocha, para citar apenas os três mais conhecidos, representados em monólitos e esculturas. Heróis sem mulher, desdobrados em irmãos, filhos ou servos, e acompanhados de emblemas aviários ou reptilianos, predadores. Eles brandem um cetro e são, portanto, a encarnação do poder de animar e nutrir os *ayllus*. Por fim, há as narrativas das dinastias incas, de suas guerras, de suas conquistas e da criação do império, que se confunde com o mundo. Essas narrativas não são exatamente a sua história, no sentido que damos a essa disciplina, mas constituem um gênero particular que ultrapassa as fronteiras do Tawantinsuyu: uma ideologia apresentada como a única verdadeira, justificando o poder absoluto dos soberanos, nomeadamente após Pachacutec.

O que perdemos irremediavelmente é a sua melodia, no sentido literal do termo, uma vez que essas narrações eram recitadas na cadência que lhes correspondia, e que não era a da linguagem quotidiana dos *hatun runas*. É nessa oralidade que toda tentativa de impor um texto único fracassa, porquanto todo contador de histórias, seja andino ou não, dá o seu próprio toque, introduz uma nuança, suspende uma hesitação, de tal forma que a história está em constante atualização, balizada por alguns pilares essenciais que lembram o que chamamos aqui de "civilização".

Por fim, não esqueçamos que as narrações reproduzidas neste livro constituem a última fase, antes do desaparecimento do Tawantinsuyu, dos ciclos de Tunupa, Viracocha ou Huari, dos fecundadores em vez de criadores, herdeiros dos senhores dos cetros cujas presas e garras milenares desapareceram com o tempo.

## Apu Jesucristo e as mães protetoras

É no conjunto dos "deuses heroicos" dos Andes, destruídos pela Conquista, que está enxertado Jesus Cristo, uma divindade igualmente sem esposa nem descendência. Oferenda humana sangrenta, como o apresentam as pinturas e esculturas das igrejas, Jesus não será uma réplica de Viracocha e Tunupa, ainda que com eles compartilhe algumas de suas características. No jogo das recomposições, é com o enigmático e todo-poderoso Pachacamac que ele vai se fundir.

Ao contrário da interpretação dada por Garcilaso de la Vega, Pachacamac é uma divindade terrível, ciumenta e vingativa. Não foi ele que despedaçou a criança que o Sol havia engendrado graças apenas à sua luz, no ventre de uma pobre mulher solitária e faminta? Pachacamac fez nascer o milho, os tubérculos, as frutas, a mandioca, a abóbora e outros vegetais dos dentes e dos ossos dessa criança destruída. O Sol, interpelado pela mãe infeliz, restituiu a vida ao seu filho, chamado Vichama. Furioso, Pachacamac matou a mãe e deixou seu corpo como alimento para aves de rapina. Vichama não conseguiu se vingar e foi morto por Pachacamac.

É também Pachacamac quem preside a assembleia dos *huacas* convocada por Tupac Inca Yupanqui ou Huayna Capac. Ele fica ali entronado em silêncio, desdenhoso e imóvel, evitando fazer o menor movimento para não abalar o mundo. Quem é ele para deter tamanha autoridade? Dependendo das versões – voltamos ao caleidoscópio da tradição oral –, ele às vezes é filho, irmão ou pai do Sol, podendo ainda ser confundido com Pariacaca. Ele é sexual, ao contrário dos Viracochas e sucedâneos; sua mulher é a Mãe da Terra e do Tempo e se chama Pachamama, "aquela que dá à luz as pombas" e que "planta" os peixes no Oceano Pacífico. Aparentemente, nada o aproxima de Cristo. E ainda assim, Pachacamac e Jesus Cristo deram origem ao Senhor dos Tremores, "Cristo de los Temblores", um dos cultos mais importantes do Peru (Rostworowski de Diez Canseco, 1992). Na costa, no entorno de Pachacamac, o Cristo de pele morena foi adorado pela primeira vez pelos indígenas dos domínios dos espanhóis e pelos escravos de origem africana; e em Cusco, onde, segundo a lenda, a imagem de Cristo foi doada por Carlos V. Em 1631, o grande tremor de terra destruiu uma grande parte da cidade colonial, deixando de pé os muros de pedra projetados por Pachacutec e aperfeiçoados por seus descendentes. Em sinal de reconhecimento por tê-los poupado da morte, os cusquenhos honram desde essa época o seu "Apu Jesucristo" na Segunda-feira Santa na Catedral de Cusco, com hinos em quíchua derivados do yaravi.

Essas oferendas musicais são sempre executadas por duas confrarias, a Esquerda e a Direita, que se enfrentam nesse desafio, cujo objetivo é saudar e cuidar das feridas de um Jesus de pele morena, tal como eles, os músicos e os participantes. Taytacha Temblores não pertence ao clero, mas a eles, que dispensam intermediários para solicitar sua proteção e seu perdão (Pilco Paz, 2012, esp. a primeira parte[41]). O Cristo dos Tremores de Cusco compartilha o cume da hierarquia crística com os do glaciar Qoyllur'riti e de Chanca; as oferendas musicais que lhe são dirigidas em quíchua estavam sempre presentes no Vale de Vilcanota, entre Urubamba e Ayaviri em 1960, e ainda ressoam na Catedral de Cusco. Em Lima, sob o nome de Senhor dos Milagres, o mesmo Jesus de Pachacamac tornou-se o símbolo de uma sociedade multiétnica, e a sua festa reúne mais de 40 mil pessoas.

A figura do Cristo sacrificado não pode, no entanto, fazer esquecer a do menino, nascido no Natal num estábulo, uma cena reproduzida em todas as igrejas e que, para além do seu conteúdo cristão, tem um significado universal. Essa criança desamparada escapa, contudo, ao extermínio planejado por Herodes. Em um "evangelho apócrifo" oral, recolhido nos anos de 1970, que eu havia intitulado *A perseguição infernal*, o menino Jesus assume a figura clássica do enganador, e a

---

41. O autor é herdeiro desses maestros, músicos mestiços e de classe social muito modesta.

Virgem Maria, misteriosamente fecundada pelo Espírito Santo, tem seu duplo feminino e pagão em Cahuillaca, engravidada em Huarochiri pela fruta que Cuniraya Viracocha lhe lançou. Eis, em linhas gerais, a narrativa dessa corrida maluca. Minha tradução não conseguiu manter o sabor das expressões:

> Diante de Deus Pai, a madeira, as pedras e os animais falavam, uma coisa inimaginável! Deus Espírito Santo e São José lançaram uma flor no peito da Virgem, e assim ela concebeu no seu ventre uma criança. Quando os demônios souberam que um homem, mais poderoso do que eles, havia nascido para comandá-los, lançaram-se em perseguição à criança, para apanhá-la, puni-la, chicoteá-la e colocá-la na cruz. Eles proclamaram em voz alta que ninguém poderia comandá-los e que manteriam sua "força". A criancinha estava em fuga.
> 
> "Você viu alguém passar por aqui?", perguntavam os demônios. Uns diziam que sim, outros diziam que não.
> 
> "E como isso se passou?"
> 
> "Estava vazio", alguém respondeu ("sem nada", no jargão local).
> 
> A fim de escapar dos demônios enlouquecidos, o deus-criança se "fez" sucessivamente ovelha, depois um bezerro que se juntou aos outros num prado, e depois grão de cevada; ele correu tanto que cresceu. Os demônios finalmente o apanharam. Eles o mataram, e ele se tornou Nosso Senhor.

Um lugar à parte, provavelmente o mais importante, é destinado às mães, encarnadas pelas múltiplas faces da Virgem Maria. Durante o Concílio de Lima de 1585, para evitar traduzir a virgindade mariana pelo conceito pagão de *aclla*, a Igreja propôs o termo mais abstrato *pachan* ou *pachallan*, "aquilo que está completo, que não está danificado". Entre essas mães "sagradas", mencionemos Nossa Senhora de Copacabana, que irradia em torno do sagrado Lago Titicaca. Segundo a tradição, sua imagem foi esculpida em argila por um membro da linhagem inca nos anos de 1570, chamado Don Francisco Titu Yupanqui. Essa figura, "feia e impudica", como o sugere o termo espanhol que a qualifica, *torpe*, provavelmente estava muito próxima dos cânones andinos e foi descartada.

Decepcionado, Dom Francisco foi para Potosí, onde aprendeu a arte da pintura e da escultura cristã. Ele então modelou uma figura bastante rústica, ridicularizada pelos espanhóis. Durante a noite que se seguiu a essa segunda decepção de Dom Francisco, a Virgem se "transformou": sua tez originalmente negra adquiriu uma coloração opaca como a dos índios, e o seu rosto irradiava beleza. Em 1589, Dom Francisco redobrou o feito e deu à grande Senhora do Lago uma "segunda pessoa", copiando a figura de Nossa Senhora de Pucarani, que colocou ao seu lado, para que ela lhe infundisse a sua força. A fama dessas duas senhoras espalhou-se por todo o Vice-reino do Peru, inaugurando importantes peregrinações que se prolongam ainda no século XXI.

A trindade crística do Apu Jesucristo de Cusco corresponde àquela formada pelas duas *Señoras* de Copacabana e por Pucarani, às quais se junta a Virgem da Candelária em Puno. Em fevereiro de 1961 encontrei-me nessa cidade, ainda de tamanho modesto, no dia consagrado à sua festa. Foi celebrada pela população mestiça e indígena durante uma noite inesquecível, ao som de *sikuris*. Não sabia então que esses grupos de tocadores de flauta Pan homenageavam a Candelária como faziam há séculos com as montanhas ancestrais.

Seria necessário um outro livro para ilustrar os combates do Anjo Exterminador, encarnado em Santiago – Illapa, entidade luminosa e tonitruante, como o trovão-relâmpago-raio adorado pelos incas. Ou o destino de São Bartolomeu, protetor dos métis. Ou ainda as cerimônias cusquenhas do 3 de maio, na abertura da colheita, chamadas *velacuy*, um momento particular do calendário como no tempo dos incas. Nessa ocasião, cada família tira as cruzes que guarda em sua casa e as leva à igreja, para serem abençoadas pelo Senhor. Encontramos uma versão cristianizada da *chakana*, um sinal de cruzamento, de "ponte esticada" ou escada, venerada há milênios no Peru (Millones; Tamoeda, 2010, p. 63s.).

O encantamento do catolicismo popular barroco é, de certa forma, uma "ponte esticada", uma *chakana*, entre dois universos que coexistem. Nas alturas das montanhas ancestrais, as *huacas* insubmissas a Jesus, como outrora o foram ao Sol, sobrevivem na abstração das luzes e das sonoridades que produzem. Elas conservam ainda a sua linguagem, feita de assobios e rosnados, assim como sua inclinação para os torneios sexuais, sem os quais a água viria a faltar...

**Os incas, precursores da modernidade**

Será que os incas são figuras do passado? Sim, se nos ativermos estritamente aos fatos. A execução de Tupac Amaru em 1572 determinou o fim dos Filhos do Sol. A maioria dos membros da elite procurará doravante conservar os privilégios devidos à nobreza na legislação espanhola, um combate árduo porque a Coroa distingue entre os incas rebeldes e aqueles que lhe são leais; outros senhores regionais aproveitarão a confusão que se seguiu à queda do império para apresentar queixas contra as injustiças e os abusos dos incas. A batalha jurídica será difícil até o fim. Em 1838, Justo Apu Sahuaraura Inca escreveu um manuscrito com 16 aquarelas coloridas, cada uma representando um Inca, que provavelmente reproduzem as telas pintadas que o Inca Garcilaso recebeu, em 1603, pelos descendentes de Paullu Inca. Esse manuscrito foi publicado em Paris em 1850. Sahuaraura fornece a lista "exata" das dinastias e anuncia a redenção do seu povo, na sequência da Independência do Peru, em 1824 (Apu Sahuaraura Inca, 2001).

No início do século XVII, Guamán Poma de Ayala também tentou reatar com os incas e propor a ordem política ideal. Ele vê em Filipe III da Espanha "o Monarca do mundo", colocado acima de quatro reis, cada um à frente de uma das quatro partes do mundo. À sua esquerda, o Rei das Índias, ou seja, das Américas, é encarnado por um Inca, o próprio filho do cronista, bisneto de Tupac Yupanqui e também descendente de Yarovilca, o Senhor de Allauco Huánuco, de uma linhagem mais antiga do que a de Manco Capac. Atrás do Inca está o rei da Guiné. À direita de Filipe III encontra-se o rei dos "cristãos", o papa de Roma. Atrás do Santo Padre, o Grande Turco, que também é chamado de o Rei Mouro (Poma de Ayala, 1936, fols. 949-963). Por fim, retomando a proposta de Las Casas em seu *Tratado de las doce dudas* (1562), o autor propõe restaurar a soberania do Inca sobre o vasto Peru.

Essa ideia de restauração baseia-se fundamentalmente na descrição que Garcilaso de la Vega oferece do governo exemplar e harmonioso dos incas nos seus *Comentários reais*, um livro que será traduzido para várias línguas e será considerado, tanto na Europa quanto na América, como a maior referência do mundo inca. É essa notável crônica que inspira a proclamação de José Gabriel Condorcanqui Tupac Amaru, em 1780, à frente de uma rebelião contra a Coroa da Espanha provocada pelos abusos das autoridades espanholas. Embora reprimida pelas autoridades coloniais, essa revolução em curso abrirá caminho para grandes convulsões que desencadearão as guerras pela independência das nações americanas.

Os incas também alimentam as especulações utópicas dos novos heróis da pátria, como Manuel Belgrano, criador da bandeira argentina, cujo Sol, no centro da faixa branca, lembra que a Estrela de Cusco nasceu mais uma vez no céu do Rio da Prata. Apoiador de um regime monárquico incásico, Belgrano será indeferido por um deputado originário do Alto Peru, futura Bolívia, que vê nos incas os dominadores das nações aimarás e, nos seus descendentes, maltrapilhos. Durante os séculos XIX e XX, as utopias incas ganham um novo impulso que, na linguagem política dicotômica, oscila entre a direita e a esquerda. O historiador argentino Vicente Fidel López publicou em francês, em 1871, *Les races aryennes du Pérou: leur langue, leur religion, leur histoire* [As raças arianas do Peru: sua língua, sua religião, sua história]. Esse texto visa conferir ancestrais ilustres à nova nação argentina. Os incas são, portanto, vistos como heróis civilizadores, da mesma forma que os arianos indo-europeus, porque transformaram os bárbaros que povoavam os pampas argentinos. Em 1928, Louis Baudin, em *L'empire socialiste des incas* [O império socialista dos incas], elogiou o sistema coletivista dos incas, fundadores da primeira nação comunista do mundo. Em 1929, o teórico marxista peruano José Carlos Mariátegui opôs o sistema inca de redistribuição àquele dos grandes proprietários de terras, que reduziram os indígenas a uma forma dissimulada de escravidão, em nome da empresa capitalista. Em uma época mais próxima de nós, perturbada pelo desenvolvimento turístico, os incas se tornarão a encarnação de uma Nova Era Andina difundida pelo mundo inteiro (Galinier; Molinié-Fioravanti, 2006).

A essa lista podemos acrescentar nomes tão prestigiosos como os de Montaigne e Voltaire, composições musicais barrocas, o já citado quadrinho de Tintim, que reincide com *A orelha quebrada*, e outros textos ou canções que mostram claramente que os incas sempre foram "modernos", prefigurando os grandes problemas políticos e sociais das sociedades ocidentais, em oposição a um outro povo americano emblemático, os tupinambás (inclusive os chiriguanos), encarnação do "bom selvagem" de Rousseau. Todas essas correntes deram nova vida a esse império paradoxal, ao mesmo tempo despótico e protetor, vingativo e justo, hierárquico e próximo dos agricultores, com os quais o soberano inaugurava todos os anos a abertura da terra. Os incas tornaram-se precursores.

Antes de encerrar estas páginas, quero acrescentar um outro traço, consubstancial à religião dos incas: a veneração da essência luminosa do mundo, que eles capturaram na reverberação do metal e, sobretudo, no encadeamento obstinado de milhares de fios para inscrever, no coração da tela, o sutil cromatismo sagrado do arco-íris. Os *tocapus* usados pelos incas, produtos da sua paixão geométrica que soube ordenar o imenso espaço-tempo do Tawantinsuyu, deram forma ao "grito inarticulado da Luz", evocado por um autor apócrifo da Antiguidade tardia, Hermes Trismegisto, "três vezes grande", mensageiro misterioso dos pensamentos filosóficos egípcios e de Hermes, o velho deus grego, um dos grandes enganadores fálicos da Antiguidade.

Será preciso esperar a aurora do século XX para ver surgir, na Europa, um projeto cromático comparável, ao mesmo tempo estético e metafísico, cujos dois representantes mais significativos são Vladimir Kandinsky e Paul Klee[42]. Este último, com os seus pontos luminosos inscritos em pequenos paralelepípedos com cores sutilmente cintilantes, cria esse efeito gradiente que os incas veneravam nas penas e na lã. Kandinsky, iniciado desde a adolescência nas visões xamânicas dos pastores de renas da Sibéria Ocidental, procurou compreender a "ressonância da alma" nas formas e cores das suas pinturas. Tendo se tornado um mestre da vanguarda pictórica, suas obras ilustram uma abordagem que ele provavelmente ignorava ter sido explorada em outro lugar, no distante Peru. Curiosamente, uma dessas telas, que hoje se encontra no Centre Pompidou de Paris e que se intitula *Trinta*, é composta por um tabuleiro de xadrez em preto e branco de 30 casas, cada uma contendo o seu próprio sinal. O conjunto desses *tocapus* se desdobra num plano cruzado por duas diagonais, opostas pela cor.

---

42. Cf., por exemplo, o excelente estudo de Sers (1995) sobre Kandinsky, em torno da "essência espiritual das cores", que contém numerosos excertos de escritos desse pintor, assim como os textos reunidos em torno de Paul Klee (2011).

Ao contemplar esse quadro emblemático de uma revolução artística, podemos dizer que os incas foram também os precursores da pintura moderna.

# Glossário de alguns termos em quíchua e em espanhol

**Palavras quíchuas mais comuns, muitas vezes segundo a grafia hispanizada das fontes**

| | |
|---:|---|
| *Amaru* | Grandes serpentes (jiboia ou outras). |
| *Apu* | Ancestral; montanha ancestral. |
| *Camac* | Capacidade de animação. |
| *Ceque* | Linha imaginária que liga *huacas* e lugares sagrados na cidade de Cusco. |
| *Cocha* | Lago, oceano (Mama Cocha). |
| *Collca* | Celeiro. |
| *Hanan/Hurin* | Alto/baixo na estrutura dualista andina. |
| *Huaca* | Nome genérico para entidades ancestrais sagradas ligadas aos mitos do surgimento das linhagens, que podem assumir várias formas. |
| *Huanca* | Monólito que marca os limites de um espaço de aldeia ou de um território. |
| *Hucha* | Falta cometida (proximidade excessiva de uma *huaca*, não observância dos rituais. Na época colonial, "pecado"). |
| *Kero* | Vaso de madeira ou metal usado nas libações de chicha. |
| *Kuraqa* | Chefe, senhor. |
| *Llacta* | Comunidade de aldeia. |
| *Mama* | Mãe, fonte, estirpe. |

| | |
|---|---|
| *Mitimaes* | Colonos, famílias deslocadas. |
| *Onkoy* | Plêiades; males, infortúnios, doenças. |
| *Otorongo* | "Tigre" nos textos: felinos da Amazônia, gatos selvagens, jaguares. |
| *Pacha* | Espaço-tempo, extensão/duração e outras acepções. |
| *Quellca* | Tecido bordado, escrita. |
| *Quipu* | Sistema aritmético de notação feito de cordéis de cores variadas, trançados de diferentes formas, e de nós. |
| *Sacharuna* | Humanidade primitiva, selvagem e da floresta. |
| *Sonkoy* (*soncco, shungo*) | Entranhas, interior do corpo humano, temperamento, coração. |
| *Suyu* | Quadrante, direção, parte de terreno trabalhado, faixa tecida. |
| *Tawantinsuyu* | Império dos Quatro Quadrantes. |
| *Tocapu* | Imagem bordada e abstrata contida em um quadrilátero e alinhada simetricamente a outras; ornamento dos incas e dos poderosos. Também são encontrados talhados em pedras, *keros* ou madeira. |
| *Yanaconas* | Servos separados de sua comunidade de origem. |

## Em espanhol

| | |
|---|---|
| *Anima* | Alma fantasma. |
| *Animo* | Coragem no trabalho e na guerra, resistência. |
| *Cerro* | Termo genérico para uma montanha e, em particular, para a parte mais alta e não habitada. |
| *Culpa* | Falta em geral. |
| *Montaña* | Piemonte amazônico. |
| *Puna* | Charneca ou planalto situado a 4 mil metros de altitude. |
| *Rio* | Rio, ribeira. |
| *Sierra* | Termo genérico para cadeia montanhosa. Por extensão: as terras altas. |

# Bibliografia

**Fontes**

ACOSTA, J. de. *Historia natural y moral de las indias*. Edição crítica de Fermín del Pino-Díaz. Madri: Csic, 2008.

ALBORNOZ, C. de. Instrucción para descubrir todas las guacas del Pirú y sus camayos y haciendas. *In*: URBANO, H.; DUVIOLS, P. (org.). *Fábulas y mitos de los Incas*. Madri: Historia 16, 1989 (Crónicas de América, 48).

APU SAHUARAURA INCA, D. J. *Recuerdos de la monarquía peruana o bosquejo de la historia de los Incas...* Lima: 2001. Fac-símile.

ARRIAGA, J. de. Extirpación de las idolatrías del Perú. *In*: BARBA, E. (org.). *Crónicas peruanas de interés indígena*. Madri: Atlas, 1621/1968, p. 191-277 (Biblioteca de Autores Españoles, 209).

BERTONIO, L. *Vocabulario de la lengua aymara*. 1612.

CERRÓN PALOMINO, R. *Trasliteración y estudio de la Grammatica o arte de la lengua general de los indios de los reynos del Peru*. Cf. Fray Domingo de Santo Tomás. Madri: Ediciones de Cultura Hispánica, 1994.

CIEZA DE LEÓN, P. *Obras completas t. I*: Crónica del Perú. Madri: Csic, 1984a.

CIEZA DE LEÓN, P. *Obras completas t. II*: Señorío de los Incas. Madri: Csic, 1984b.

CIEZA DE LEÓN, P. *Obras completas t. III*: Tercera parte de la Crónica del Perú. Madri: Csic, 1984c.

COBO, B. *Historia del Nuevo Mundo*. Madri: BAE, 1964a. v. 1.

COBO, B. *Historia del Nuevo Mundo*. Madri: BAE, 1964b. v. 2.

CODEX GALVIN. Edição fac-símile da crônica ilustrada de Martín de Murúa, descoberta por Juan Ossio na coleção particular de Sean Galvin e publicada em Los Angeles: Getty Publications, 2008.

GARCILASO DE LA VEGA, I. *Comentarios reales de los Incas*. Lisboa: Pedro Crasbeeck, 2009. Fac-símile.

GONZALEZ HOLGUÍN, D. *Arte y vocabulario en la lengua general del Perú*. Lima: Imprensa Santa María, 1586/1952. 2 vol.

MOLINA, C. ("el cuzqueño"). *Relación de las fábulas y de los ritos de los Ingas*. Madri: Historia 16, 1988.

MURÚA, M. DE. *Historia General del Perú*. Edição de M. Ballesteros. Madri: Historia 16, 1986.

ORELLANA, G. *Relación del descubrimiento del famoso Rio Grande de las Amazonas*. México: Fondo de Cultura, "Biblioteca Americana", 1542/1955.

PIZARRO, P. *Descubrimiento y conquista de los reinos del Pirú*. Madri: BAE, t. 168, 1571/1965. t. 168.

POLO DE ONDEGARDO, J. *Notables daños de no guardar a los Incas sus fueros (1559)*. Edição de L. González e A. Alonso. Madri: Historia 16, 1559/1990.

POMA DE AYALA, G. *Nueva coronica y buen gobierno*. Paris: Institut d'Ethnologie, Musée de l'Homme, 1936. Fac-símile.

RICARDO, Antonio. *Arte y vocabulario en la lengua general del Perú*. Editado e modernizado por R. Cerrón Palomino. Lima:

Instituto Riva-Agüero, Pontificia Universidad Católica del Perú, 1586/2014.

SANTACRUZ PACHACUTI YAMQUI, D. J. de. Relación de antigüedades deste reino del Perú. *In*: URBANO, H.; SÁNCHEZ, A. (ed.). *Antigüedades del Perú*. Madri: Historia 16, 1992, p. 173-269.

DOMINGO DE SANTO TOMÁS. *Grammatica o Arte General de los indios de los reynos del Peru*. 1560. Fac-símile acompanhado de uma gramática modernizada por R. Cerrón Palomino.

SARMIENTO DE GAMBOA, P. *Historia de los Incas*. Madri: Miraguano-Polifemo, 2001.

TAYLOR, G. *Ritos y tradiciones de Huarochiri del siglo XVII* – seguido de: ACOSTA, A. *Estudio biográfico de Francisco de Avila*. Lima: Instituto de Estudios Peruanos, 1987.

URTEAGA, H. *Informaciones de los quipucamayos a Vaca de Castro, 1543-1544*. Lima: Colección de Libros y Documentos referentes a la Historia del Perú, 1920. t. III.

*Visita de Garci Diez de San Miguel*. Publicado por J. Murra. 1567.

## Estudos históricos, arqueológicos, linguísticos e antropológicos

ACUTO, F. Landscapes of inequalities, spectacle and control: Inka social order in provincial context. *Revista Chilena de Antropología*, n. 25, p. 7-62, 2012.

ASCHER, M. *Ethnomathematics: a multicultural view of mathematical ideas*. Florida: CRC Press, 1991.

ASCHER, M.; ASCHER, R. *Mathematics of the Incas*: code of the Quipu. Ann Arbor: University of Michigan Press, 1981.

BAUER, B. S. Pacariqtambo and the mythical origins of the Inca. *Latin American Antiquity*, n. 2-1, p. 7-26, 1991.

BELLENGER, X. *El espacio musical andino*. Lima, 2007.

BERGH, S. Tapestry woven tunics. *In*: *Lords of the Ancient Andes*. Cleveland: Museum of Art, Thames & Hudson, 2013.

BERNAND, C. *Histoire des peuples des Amériques*. Paris: Fayard, 2019.

BERNAND, C. De l'ambiguïté et de l'ambivalence: mélanges et transmission. *In*: D'ONOFRIO, S.; TERRAY, E. (coord.). *Héritier*. Paris: L'Herne, 2018, p. 146-153.

BERNAND, C. Hispanic America and Universal History. Degeneration, stagnation or singularity? *In*: MIDDELL, M. *Cultural transfers, encounters and connections in the global 18th century*. Leipzig: Universität Verlag, 2014, p. 113-162.

BERNAND, C. *Genèse des musiques d'Amérique Latine*. Paris: Fayard, 2013.

BERNAND, C. *Un Inca platonicien*: Garcilaso de la Vega (1539-1616). Paris: Fayard, 2006.

BERNAND, C. *Désirs d'ivresse:* alcool, rite et dérive. Edição especial de *Autrement*. 2000, p. 14-54.

BERNAND, C. *Pindilig, un village des Andes équatoriennes*. Paris: Éd. du CNRS, 1992.

BOUYSSE-CASSAGNE, T. *La identidad aymara*: aproximación histórica (siglo XV-XVI). La Paz: Hisbol, 1987.

BOUYSSE-CASSAGNE, T. Le lac Titicaca: histoire perdue d'une mer intérieure, *Bulletin de l'Institut français d'Études andines*, v. 21, n. 1, p. 89-159, 1992.

BURGER, R. L. What kind of hallucinogenic snuff was used at Chavin de Huantar? *Ñawpa Pacha, Journal of Andean Archaeology*, v. 31, n. 2, p. 123-140, 2011.

BURGER, R. L.; MOHR CHÁVEZ, K.; CHÁVEZ, S. J. Through the Glass Darkly. *Journal of World Prehistory*, v. 4, n. 3, p. 267-362, 2000.

CERECEDA, V. Sémiologie des tissus andins: les talegas d'Isluga. *Annales ESC*, n. 5-6, p. 1.017-1.035, 1978.

CHAUMEIL, J.-P. De fil en aiguille dans les basses terres d'Amérique du Sud: les cordelettes à nœuds. *In*: CASTELAIN, J.-P.; GRUZINSKI, S.; SALAZAR-SOLER, C. *Les mondes de Carmen Bernand*: Paris-Madrid-Buenos Aires. Paris: L'Harmattan, 2006, p. 113-128.

CHAUMEIL, J.-P. Les plantes-qui-font-voir. Rôle et utilisations des hallucinogènes chez les Yagua du Nord-est péruvien. *L'Ethnographie*, t. LXXVIII, n. 87-88, 1989.

CHAUMEIL, J.-P. *Voir, savoir, pouvoir*. Paris: Ehess, 1983.

COVEY, A. The Inca Empire. *In*: SILVERMAN, H.; ISBELL. W. (ed.). *Handbook of South American Archaeology*. Nova York: Springer, 2008, p. 809-830.

CRAIG MORRIS, N. Inca architecture and sacred land-scape. *In*: TOWNSEND, R. (ed.). *Art from sacred Landscape*. Chicago: The Art Institute of Chicago, 1992.

CUMMINS, T. *Brindis con el Inca*: la abstracción andina y las imágenes coloniales de los queros. Lima: Universidad de San Marcos, 2004.

DESCOLA, P. *La nature domestique*: symbolisme et praxis de l'écologie des Achuar. Paris: Éd. Maison des Sciences de l'Homme, 1986.

DUVIOLS, P. *Escritos de historia andina*. Lima: Biblioteca Nacional del Perú, Ifea, 2016, t. I, p. 167-206.

DUVIOLS, P. Les pouvoirs de la parole. La prédication au Pérou: de l'évangélisation à l'utopie. *Annales HSS*, n. 51-6, p. 1.225-1.257, 1996.

DUVIOLS, P. *Cultura andina y represión*: procesos y visitas de idolatrías y hechicerías. Cajatambo, siglo XVII. Cusco: Centro de Estudios Rurales Andinos "Bartolomé de las Casas", 1986.

DUVIOLS, P. La dinastía de los Incas: ¿monarquía o diarquía? *Journal de la Société des Américanistes*, n. LXVI, p. 67-83, 1979a.

DUVIOLS, P. Un Symbolisme de l'occupation, de l'aménagement et de l'exploitation de l'espace: le monolithe huanca et sa fonction dans les Andes préhispaniques. *L'Homme*, t. XIX, n. 2, p. 7-31, 1979b.

DUVIOLS, P. Camaquen, upani: un concept animiste des anciens Péruviens. *In*: HARTMANN, R.; OBEREM, U. *Amerikanistische Studien I*. St. Augustin: Anthropos Institut, 1978, p. 132-144.

DUVIOLS, P. *La lutte contre les religions autochtones dans le Pérou colonial*. Lima: Institut Français d'Etudes Andines, 1971.

ESTENSSORO FUCHS, J. C. Los bailes de indios y el proyecto colonial. *Revista Andina*, n. 2, 1992, p. 353-383, 1992.

FURST, P. T. *La Chair des dieux*: l'usage rituel des psychédéliques. Paris: Éd. du Seuil, 1974.

GALINIER, J.; MOLINIÉ-FIORAVANTI, A. *Les Néo-Indiens*: une religion du IIIe millénaire. Paris: Odile Jacob, 2006.

GARTNER, W. Mapmapping in the Central Andes. *In*: HARLEY, J. B.; WOODWARD, D. (ed.). *History of Cartography*. Chicago: University of Chicago Press, 1998, p. 257-300.

GERSK, M.; MAKOWSKI, K. El imperio en debate: hacia nuevas perspectivas en la organización política Wari. *Boletin del Centro de Estudios pre-colombinos de la Universidad de Varsovia*, n. 9, p. 5-37, 2016.

GÖLTE, J. El trabajo y la distribución de bienes en el runa simi del siglo XVI. *Atti del XL Congresso Internazionale degli Americanisti*, p. 489-504, 1972-1974.

GONZALEZ, L. R. *Bronces sin nombre*: la metalurgia prehispánica en el Noroeste argentino. Buenos Aires: Fundación Ceppa, 2004.

GRUZINSKI, S. *Les quatre parties du monde*. Paris: Éd. La Martinière, 2004.

HAMY, E.-T. Note sur six anciens portraits des Incas du Pérou conservés au Musée d'ethnographie du Trocadéro. *Académie des Inscriptions et Belles-Lettres*, v. 41-1, 1897.

ITIER, C. *Viracocha o el Océano*. Lima: Ifea-IEP, 2013.

JUÁREZ, G. F. *Aymaras de Bolivia*: entre la tradición y el cambio cultural. Quito: Abya Yala, 2002.

JULIEN, C. History and Art in translation: the Paños and other objects collected by Francisco de Toledo. *Colonial Latin American Review*, v. 8, n. 1, p. 61-89, 1999.

KORPISAARI, A.; PÄRSSINEN, M. *Pariti: isla, misterio y poder* – El tesoro cerámico de la cultura Tiwanaku. La Paz, 2005.

LA BARRE, W. Les plantes psychédéliques et les origines chamaniques de la religion. *In*: FURST, P. T. *La Chair des dieux*: l'usage rituel des psychédéliques. Paris: Éd. du Seuil, 1974, p. 249-266.

LÉVI-STRAUSS, C. *Le cru et le cuit*. Paris: Plon, 1964.

LEWIN, B. *La rebelión de Tupac Amaru*. Buenos Aires: Hachette, 1957.

MAC CORMACK, S. *Religion in the Andes*: vision and imagination in Early colonial Peru. Princeton: Princeton University Press, 1991.

MAKOWSKI, K. Pachacamac: Old Wak'a ot Inka syncretic deity? *In*: LE BRAY, T. (ed.). *The archaeology of Wak'as*: exploration of the sacred in the pre-columbian Andes. Boulder: University Press of Colorado, 2015, p. 127-166.

MANNHEIM, B.; SALAS CARREÑO, G. Entifications of the Andean sacred. *In*: BRAY, T. L. (ed.). *The archaeolgy of Wak'as. Explorations of the sacred in the Pre-columbian Andes*. Boulder: University Press of Colorado, 2015, p. 47-72.

MEDDENS, F. Hermanos, montañas y plataformas: control incaico del paisaje andino. *In*: YÉPEZ, A.; MOSCOVICH, V.; ASTUHUAMÁN, C. (ed.). *El concepto de lo sagrado en el mundo andino antiguo*: espacios y elementos pan-regionales. Quito: Pontifícia Universidade Católica do Equador, 2017, p. 258-287.

MILLONES, L. *Voces del limbo y el infierno*. México: Veracruz, 2010.

MILLONES, L.; MAYER, R. *La fauna sagrada de Huarochiri*. Lima: Ifea, 2012.

MILLONES, L.; TAMOEDA, H. *La Cruz del Perú*. Lima: Universidad de San Marcos, 2010.

MOLINIÉ-FIORAVANTI, A. (coord.). *Le corps de Dieu en Fêtes*. Paris: Éd. du Cerf, 1996.

MOLINIÉ-FIORAVANTI, A. La chorégraphie d'un sacrifice humain: les métamorphoses des batailles rituelles andines. *In*: CASTELAIN, J.-P.; GRUZINSKI, S.; SALAZAR-SOLER, C. *Les mondes de Carmen Bernand*: Paris-Madrid-Buenos Aires. Paris: L'Harmattan, 2006, p. 275-288.

MOLINIÉ-FIORAVANTI, A. Sebo bueno, indio muerto: la estructura de una creencia andina. *Bulletin de l'Institut Français d'Etudes Andines*, v. 20, n. 1, p. 79-92, 1991.

MOLINIÉ-FIORAVANTI, A. Tiempo del espacio, espacio del tiempo en los Andes. *Journal de la Société des Américanistes*, v. 71, 1985.

MOLINIÉ-FIORAVANTI, A. Cure magique dans la vallée de Cuzco. *Journal de la Société des Américanistes*, 1979, p. 85-98, 1979.

MURRA, J. *La organización económica del estado inca*. México: Siglo Vein-tiuno, 1978.

MURRA, J. Etnocategorías de un quipu estatal. *In*: *Formaciones económicas y políticas del mundo andino*. Lima: IEP, 1975, p. 243-254.

MURRA, J. *Una apreciación etnológica de la Visita*. Lima: Ed. de la Casa de la Cultura, 1964.

NILES, S. A. Artist and Empire in Inca and Colonial Textiles. *In*: STONE-MILLER, R. *To weave for the sun*: Andean textiles in the Museum of Fine Arts. Boston, 1992, p. 51-65.

PÄRSSINEN, M.; KIVIHARJU, J. *Textos andinos*: *corpus* de textos khipu incaicos y colonials. Madri: Instituto Iberoamericano de Finlandia e Universidad Complutense de Madrid, 2004. t. I.

PHIPPS, E. The great cloth burial at Cahuachi, Nasca valley, Peru. *In*: *Sacred and Ceremonial textiles, Textile Society of America*. Chicago, 1996, p. 111-130.

PILCO PAZ, E. *Musiciens, religion et société dans les Andes au XX$^e$ siècle:* des voix dans la pénombre. Paris: L'Harmattan, 2012.

PINOS MATOS, J. El ushnu inka y la organización del espacio en los principales tampus de los Wamani de la sierra central del Chichaysuyu. *Chungara*, p. 303-311, 2004.

RAMOS, D. *La prospección incanista de Juan de Betanzos a mediados del XVI*. Estudo publicado em Betanzos, ed. de 1987, p. XLVII-LXXVI.

REICHEL-DOLMATOFF, G. *Desana:* le symbolisme universel des Indiens Tukano du Vaupès. Paris: Gallimard, 1973.

REICHEL-DOLMATOFF, G. Le contexte culturel du yagé (Banisteriopsis Caapi). *In*: FURST, P. T. *La Chair des dieux*: l'usage rituel des psychédéliques. Paris: Éd. du Seuil, 1974, p. 56-92.

RENARD-CASEVITZ, F.-M. La Sphinge Thébaine, un avatar amazonien. *In*: CASTELAIN, J.-P.; GRUZINSKI, S.; SALAZAR-SOLER, C. *Les mondes de Carmen Bernand*: Paris-Madrid-Buenos Aires. Paris: L'Harmattan, 2006, p. 349-368.

RENARD-CASEVITZ, F.-M. *Le banquet masqué*: une mythologie de l'étranger. Paris: Lierre & Coudrier éd., 1991.

RENARD-CASEVITZ, F.-M.; SAIGNES, T.; TAYLOR, A.-C. *L'Inca, l'Espagnol et les Sauvages*. Paris: Éd. Recherche sur les Civilisations, Synthèse n. 21, 1989.

ROSTAIN, S. *Amazonie: un jardin sauvage ou une forêt domestiqué* – Essai d'écologie historique. Paris: Actes Sud, 2016.

ROSTWOROWSKI DE DIEZ CANSECO, M. *History of the Inca realm*. Cambridge: Cambridge University Press, 1999.

ROSTWOROWSKI DE DIEZ CANSECO, M. *Pachacamac y el Señor de los Milagros*. Lima: IEP, 1992.

SAL Y ROSAS, F. Observaciones en el folklore psiquiátrico del Perú. *XXIX Congreso Internacional de Americanistas*, p. 249-262, 1970.

SALAZAR-SOLER, C. Pactes avec les Diables et Fami-liares au Pérou (XX$^e$-XXI$^e$ siècle). *In*: CASTELAIN, J.-P.; GRUZINSKI, S.; SALAZAR-SOLER, C. *Les mondes de Carmen Bernand*: Paris-Madrid-Buenos Aires. Paris: L'Harmattan, 2006, p. 369-390.

SALOMON, F. *The cord keepers*: Khipus and cultural life in a Peruvian village. Durham/Londres: Duke University Press, 2004.

SILVERMAN-PROUST, G. P. Weaving techniques and the registration of knowledge in the Cuzco areas. *Journal of Latin American Lore*, n. 14, p. 207-241, 1988.

SIRACUSANO, G. *El poder de los colores*: de lo material a lo simbólico en las prácticas culturales andinas, siglos XVI-XVIII. Buenos Aires: Fondo de Cultura Económica, 2005.

SIRACUSANO, G. *La paleta del espanto*: color y cultura en los cielos e infiernos de la pinura colonial andina. San Martín: Universidad Nacional de General San Martin, 2010.

STONE-MILLER, R. *To weave for the sun*: Andean textiles in the Museum of Fine Arts. Boston, 1992.

SZEMINSKI, J. La tradition orale comme source historique: le Livre II du *Ophir en España* de Fernando de Montesinos. *Annales HSS*, n. 2, p. 299-336, 2006.

TYULENEVA, V. El Paitite de los llanos de Mojos. *In*: VILLAR, D.; COMBÈS, I. (coord.). *Las tierras bajas de Bolivia*: miradas históricas y antropológicas. Santa Cruz de la Sierra: El País, 2012, p. 35-61.

URBANO, H. Introducción. *In*: MOLINA, C. ("el cuzqueño"). *Relación de las fábulas y de los ritos de los Ingas*. Madri: Historia 16, 1988, p. 9-41.

URTON, G. Animal metaphors and the life cycle in an Andean community. *In*: URTON, G. (ed.). *Animal myths and metaphors in South America*. Salt Lake City: University of Utah Press, 1985, p. 251-284.

URTON, G. *The social life of numbers*. Austin: Texas University Press, 1997.

VALDIZÁN, H.; MALDONADO, A. *La medicina popular peruana*. Lima, 1922, t. I.

WACHTEL, N. *Paradis du Nouveau Monde*. Paris: Fayard, 2019.

WACHTEL, N. *Le retour des ancêtres – les Indiens Urus de Bolivie, XX$^e$-XVI$^e$ siècle*: essai d'histoire régressive. Paris: Gallimard, 1990.

WACHTEL, N. Pensée sauvage et acculturation: l'espace et le temps chez Felipe Guaman Poma de Ayala et l'Inca Garcilaso de la Vega. *Annales ESC*, v. 26, n. 3-4, p. 793-840, 1971.

ZUIDEMA, R. T. *The ceque system of Cuzco*: the social organization of the capital of the Inca. Leiden: Brill, 1964.

ZUIDEMA, R. T.; URTON, G. La constelación de la Llama en los Andes peruanos. *Allpanchis*, n. 9, 1976.

**Estudos envolvendo sociedades não americanas**

BERNAND, A. *Leçon de civilisation*. Paris: Fayard, 1994.

BONNET, C. et al. *Puissances divines à l'épreuve du comparatisme*: constructions, variations et réseaux relationnels. Turnhout: Brepols, 2017.

FAZZIOLI, E. *Caractères chinois*: du dessin à l'idée. Paris: Flammarion, 1987.

HAMAYON, R. Shamanism in Siberia: from partnership in nature to counter power in society. *In*: THOMAS, N.; HUMPHREY, C. (ed.). *Shamanism, history and the state*. Ann Arbor: University of Michigan Press, 1996, p. 76-89.

HONGYUAN, W. *Aux sources de l'écriture chinoise*. Beijing: Sinolingua, 1994.

KLEE, P. (Catálogo). *Polyphonies*. Paris: Actes Sud, Cité de la Musique, 2011.

NING, Y.; GARCIA-NOBLEJAS, G. *Shanhai Jing, libro de los montes y los mares*: cosmografía y mitología de la China Antigua (Fragmentos). Madri: Miraguano, 2000.

SERS, P. *Philosophie de l'abstraction*. Genebra: Skira, 1995.

VERNANT, J.-P. *Mythe et pensée chez les Grecs*: études de psychologie historique. Paris: François Maspero, 1966.

VERNUS, P.; YOYOTTE, J. *Les pharaons*. Paris: Éd. MA, 1988.

# Índice

## A

*Aclla(s)* 49, 75, 185, 186, 187, 207, 231, 250
Adão 37, 244
Aimará(s) 16, 59, 73, 91, 97, 98, 99, 156, 157, 254
Alcauiça 58, 67, 68, 71
*Amaru* 147, 148, 149, 163
Amazonas 91, 110, 140, 145, 146, 147, 153
Amazônia 23, 28, 29, 140, 144, 145, 151, 153, 176, 195, 260
Antiguidade 14, 19, 20, 84, 167, 256
Antis 28, 45, 57, 125, 146, 149, 150, 151, 158
Antisuyu 58, 72, 78, 85, 116, 138, 140, 144, 148, 154, 155, 160
*Apachetas* 41, 102
Apu Jesucristo 247, 249, 251
Arco-íris 120, 121, 147, 150, 153, 175, 177, 186, 194, 200, 204, 232, 255
Arequipa 51, 62, 158, 159
Argentina 23, 27, 98, 102, 111, 154, 182
Arica 51, 59, 159, 172
Atacama 139, 153
Atahualpa 16, 28, 30, 66, 70, 79, 88, 96, 99, 103, 112, 143, 173, 174, 186, 188, 229
Autoctonia 47, 63, 92, 131, 228, 236
Ayacucho 27, 35, 51
*Ayahuasca* 151, 153, 154
Ayar 67, 68, 70, 84, 100, 110, 125, 165, 186, 187, 245
Ayarmaca(s) 97, 99, 100, 116, 120
*Ayllus* 38, 44, 51, 70, 71, 74, 111, 127, 131, 132, 170, 176, 246
Azarpay 93, 94, 111

---

\* Descartamos os termos *huaca* e animação, que estão no cerne da religião dos incas e se encontram, por conseguinte, ao longo de toda esta história.

## B

Betanzos 15, 18, 30, 57, 58, 65, 67, 69, 72, 75, 89, 96, 99, 119, 120, 121, 155, 160, 198, 209, 219, 269
Bolívia 23, 107, 146, 182, 254
Brasão/Brasões 82, 83, 84, 85, 114, 123, 148, 149, 150
Brasil 28, 77, 144, 178, 217

## C

Cajamarca 16, 27, 57, 79, 118, 143, 160, 187, 235, 238
Cajatambo 107, 152, 188, 219, 223, 237, 265
*Camac* 18, 19, 40, 56, 134, 170
Canas 55, 91, 156, 187
Canchis 156, 187
Candelária 251
*Capac hucha* 188
Caral 218, 238
Catequil 112
*Caxana* 201, 207, 240
*Ceque*(s) 107, 114, 115, 116, 211, 216, 271
Chancas 40, 56, 61, 72, 73, 132, 169
Chavin 23, 26, 109, 112, 144, 148, 152, 264
Chicha 24, 94, 95, 118, 157, 188, 219, 222, 259
Chile 27, 29, 40, 41, 51, 59, 97, 98, 104, 111, 114, 128, 135, 137, 139, 153, 158, 172, 190
China 20, 130, 215, 272
Chincha 47, 141, 143
Chinchaysuyu 78, 98, 112, 116, 126, 138, 140, 141, 185
Chumbivilcas 156, 159
*Chuquichinchay* 107, 171
Cieza de León 15, 18, 54, 55, 59, 60, 65, 69, 79, 88, 90, 91, 104, 109, 110, 118, 126, 128, 143, 144, 184, 185
*Citua* 84, 175, 177, 190
Coca 41, 45, 68, 71, 95, 101, 149, 150, 151, 152, 168, 179, 221
Collasuyu 59, 99, 116, 121, 138, 140, 154, 155, 156, 158
*Collca(s)* 86, 129, 132, 154, 170, 236
Concha(s) 21, 84, 143, 153, 218
Coricancha 75, 81, 104, 105, 106, 109, 110, 111, 117, 118, 122, 176, 189, 211, 228
*Corpus Christi* 219, 224, 239
Criador 18, 37, 56, 176
Cristo 15, 17, 228, 240, 247, 248, 249
Cromatismo(s) 14, 21, 45, 86, 195, 204, 217, 228, 255
Cuntisuyu 58, 72, 114, 116, 138, 139, 140, 159, 160
Cusco 20, 24, 26, 27, 28, 29, 30, 39, 49, 55, 58, 59, 61, 67, 68, 69, 70, 71, 73, 74, 77, 78, 79, 81, 82, 84, 88, 90, 94, 97, 98, 99, 100,

101, 102, 103, 104, 106, 107,
110, 112, 114, 115, 116, 117,
118, 119, 120, 125, 127, 128,
130, 131, 132, 135, 137, 138,
141, 144, 146, 148, 151, 156,
159, 166, 170, 171, 173, 175,
176, 186, 188, 198, 201, 205,
207, 209, 214, 228, 229, 230,
233, 235, 236, 237, 245, 248,
249, 251, 254, 259, 265
Cusipata 117, 123, 159

## D

Dilúvio 37, 38, 55, 73, 240

## E

Egito 74, 231, 242
Estrangeira(s) 142, 148, 166, 236
Estrangeiro(s) 15, 24, 48, 50,
   52, 61, 62, 87, 104, 142, 143,
   148, 176, 228, 233
Eva 37, 244

## F

Falcão(ões) 45, 61, 126, 163,
   164, 165

## G

Garcilaso 17, 19, 31, 48, 85, 99,
   121, 122, 125, 138, 148, 153, 198,
   201, 212, 214, 216, 217, 228,
   232, 236, 247, 253, 264, 271
Gemelaridade 147, 179
Gigante(s) 37, 52, 60, 237

Grécia 19
Guamán 15, 26, 31, 39, 65, 71,
   82, 83, 84, 85, 86, 89, 90, 91, 92,
   94, 95, 97, 118, 120, 121, 126,
   129, 130, 134, 135, 136, 137,
   138, 139, 144, 145, 147, 148,
   149, 160, 164, 166, 177, 189,
   199, 200, 203, 206, 215, 222,
   228, 232, 234, 240, 242, 253

## H

Haucaypata 117, 118, 120, 123
Huanacaure 68, 70, 80, 81, 84,
   110, 116, 119, 165
Huancas 48, 104
Huari 27, 51, 52, 60, 62, 70,
   107, 158, 237, 246, 247
Huarochiri 16, 40, 43, 44, 46, 48,
   50, 56, 58, 59, 61, 91, 96, 148,
   169, 179, 180, 182, 211, 216,
   220, 228, 246, 250, 263, 268
Huatanay 117
*Huauque* 29, 73, 96, 165, 170
*Hucha* 162, 179, 181, 183, 189,
   220, 223, 231, 232, 245

## I

Inferno 241, 242, 244

## J

Jaguar 61, 85, 86, 107, 108,
   109, 148, 168, 240, 245
Jesus 12, 96, 228, 230, 237,
   247, 248, 249, 252

## K

Karwa 89
*Kero(s)* 123, 125, 154, 165, 169, 205, 260

## L

Lhama(s) 18, 33, 37, 41, 42, 43, 50, 52, 75, 81, 108, 109, 121, 123, 145, 151, 152, 157, 158, 164, 168, 170, 179, 186, 210, 213, 218, 221, 234, 340
*Llacta* 40, 42, 92, 132, 134
*Llauto* 74, 81, 85, 106, 199, 200, 201
Lua 58, 84, 85, 90, 92, 105, 108, 111, 114, 122, 151, 177, 232

## M

*Machacuay* 108, 171, 203
Machu Picchu 103, 111, 150
Madeira 28, 217
*Mallqui(s)* 36, 53, 132, 172, 173, 174, 223, 237, 241
*Mascaypacha* 73, 81, 85, 149, 150, 199
México 25, 33, 52, 99, 158, 230, 235, 262, 268
*Mitimaes* 92, 98, 101, 176
Monólito(s) 35, 39, 40, 48, 54, 62, 132, 173, 197, 246
Música 12, 14, 21, 41, 110, 195, 217, 219, 222, 245

## N

Nazca 58, 115, 142, 204, 206, 218
Noé 83, 84, 240, 241

## O

Oceano Pacífico 23, 29, 47, 59, 137, 138, 142, 158, 185, 248
Ollantaytambo 111
*Otorongo(s)* 85, 147, 149, 150, 186, 240
Ouro 21, 45, 47, 67, 75, 80, 81, 83, 90, 93, 104, 105, 106, 108, 112, 114, 117, 118, 120, 122, 125, 128, 140, 143, 147, 155, 156, 158, 163, 173, 187, 193, 199, 200, 204, 209, 211, 212, 219, 231, 233, 238

## P

Pacarictambo 67, 68, 69, 70, 83, 84, 100, 164, 206
Pachacamac 43, 47, 48, 49, 50, 51, 57, 59, 111, 112, 134, 143, 159, 229, 247, 248, 249, 267, 270
Pachacutec 26, 30, 55, 61, 66, 72, 73, 74, 75, 76, 77, 87, 88, 103, 105, 111, 116, 117, 119, 131, 134, 156, 169, 172, 193, 198, 204, 219, 221, 228, 231, 246, 248
Paitite 146, 271
Paracas 58, 142, 160, 172, 206, 218

Paraguai 139
Pariacaca 45, 46, 50, 61, 91, 180,
    181, 210, 220, 228, 229, 248
*Paucar* 86, 200, 210
Penas 12, 21, 41, 45, 75, 81,
    82, 85, 90, 108, 120, 122, 140,
    149, 153, 194, 200, 201, 204,
    207, 210, 213, 221, 256
Peru 15, 17, 23, 26, 27, 30, 33, 37,
    42, 46, 47, 69, 76, 107, 140, 141,
    146, 154, 169, 172, 177, 182,
    204, 215, 222, 223, 230, 231,
    236, 240, 248, 251, 252, 253,
    254, 256, 261, 263, 267, 269
Pindilig 92, 161, 241, 264
Pintura(s) 69, 85, 96, 193, 194,
    196, 197, 198, 214, 218, 247,
    244, 251, 256, 257
Plêiades 108, 118, 170, 177,
    180, 222, 260
Potosí 130, 137, 140, 158, 251
Puma 61, 74, 113, 116, 119,
    157, 163, 164
Punchao 105, 116

## Q

Quatro quadrantes 78, 114,
    129, 130, 137, 138, 208, 245
Quíchua(s) 14, 16, 18, 21, 36,
    38, 42, 43, 56, 65, 66, 83,
    87, 98, 131, 137, 162, 163,
    166, 168, 187, 194, 232,
    233, 249, 259

Quincunce 130, 137, 207
*Quipus* 13, 117, 131, 145, 165,
    174, 193, 194, 211, 212, 213,
    214, 215, 216, 217
Quito 29, 88, 98, 104, 112, 190,
    267, 268

## S

*Sacharunas* 240, 244, 245
Sacrifício(s) 11, 17, 34, 49,
    75, 93, 81, 101, 109, 116,
    118, 121, 122, 123, 126,
    181, 183, 188, 189, 191,
    230, 240
Santacruz Pachacuti 107, 156,
    166, 185, 186, 187, 188, 206,
    215, 221
Santa Elena 53, 58, 59, 60, 141
Senhor dos Cetros ou dos
    Bastões 63, 90, 148, 205
Serpente 47, 61, 90, 108, 140,
    148, 149, 150, 155, 163, 203
Sexualidade 91, 183, 184,
    185, 231
Sicán 95, 141, 142, 172
Sinchi Roca 30, 31, 68, 69, 71,
    90, 144, 185

## T

Tabaco 99, 151, 154
Tambotoco 70, 90, 92, 97,
    100, 206
Tarapacá 54, 59, 160, 166

Tawantinsuyu 24, 27, 63, 74, 77, 98, 102, 108, 110, 111, 119, 128, 129, 130, 131, 136, 137, 138, 139, 143, 155, 159, 160, 176, 191, 204, 207, 212, 215, 234, 235, 238, 246, 247, 256, 260
Tecido(s) 14, 26, 34, 50, 57, 58, 61, 74, 81, 84, 86, 93, 99, 102,106, 108, 110, 114, 117, 118, 122, 123, 125, 128, 134, 136, 142, 143, 157, 160, 168, 169, 172, 177, 184, 189, 194, 195, 201, 203, 204, 205, 206, 207, 208, 209, 210, 211, 213, 223, 229, 231
Titicaca 23, 27, 29, 35, 48, 49, 50, 54, 58, 59, 62, 91, 97, 98, 111, 144, 146, 155, 160, 172, 173, 187, 217, 219, 228, 237, 251, 264
Tiwanaku 27, 51, 54, 55, 56, 57, 58, 59, 62, 63, 65, 67, 74, 97, 98, 99, 102, 108, 111, 113, 129, 144, 153, 155, 156, 159, 160, 169, 196, 205, 206, 267
*Tocapu(s)* 14, 136, 194, 199, 200, 201, 202, 203, 206, 207, 208, 232, 240, 245, 255, 256
*Trickster(s)* 25, 49
Tumibamba 88
Tunupa 25, 59, 62, 160, 246, 247

U

Ucayali 111, 152
Urau 151

Urubamba 111, 249
*Ushnu(s)* 118, 122, 123, 125, 126, 127, 176, 269

V

Vichama 51, 248
Vilaoma 109, 123, 233
*Vilca* 97, 111, 151, 152, 153, 154, 190
Vilcabamba 28, 106, 111, 132, 150, 153
Vilcanota 24, 55, 85, 99, 110, 111, 117, 153, 176, 249
Viracocha 25, 30, 31, 46, 47, 49, 50, 51, 53, 54, 55, 56, 57, 58, 59, 60, 61, 62, 63, 66, 67, 70, 72, 74, 75, 77, 84, 97, 105, 107, 142, 155, 156, 160, 166, 168, 169, 170, 185, 186, 195, 197, 198, 202, 203, 205, 211, 217, 221, 228, 229, 237, 246, 247, 250, 267
Virgem Maria 250

W

Wari 29, 51, 97, 98, 102, 113, 159, 205, 266

X

Xamânica(s) 34, 93, 151, 154, 186, 218, 256
Xamânico 25, 109
Xamanismo 20, 34, 152, 154, 190
Xamãs 19, 121, 142, 152, 165, 218

Conecte-se conosco:

- **f** facebook.com/editoravozes
- **◯** @editoravozes
- **X** @editora_vozes
- **▶** youtube.com/editoravozes
- **☏** +55 24 2233-9033

www.vozes.com.br

Conheça nossas lojas:

www.livrariavozes.com.br

Belo Horizonte – Brasília – Campinas – Cuiabá – Curitiba
Fortaleza – Juiz de Fora – Petrópolis – Recife – São Paulo

Vozes de Bolso

**EDITORA VOZES LTDA.**
Rua Frei Luís, 100 – Centro – Cep 25689-900 – Petrópolis, RJ
Tel.: (24) 2233-9000 – E-mail: vendas@vozes.com.br